普通高等教育“十二五”应用型本科规划教材

U0853889

新编经济法原理与实务

主　编　吴坤埔　李　玲
副主编　凌泽涵　谭　薇

中国人民大学出版社
·北京·

前言

依法治国、建设社会主义法治国家和建成小康社会的要求需要我们在经济生活中知法、懂法、守法、用法。经济法是社会主义市场经济法律体系中重要的部门法，学好经济法有利于培养经济法律思维，形成经济法律实际应用能力。

大力发展高等职业教育是社会经济发展和高新技术发展的必然结果，是促进经济、社会发展和劳动就业的重要途径，重庆工商职业学院作为国家骨干高等职业院校和重庆市示范性高等职业院校，以培养高端技术技能型人才为目标，教师一直致力推进“远程教育与职业教育相融合、学历教育与非学历教育相融合、信息技术与教育教学相融合”办学模式引领下的项目引导任务驱动和混合学习模式的教学改革，本教材正是教改成果的体现之一。

本教材针对经济法的教学要求，结合“互联网+”时代和“大众创业、万众创新”背景，全面介绍经济法及与经济法相关法律的基本规定，以“应用”为主旨和特征构建课程和教学内容体系，重视学生的技术应用能力的培养。以“通俗、实用”为原则，摆脱抽象的理论阐释，加强直观形象的实例教学。

本教材以经济主体的创设和运作为主线，采用项目引领任务的形式构置全书主要章节。每个项目下设若干子任务，通过案例加以分析说明，分解并学习相关知识点。主要包括，项目一：了解法和法律，掌握经济法基础知识；项目二：准确掌握法律原则，依法处理合同事务；项目三：了解经济主体组织，选择合适的创业形式；项目四：分析市场经济中的劳动关系，保障劳动者合法权益；项目五：了解“互联网+”环境下的知识产权特点，创新创业从保护知识产权开始；项目六：了解市场经济主体的社会责任，做有担当的创业者；项目七：掌握企业财务制度，做依法纳税的好公民；项目八：掌握救济途径，切实保护劳动者合法权益。

教材得到了重庆市高等教育教学改革研究重点项目《基于混合学习模式的高职课程开发与应用研究》资助（项目编号：142067）。全书由吴坤埔副教授和李玲副教授担任主编，凌泽涵讲师和谭薇讲师担任副主编，主编和副主编进行了全书的统稿和审稿。

本教材编写分工如下（以撰写内容先后排序）：

吴坤埔（重庆广播电视大学、重庆工商职业学院，副教授）：项目一，项目五；

张超（重庆市高级人民法院，法官）：项目二；

郑瑞平（重庆广播电视大学、重庆工商职业学院，副教授）：项目三、项目八；

李玲（重庆广播电视大学、重庆工商职业学院，副教授）：项目四；

凌泽涵（重庆广播电视大学、重庆工商职业学院，讲师）：项目六；

谭薇（重庆广播电视大学、重庆工商职业学院，讲师）：项目七。

本教材可作为财经类、法学类职业教育应用技术本科和高职高专相关专业的经济法课程教材，也可作为社会人员学习经济法的参考资料。

本教材在编写过程中参考了大量的书籍、文献资料，主要参考书籍目录附于书后，本教材部分文字及图片均来自于网络，如侵犯到作者的权益，请及时通知我们，我们将予以处理。在此一并致谢。

由于编者水平有限，本书内容及观点难免有不妥之处，敬请读者批评指正。

编者

2016 年 3 月

目 录

项目一　了解法和法律，掌握经济法基础知识

项目任务

1. 了解法、法律和经济法的概念，熟悉法的特征，理解法律关系、法的效力、法律责任。

2. 了解经济法、经济法律关系的概念，熟悉经济法律关系主体和客体的种类。掌握经济法律关系三要素之间的关系。

3. 了解物权、债权、所有权、法人、代理等基础知识。

能力描述

1. 树立基本的经济法律意识，培养初步的法律观念；
2. 分析经济法律关系要素；
3. 掌握一些基础的经济法律知识，并能结合相关知识分析生活中的常见法律现象。

项目导入案例

[案情介绍]

2008年美国次贷危机引爆世界金融危机，并进一步引发全球实体经济危机，以雷曼兄弟银行为代表的许多西方国家的金融巨头、享誉全球的企业（集团）一夜之间纷纷破产，失业率明显上升，对外贸易萎缩，金融市场剧烈动荡。全球金融危机对中国的出口、股市、房地产等方面带来了一定的冲击。中国政府出台了4万亿投资计划、十大产业调整振兴规划和医药卫生体制改革等政策，用以扩大内需、保持经济增长和调整产业结构。在相关利好政策的作用下，国内许多行业出现回暖，最终摆脱了金融危机的影响。国际货币基金组织2010年7月发布报告说，中国政府在金融危机中采取的“迅速、果断、有效”的政策措施减轻了危机对中国经济的冲击，并确保中国引领全球经济复苏。

[问题]

(1) 中国政府采取的经济措施是否属于经济法的调整范围？

(2) 这些措施涉及经济法体系中的哪些法律法规？

[案例解析]

(1) 中国政府采取的经济措施属于宏观经济的调整范围，已经超越了经济法的调整范围。

(2) 这些措施主要涉及到宏观调控、对外贸易、社会保障等方面的法律法规。

任务一　认识法和法律，了解法律基础知识

任务导入案例

[案情介绍]

小王是某高校的2015届应届大学毕业生，2014年12月，某投资公司到学校招聘小王进入该公司工作，职务为投资顾问，负责开发行业市场。双方约定试用期为一个月，试用期底薪1 200元，提成另计，第二个月转正，底薪提高到3 500元。2015年2月1日，公司以工资条形式发放小王工资800元。3月10日因为公司拖欠工资，小王离开公司。由于公司一直拖欠小王的工资未付，小王遂向本区劳动争议仲裁委员会提出了仲裁申请，仲裁委员会认为，小王属于未取得毕业证书的在校大学生，在校期间到企业从事工作，仅作为参与社会实践的活动，不属于《劳动合同法》中规定的劳动者，最终裁决驳回了他的仲裁申请。小王接到仲裁委的败诉裁决后，又将公司诉至本区法院，要求其支付工资并赔礼道歉。

[问题]

小王是否有权利获得工资？小王有哪些途径维权？

[案例解析]

劳动者与用人单位建立劳动关系，付出劳动，应当从单位取得相应的劳动报酬。大学生属于完全民事行为能力人，亦可就业，属于《劳动合同法》管辖的范围，有权获得合法收入。解决争议的方法主要有：当事人协商和解；第三人调解；仲裁；诉讼。

知识平台

《中华人民共和国宪法》规定，中华人民共和国实行依法治国，建设社会主义法治国家。随着社会主义法律体系的建立和完善，越来越多的人在学法、用法，用法律来维护自己的合法权益。那么，什么是法？什么是权利？我们应该如何在社会经济活动中维护自身的权利？

一、法与法律

（一）词义探究

在中国古代，法字古体为“灋”，它是中国古代传说中的一种神兽，据说能辨别曲直，在审理案件时，它会用角去触理屈的人。东汉许慎在《说文解字》中说：“灋，刑也。平之如水，从水。廌，所以触不直者去之，从去。”所以具有法的意思，也是中国古代最早

明文记载表示法律含义的字之一。

法与刑、律含义相通。刑，是夏商周三代法律的总称，春秋战国时期，各国的法律基本以法相称。律，最早起源于乐器，战国时的商鞅改法为律，以后各代封建王朝除宋、元外多以律命名。比如唐律、大明律、大清律等。西方语言中对“法”与“法律”予以严格区分，若具有权利、公平、正义等含义时，称为“法”（Jus）；仅指具体规则时，称为“法律”（Lex）。

西文“法”字在起源上包含权利、理性和正义等意义，侧重于民法；中文“法”字只有刑罚、禁止等意义，性质上偏重于刑法。

> **思考**：为什么中国法律有“重刑轻民”的传统，而西方法律则重在强调个体的权利？

（二）法和法律的含义

法是由国家制定或认可的，代表统治阶级意志的，并由国家强制力保证实施的行为规范的总称。这一国家意志的内容由统治阶级物质生活条件所决定，它通过规定人们在社会关系中的权利和义务，确认、保护和发展有利于统治阶级的社会关系和社会秩序。

法律一词，有广义和狭义之分。狭义的法律专指拥有立法权的国家机关依照立法程序制定和颁布的规范性文件；而广义的法律则指法的整体，即国家制定或认可并由国家强制力保证实施的各种行为规范的总称。在一般情况下，“法”和广义的“法律”同义，但在某些场合，“法”又和狭义的法律同义，如《中华人民共和国合同法》、《中华人民共和国公司法》等。在我国历史上很长一段时期内把“法”称为“律”，如秦律、汉律、隋律、唐律、大明律、大清律等。近代才把法与律连用，称法律。

（三）法的特征

（1）法是调整人们的行为或者社会关系的规范，具有规范性。

法只能针对行为，不能针对思想，即“思想犯不为犯”。法必须体现为规范的形式，必须是针对不特定的对象提出的准则。

（2）法是由国家制定或者认可的，体现了国家对人们行为的评价，具有国家意志性。

国家的存在是法存在的前提条件，一切法的产生都是通过制定或认可这两种途径，而且都要由国家颁行，具有国家权威性。

（3）法是由国家强制力（军队、警察、监狱）为最后保证手段的规范体系，具有国家强制性。

法以国家强制力为后盾，由国家强制力保证实施。不管人们的主观愿望如何，人们都必须遵守法，否则将招致国家强制力的干涉，受到相应的法律制裁。国家的强制力是法实施的最后保障手段。

（4）法在国家权力管辖范围内普遍有效，因而具有普遍性。

法作为一般的行为规范在国家权力管辖范围内具有普遍适用的效力和特性。在一国范围内，任何人和组织的合法行为都受法的保护，任何人和组织的违法行为，都要受法的制裁。法对人们的同类行为还具有反复适用的效力。在同样的情况下，法可以反复适用，而不仅适用一次。

（5）法是有严格的程序规定的规范，具有程序性。

法是强调程序、规定程序和实行程序的规范。也可以说，法是一个程序制度化的体系或者制度化解决问题的程序。程序是社会制度化的最重要的基石。

二、法律关系

“人生而自由，但无往不在枷锁之中。”（卢梭语）人作为社会成员，必然在形形色色的关系中纵横捭阖。其中，法律关系又是社会关系中重要的组成部分。弄清楚法律关系的相关知识，对于我们更好地处理社会成员的身份，维护自身的合法权益，明确社会责任，具有十分重要的意义。

（一）法律关系

法律关系是在法律规范调整社会关系的过程中所形成的人们之间的权利和义务关系。主体，内容，客体是法律关系三要素。

（二）法律关系主体

1. 法律关系主体的概念

法律关系主体是法律关系的参加者，即在法律关系中权利的享有者和义务的承担者。在每一具体的法律关系中，主体的多少各不相同，但大体上都归属于相互对应的双方：一方是权利的享有者，称为权利人；另一方是义务的承担者，称为义务人。

我国法律规定的主体有自然人、法人、社会组织、国家。

2. 法律关系主体构成的资格：权利能力和行为能力

自然人和法人要能够成为法律关系的主体，享有权利和承担义务，就必须具有权利能力和行为能力，即具有法律关系主体构成的资格。

（1）权利能力，亦称法律人格，是指法律关系主体依法享有权利和承担义务的能力或资格。

自然人是基于出生而享有民事权利和承担民事义务的个人。

民事权利能力，是民事法律赋予民事主体从事民事活动，从而享受民事权利和承担民事义务的资格。自然人的民事权利能力始于出生，终于死亡。自然人的出生以胎儿脱离母体并存活为标志，死亡则以呼吸停止为标准。因此，通常的脑死亡（即“植物人”）并不在法律上认定为死亡。

法人是具有民事权利能力和民事行为能力，依法独立享有民事权利和承担民事义务的组织。法人的民事权利能力和民事行为能力，从法人成立时产生，到法人终止时消灭。

（2）行为能力，是指法律关系主体能够以自己的行为依法行使权利和承担义务的能力。具有行为能力的人必须首先具有权利能力，但具有权利能力的人不一定都有行为能力。

根据行为能力制度可将自然人分为三类：第一类为完全行为能力人，即已经成年且神智正常的人，可独立地通过自己的行为处理自己的权利和义务。《民法通则》规定，18周岁以上的公民是成年人，具有完全民事行为能力，可以独立进行民事活动，是完全民事行为能力人。16周岁以上不满18周岁的公民，以自己的劳动收入为主要生活来源的，视为完全民事行为能力人。

第二类是限制行为能力人，即尚未成年但已满一定年龄的人和患有某种精神疾病但尚有一定识别能力的人，只能独立处分与其能力相适应的权利和义务。《民法通则》规定，10 周岁以上的未成年人是限制民事行为能力人，可以进行与他的年龄、智力相适应的民事活动。不能完全辨认自己行为的精神病人是限制民事行为能力人，可以进行与他精神健康状况相适应的民事活动。

第三类是无行为能力人，即尚未达到一定年龄的幼童和完全丧失识别能力的精神病人，自行处分权利和义务的行为在法律上无效。《民法通则》规定，不满 10 周岁的未成年人是无民事行为能力人，由他的法定代理人代理民事活动。不能辨认自己行为的精神病人是无民事行为能力人，由他的法定代理人代理民事活动。

法人的行为能力由其宗旨、经营范围决定。

> **思考**：8 岁的小明逛商场时喜欢上了一款价值 3 000 元的 XBOX，让售货员送到了家里，货到后其父母拒绝付款，请问：如何看待小明的行为及其后果？

（三）法律关系的内容

法律关系的内容就是法律关系主体之间的法律权利和法律义务。它是法律规范所规定的法律权利与法律义务在实际的社会生活中的具体落实。

权利，就是指在一定社会关系中，权利主体所拥有的、正当的行为自由与行为控制。义务，就是指在一定社会关系中，义务主体应当根据权利主体的要求而必须进行的行为约束。

权利与义务是处于对立统一关系之中。一方面，权利与义务是人类交互行动中两个相互分离、内容对立的成分和因素。另一方面，权利与义务之间还具有不可分割的联系。首先，权利主体的权利实现离不开义务主体的配合。其次，权利主体享有行动自由的同时往往也要承担一定的义务。没有无限度的义务，也没有无限度的权利。再次，权利与义务具有价值的一致性和功能的互补性。

（四）法律关系客体

1. 法律关系客体的概念

法律关系客体是指法律关系主体之间权利和义务所指向的对象。

2. 法律关系客体的种类

（1）物。

法律意义上的物是指法律关系主体支配的、在生产上和生活上所需要的客观实体。物要成为法律关系客体，须具备以下条件：第一，法律认可其地位。第二，为人类所认识和控制。第三，能够给人们带来某种物质利益，具有经济价值。第四，须具有独立性。可以成为法律关系客体的物的范围，由法律予以规定，我国法律禁止以下几种物成为法律关系的客体：人类公共之物或国家专有之物，如海洋、山川、水流、空气；军事设施、武器（枪支、弹药等）；危害人类之物（如毒品、假药、淫秽书籍等）。不允许其进入国内商品流通领域。

思考：某甲从某乙处购买海洛因，后发现实为面粉，请问：某甲是否可以向法院起诉某乙实施了诈骗行为？

（2）人身。

人身是由各个生理器官组成的生理整体（有机体）。但要注意：第一，活人的身体（含器官），不得视为法律上的“物”，不能作物权、债权和继承权的客体，即不得买卖，租赁、赠与。第二，权利人对自己的人身不得进行违法或有伤风化的活动，不得滥用人身，或自残人身和人格。因此卖淫行为属于非法，自杀、自伤等行为不为社会所提倡。第三，对人身行使权利时必须依法进行，不得超出法律授权的界限，严禁对他人人身非法强行行使权利，因此非法拘禁和限制人身自由属于违法行为。

（3）智力成果。

智力成果是人通过某种物体或大脑记载下来并加以流传的思维成果。智力成果不同于有体物，其价值和利益在于物中所承载的信息、知识、技术、标识（符号）和其他精神文化。同时它又不同于人的主观精神活动本身，是精神活动的物化或固定化。智力成果属于非物质财富，知识产权是其典型代表。

（4）行为。

行为是指权利主体的权利和义务所共同指向的作为（积极的行为）或不作为（消极行为或抑制一定行为）。

三、法的效力

（一）法律效力概述

法律效力就是指法律所蕴含的、相对于一定的对象（与范围）的作用力。包括法律对人、事项在时间、空间上的适用问题。

（二）法律效力的范围

1. 时间效力

时间效力指法律开始生效的时间和终止生效的时间。

2. 空间效力

空间效力指法律生效的地域（包括领陆、领空、领水及其底土，以及延伸意义上的领土，如我国驻外使领馆，在中国领域外航行的我国船舶及飞机等）。通常全国性法律适用于全国，地方性法规仅在本地区有效。

3. 对人的效力

对人的效力指法律对什么人生效，有的法律适用于全国公民，有的法律只适用于一部分公民。主要有以下原则：

（1）属人主义，即法律只适用于本国公民，不论其身在国内还是国外；非本国公民即便身在该国领域也不适用。

（2）属地主义，即法律适用于该国管辖地区内的所有人，不论是否为本国公民，都受法律约束和法律保护；本国公民不在本国，则不受本国法律的约束和保护。

（3）保护主义，即以维护本国利益作为是否适用本国法律的依据；任何侵害本国利益的人，不论其国籍和所在地域，都要受该国法律的追究。该原则不得滥用，否则易产生干涉别国内政和司法主权的行为。

（4）混合主义，即以属地主义为主，与属人主义、保护主义相结合。这是近代以来多数国家所采用的原则。我国也是如此。采用这种原则的原因是：既要维护本国利益，坚持本国主权，又要尊重他国主权，照顾法律适用中的实际可能性。

4. 法的溯及力

法的溯及力又称法溯及既往的效力，是指新法颁布以后对其生效以前所发生的事件和行为是否适用的问题。如果适用，该法就有溯及力；如果不适用，该法就不具有溯及力。

四、法律责任

（一）法律责任的概念

法律责任，指法律关系主体由于违法行为、违约行为或者由于法律规定而应承受的某种不利的法律后果。欠债还钱、杀人偿命，是人们对法律责任最通俗的解释。

（二）法律责任的种类

根据我国有关法律规定，违反法律、法规应当承担的法律责任可分为民事责任、行政责任和刑事责任。

1. 民事责任

民事责任是指法律关系主体由于民事违法、违约行为或根据法律规定所应承担的不利民事法律后果。根据《中华人民共和国民法通则》的规定，承担民事责任的主要形式有：①停止侵害；②排除妨碍；③消除危险；④返还财产；⑤恢复原状；⑥修理、重作、更换；⑦赔偿损失；⑧支付违约金；⑨消除影响、恢复名誉；⑩赔礼道歉。

2. 行政责任

行政责任是指国家行政机关或国家行政机关授权的组织依行政程序对违反法律、法规规定的当事人所给予不利后果的法律追究。行政责任包括行政处分和行政处罚。对违反经济法的责任人通常给予的是行政处罚，种类有：①警告；②罚款；③没收违法所得、没收非法财物；④责令停产停业；⑤暂扣或者吊销许可证、暂扣或者吊销执照；⑥行政拘留；⑦法律、行政法规规定的其他行政处罚。

3. 刑事责任

刑事责任是指触犯国家刑法的犯罪人所应承受的由国家审判机关（人民法院）给予的不利后果的法律追究。根据我国刑法规定，刑罚分为主刑和附加刑两类。主刑是对犯罪分子适用的主要刑罚，有管制、拘役、有期徒刑、无期徒刑和死刑 5 种；附加刑是补充、辅助主刑适用的刑罚，有罚金、剥夺政治权利、没收财产、驱逐出境（仅适用于外国人）。附加刑可以附加于主刑之后作为主刑的补充，同主刑一起适用，也可以单独适用。

五、法律部门

法律部门称部门法，是根据一定标准和原则所划定的同类法律规范的总称。法律部门划分的标准首先是法律调整的对象，即法律调整的社会关系。例如，调整国家行政管理活动的法律规范的总和构成行政法部门；调整劳动关系、社会保障和社会福利关系的法律规范的总和构成劳动法部门。其次是法律调整的方法，另外还考虑一些调整原则。

我国已建成以宪法为核心，以法律为主干，包括行政法规、地方性法规等规范性文件在内的中国特色社会主义法律体系。该体系由七个法律部门、三个层次法律规范构成，共同组成了我国的法律框架。七个法律部门包括：宪法及相关法律、民商法、行政法、经济法、社会法、刑法、诉讼与非诉讼法。三个层次法律规范包括：宪法、基本法、行政规章及地方性立法。见图 1—1—1。

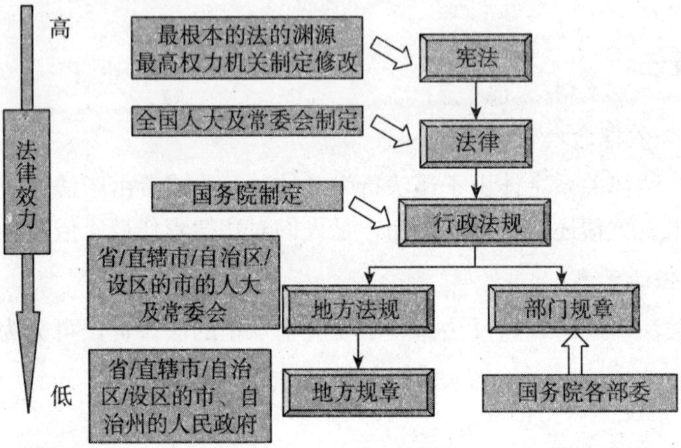

图 1—1—1　法律体系

资料来源：百度图片。

任务小结

法是由国家制定或认可的，代表统治阶级意志的，并由国家强制力保证实施的行为规范的总称。法律关系是在法律规范调整社会关系的过程中所形成的人们之间的权利和义务关系。主体，客体，内容是法律关系三要素。通过本任务的学习，同学们应了解法和法律关系，熟悉法律责任的概念和种类，可以对身边的常见法律现象做一些基本的分析。

能力检测

1. 区别法和法律？
2. 什么是法律关系，法律关系的要素有哪些？
3. 法律责任的种类和形式有哪些？
4. 小组讨论问题：

(1) 对“植物人”实施“安乐死”是否构成刑法上的故意杀人罪？

(2) 人才市场是否将人作为交易对象？是否属于买卖人口？

任务二　分析经济法和经济法律关系，具备基本经济法律素养

任务导入案例

[**案情介绍**]

某县啤酒公司的市场销路一直很好，为本县财政收入作出了贡献。但随着外地某啤酒公司所产啤酒进入本地市场，严重冲击了本县所产的啤酒。该县领导见状十分忧虑，遂要求政府经济主管部门发出要求：各单位凡需啤酒应从本县啤酒公司购买，并要求税务机关提高外地啤酒的税率。

根据上述案情，请回答下列问题：

[**问题**]

1. 分析本案涉及的经济法律关系的要素。

2. 对于某县领导的行为应当如何处理？

[**案例解析**]

1. 本案属经济法中的反不正当竞争法的调整范围。主体为该县经济主管部门及外地某啤酒公司。客体是啤酒的销售行为，内容是经济主管部门及外地某公司的权利和义务。经济主管部门的权利是管理本县的经济管理，义务是维护所有公司的合法利益。外地某公司的权利是在当地进行合法的经济活动，义务是生产质量合格的产品。

2.《反不正当竞争法》规定政府及其所属部门违反本法规定，限定他人购买其指定的经营者的商品、限制其他经营者正当的经营活动，或者限制商品在地区之间正常流通的，由上级机关责令其改正；情节严重的，由同级或者上级机关对直接责任人员给予行政处分。

知识平台

一、经济法的概念及特点

（一）经济法的概念

经济关系是人类社会最基本、最广泛的一类社会关系，它是在一定生产方式基础上形成的，并存在于生产、交换、分配、消费各个经济环节和领域内的社会关系。这一重要的社会关系，自有法之日起，便是各个社会、各个历史类型的法律规定和调整的重要内容。但作为调整经济关系的经济法成为一个独立的法律部门出现却只有近百年的历史，经济法学成为一门独立的法律学科的历史就更短了。“经济法”一词，是法国空想共产主义者摩莱里在1755年出版的《自然法典》一书中首先提出来的。摩莱里在该书中将“经济法”一词作为“分配法”的词义使用。后来，法国另一空想共产主义者德萨米在其著作《公有

法典》一书中也使用“经济法”这一概念，仍作“分配法”之义使用。作为部门法的经济法是直至20世纪20年代才在德国产生的。当时，为应对一战后国内经济危机、负担巨额战争赔款和摆脱经济上的困境，解决垄断经济组织操纵市场所带来的经济社会问题，德国进一步加大对经济干预，颁布了《煤炭经济法》、《钾素经济法》、《防止滥用经济力法令》（《卡特尔令》）等法律、法令。一般认为，经济法是国家对社会经济进行直接或间接干预的产物。经济法既调整国家经济管理关系，也调整经济协作关系，还调整组织内部经济关系。

经济法是确立国家机关、社会组织和其他经济实体的经济法律地位，以及调整它们在经济管理过程中和经营协作过程中所发生的经济关系的法律规范的总称。

（二）经济法的特点

经济法同其他的法律部门相比较而言，具有以下特点：

1. 经济法具有综合性

首先，经济法调整的对象具有综合性，它包括了国民经济的各个领域、各个部门和各个环节所发生的各种经济关系。其次，经济法规组成上具有综合性，它包括了从法律、行政法规、地方性法规到各种条例、实施细则在内的各种不同层次、不同效力的法律规范。另外，经济法的调整方法具有综合性，在现实生活中，人们往往是根据各种经济法律规范，综合运用行政的、民事的乃至刑事的调整方法来调整各种具体的经济关系。

2. 经济法具有经济性

经济法以一定的经济关系作为自己的调整对象，是直接为经济基础服务的。它直接反映了统治阶级维护自己的经济利益的愿望。同时，经济法还应该直接体现客观经济规律的要求，以保证在现实的经济活动中能够严格地按照客观的经济规律办事。此外，几乎所有的经济法都是以提高社会经济效益为其直接目的的。

3. 经济法具有指导性

经济法主要通过经济法规所具有的限制与促进、奖励与惩罚功能对经济活动进行指导。国家通常通过制定各种经济法规，来指导本国各项社会经济活动，使其走上可持续发展的轨道。

4. 经济法具有技术性

社会经济的发展和具体的物质生产过程，总是要受自然规律的支配并与科学技术的进步紧密相连。因此，作为调整社会经济关系的经济法，必定会具有一些技术性特点，体现出一定的技术性。例如，现实生活中的许多经济法规（如：关于计量制度的法规、关于标准化的法规等），就是从技术规范上升为法律规范的。

二、经济法的调整对象和体系

见图1—2—1。

经济法的调整对象是国家在对经济活动进行管理过程中所发生的法律关系。经济法调整的经济法律关系主要有以下几类。

图 1—2—1

资料来源：见 http：//www. cssn. cn/fx/fx _ ttxw/201410/t20141029 _ 1380544. shtml。

（一）市场主体调控关系

它是指国家在对市场主体的活动进行管理以及市场主体在自身运行过程中所发生的社会关系。这里所说的市场主体，主要是指在市场上从事直接和间接交易活动的经济组织，如企业（独资企业、合伙企业、公司等）和非企业性经济组织。主要有《中华人民共和国公司法》、《中华人民共和国合伙企业法》、《中华人民共和国个人独资企业法》、《中华人民共和国中外合资经营企业法》、《中华人民共和国中外合作经营企业法》、《中华人民共和国外资企业法》等。

（二）市场运行调控关系

它是指国家为了建立社会主义市场经济秩序，维护国家、生产经营者和消费者的合法权益而干预市场所发生的经济关系，如关于反不正当竞争、反垄断、产品质量、价格管理等方面的法律所涉及的关系。主要有《中华人民共和国合同法》、《中华人民共和国担保法》、《中华人民共和国证券法》、《中华人民共和国保险法》、《中华人民共和国消费者权益保护法》、《中华人民共和国反不正当竞争法》、《中华人民共和国产品质量法》、《中华人民共和国城市房地产管理法》等。

（三）宏观经济调控关系

它是指国家从长远和社会公共利益出发，对关系国计民生的重大经济因素，在实行全局性的管理过程中，与其他社会组织所发生的具有隶属性或指导性的社会经济关系。这种隶属或指导性关系既包括上下级组织之间的命令与服从、指导与被指导的关系，又包括同一级别组织之间在业务上的管理与执行的关系，如产业调节、计划、国有资产管理等方面的关系。主要有《中华人民共和国预算法》、《中华人民共和国会计法》、《中华人民共和国商业银行法》、《中华人民共和国价格法》等。

（四）社会分配调控关系

它是指国家在对国民收入进行初次分配和再分配过程中所发生的经济关系，如关于财政、税收等方面的法律关系。主要有《中华人民共和国税收征收管理法》、《中华人民共和国个人所得税法》、《中华人民共和国企业所得税法实施条例》、《中华人民共和国增值税暂行条例》、《中华人民共和国营业税暂行条例》、《中华人民共和国消费税暂行条例》等。

三、经济法的基本原则

（一）资源优化配置原则

资源的优化配置是指资源在生产和再生产各个环节上的合理和有效的流动和配备。把资源优化配置作为经济法的基本原则，是市场经济体制对经济法的基本的要求。社会主义市场经济体制就是要使市场在国家宏观调控下对资源配置起基础性作用的市场经济，在强调市场在配置资源中的基础性作用的时候，不能忽视国家在资源配置中的作用。要在各种经济法律、法规中保证市场在资源配置中的基础性作用的充分发挥，实现生产要素和生产关系要素资源的优化配置。同时，要在各种经济法律、法规中保障国家宏观调控措施在资源配置中的作用的发挥。

（二）国家适度干预原则

适度干预，是指政府在经济民主与经济集中的边界或临界点的一种介入或协调的状态。经济法是为了认可和规范政府干预经济而产生的一种法律规范政府适度干预原则，强调经济法应当通过明确的授权，授予政府在一定的权限内对经济运行加以干预，这种干预应当是积极主动的，既不能“过多”，又不能“过少”，而应当根据不同的社会经济发展的需要，限制在“适度”的范围之内。

（三）社会本位原则

社会本位，是以维护社会公共利益为出发点的经济法的本位思想。社会公共利益是指广大公民的利益，社会公共利益包容个人利益，甚至可以说，社会公共利益是特定多数个人共同利益的总和。经济法把社会本位作为自己的调整原则，表明经济法在对经济社会关系进行调整时必须以社会利益为本位。任何市场主体，在进行市场行为时，都不能一味地追求自身利益的最大化而忽视对社会公共利益的关注，否则，也是对自己应当承担的社会责任的背离。

（四）经济民主原则

经济民主是作为经济高度集中或经济专制的对立物而存在的，是指在充分尊重经济自由基础上的多数决定。在经济法领域，经济民主主要强调的是经济决策的公众参与，包括宏观和微观两个方面：在宏观方面，经济民主要求国家对经济进行干预时，应当广泛征求各方意见，协调各种利益冲突，将宏观调控决策建构在充分对话的基础之上，从而保障和促进国家宏观决策的顺利实施，降低社会运行成本；在微观方面，经济民主则体现为国家在充分尊重企业自由的前提下，要求企业建立一套有效的经济民主机制，保障企业职工的民主权利，促进企业的民主化管理。

（五）经济公平原则

经济公平是指任何一个法律关系的主体，在以一定的物质利益为目标的活动中，都能够在同等的法律条件下，实现建立在价值规律基础之上的利益平衡。在市场经济体制中，经济公平主要体现为交易公平。因此，经济公平也就成了市场经济主体进行市场交易的基本追求和基本条件。经济法以经济公平作为其基本原则，表明了经济法对人类文明所揭示的法律价值的认同。从我国现实情况来看，影响经济公平的因素主要有行政干预、权力经济、不适当的差别政策、税赋不公、分配不公、价格体制不健全、不正当竞争和垄断等因素，要克服这些因素，必须依靠追求实质公平的经济法的作用。

（六）经济效益原则

经济效益是指经济活动中占用、消耗的活劳动和物化劳动与所取得的有用成果的比较，包括微观经济效益和宏观经济效益。微观经济效益应当符合宏观经济效益的要求，而宏观经济效益又是微观经济效益的总和。提高经济效益是我国全部经济工作的重点和归宿，同时也是国家加强经济立法所要追求的终极的价值目标。无论是市场主体规制法、市场秩序规制法、宏观调控法还是社会分配法，都要把促进和保障提高企业的经济效益和社会经济效益摆在重要地位。

经济法的上述原则是相互联系、相互促进、缺一不可的。它们的逻辑联系是：寻求资源的优化配置，是经济法首先追求的目标；在寻求资源的优化配置中，国家干预起着不可忽视的作用；但是，国家干预的范围又不是任意的，它必须以社会公共利益为自己的出发点和归宿；国家对经济实行干预的时候，又必须有利于促进和保障经济民主和经济公平的实现；经济民主和经济公平，是推动和提高经济效益的重要因素。

四、经济法律关系概念及构成要素

经济法律关系是国家根据经济法律规范在限定市场主体资格、规制市场秩序、进行宏观调控和监管经济的过程中，在经济法主体之间所形成的权利义务关系。经济法律关系和其他法律关系一样，是由主体、客体和内容三个要素构成。

（一）经济法律关系的主体

1. 经济法律关系主体的概念

经济法律关系主体也称经济法主体，是指在经济管理和协调过程中依法独立享受经济权利和承担经济义务的当事人。享有经济权利的当事人称为权利主体，承担经济义务的当事人称为义务主体。

2. 经济法主体的种类

经济法主体按其法律地位、职能性质和活动范围，可分为如下几类：

(1) 国家机关。国家机关是指行使国家职能的各种机关的通称，包括国家权力机关、国家行政机关和国家司法机关等。作为经济法律关系主体的国家机关主要是指国家行政机关中的经济管理机关。

(2) 经济组织和社会团体。经济组织包括企业法人和非法人经济组织。它是市场中最主要的主体，是经济法律关系中最广泛的主体。社会团体主要是指人民群众或社会组织依法组成的非经营性的社会组织，包括群众团体、公益组织、文化团体、学术团体、自律性组织等。

(3) 经济组织的内部机构和有关人员。经济组织内部担负一定经济管理职能的分支机构和有关人员，在根据法律、法规的有关规定参加经济组织内部的经济管理法律关系时，则具有经济法律关系主体的资格。

(4) 个人。包括个体工商户、农村承包经营户和自然人。当他们参与经济法律、法规规定的经济活动时，便成为经济法律关系的主体。

（二）经济法律关系的内容

经济法律关系的内容即经济权利和经济义务。

1. 经济权利

（1）经济权利的概念。

经济权利是指经济法主体依照经济法律、法规的规定或相互间的约定可以自己为一定行为或不为一定行为，以及要求他人为一定行为或不为一定行为的资格和可能性。经济权利可分为原生权利和取得权利。

原生权利，是指经济权利主体依照经济法律、法规、命令等直接取得的，不必依赖特定义务主体的行为即可行使和实现的权利。这类权利经常表现为权力或经济职权。此类权利是经济权利主体在其组成时即依法获得。它的存在和实行既不必再有别的法律许可或授权，也不必依赖他人的行为，即不必非得有一个特定的义务主体的行为或有一定的具体法律关系，才能体现出来。

取得权利与原生权利不同，它是指经济权利主体必须通过参加经济法律关系，通过特定义务主体为一定行为，才能获得的权利。这种权利实现，必须依赖于义务主体的行为，而且必须是依赖它全面正确地履行，经济权利才能获得。经济合同关系和其他经济债权关系中的权利，都属此类权利。

（2）经济权利的种类。

经济权利的种类主要有以下几类：

① 财产所有权。财产所有权是所有制的法律表现形式，是民法的一项基本法律制度，现已成为多个经济法律部门的一项共同的制度；从静态上看，它是各种经济形式、各个财产所有者的基本权利；从动态上看，它是在经济管理关系和经营协调关系中都涉及的所有权问题。

② 经营管理权。经营管理权也称经营管理自主权，是经济管理权和财产经营权的统一。经济管理权主要指对人事、劳动、组织机构等方面的权利；经营权是对财产占有、使用和依法处分的权利，它是与所有权相对应的一种财产权。

③ 经济职权。经济职权是国家机关、社会组织以及它们的领导人员、法定代表人等在组织管理经济活动中所依法享有的与本身职务相关的一种特殊的经济权利。这种权利具有一定的行政权力性质，故亦称经济权力。

按经济职权的表现形式，经济职权可以分为：计划决策权；组织协调权；检查监督权等。具体包括：审核权、批准权、命令权、确认权、许可权、禁止权、撤销权、免除权、协调权等等。

④ 经济债权。经济债一般可分为经济管理债、经济协作债和内部经济债。债本是平等主体间的法律关系，当国家需要运用平等协商的方式确立与企业的关系时，也可在原本非平等主体之间采用债的形式，来实现和完成一定的经济管理任务。经济管理债即属此类，承包经营合同则是此类债最典型的形式。经济协作债的基本形式为经济合同。

⑤ 工业产权。工业产权主要指商标权、专利权等，广义的工业产权还包括反不正当竞争中经济法主体所享有的一些权利。

2. 经济义务

(1) 经济义务的概念　经济义务是指经济法主体依照经济法律、法规的规定或相互间的约定自己为一定行为或不为一定行为的必要性。

(2) 经济义务的分类

根据权利者和权力者的不同情况，经济义务通常分为以下两类：

①一般经济义务

指一般组织或公民依照经济法律、法规规定，必须作出一定行为或不作出一定行为的约束。主要包括守法经营的义务、公平竞争的义务、接受监督的义务。

②特殊经济义务

指经济管理机关基于其地位与职能，依照经济法律、法规规定，必须履行的职责。主要有政府必须正确行使权力的义务，即政府必须正确行使权力，不得放弃或转让，否则就是失职行为；同时权力的行使必须符合规范，不得超越权限范围，违反法定程序，否则也是违反义务。还有政府应当为市场主体的生产经营活动提供或创造便利条件的义务，包括向市场主体提供信息和咨询，协调经济摩擦、组织劳动就业、培育和完善市场体系、发展和完善公共设施和公益事业等。

(三) 经济法律关系客体

1. 经济法律关系客体的概念

经济法律关系客体一般指经济法主体的权利和义务共同指向的对象和目的，是经济法主体通过经济法律关系所追求的目标。

2. 经济法律关系客体的种类

(1) 财物。

作为经济法律关系客体的财物，是指经济法主体能够控制、支配的，经济法律允许其进入经济法律关系运行过程的，具有一定的经济价值和实物形态的物品，以及可充当一般等价物的货币和有价证券。

它可分为：生产资料和生活资料；固定资产和流动资产；种类物和特定物；可分物和不可分物；动产和不动产；流转物、限制流转物和禁止流转物；货币和有价证券等。

(2) 经济行为。

作为经济法律关系客体的经济行为，是指经济主体在参与经济法律关系的过程中，为达到一定的经济效益或效用目的，行使其经济职权或实现其他经济权利所进行的各种经济活动。

经济行为客体包括：实现经济任务或指标、完成工作、履行劳务等。

(3) 智力成果。

智力成果是指人们脑力劳动所创造的非物质财富。它是一种无形财产，一般不具有直接的物质形态，但却是一种可以创造物质财富、提供经济效益的知识成果。作为经济法律关系客体的知识成果应具备如下的条件：要有一定的载体；要有一定的现实的经济价值；一般要经专门的经济法律、法规确认。

智力成果种类很多，大致有：商标、专利、版权、专有技术、技术改进方案、合理化建议、经济信息、生产经营标记等。

五、经济法律关系的产生、变更、终止和保护

（一）经济法律关系的发生、变更和终止的条件

经济法律关系是一个由发生、变更和消灭的各个环节、各个阶段所组成的动态过程，也是经济法律关系各种要素（主体、内容、客体）发生、变更和消灭的过程。这些环节、阶段和要素的发生、变更和消灭，总是由一定客观事实引起的。

（二）经济法律事实

能够引起经济法律关系发生、变更和消灭的客观事实就是经济法律事实。经济法律事实根据其是否依经济法主体意志为转移分为事件和行为两大类。

1. 事件

事件，是指不依经济法主体意志为转移，与其主观意志、行为无关的那些能够引发经济法律关系发生、变更和消灭的客观现象。包括自然现象和社会现象。如：水灾、火灾、地震，战争、罢工、暴乱等。

2. 行为

行为，是指由组织或个人所为的、受其主观意志支配的那些能够引起经济法律关系发生、变更和消灭的活动。包括：国家经济管理机关的管理行为；国家行政机关的行政执法行为；司法机关的司法行为；仲裁机构的仲裁行为；社会组织和其他经济实体的经济行为；其他可以引起经济法律关系运行的行为等。

行为中最大量的是社会组织和其他经济实体的经济行为，经济行为中最基本的则是经济法律行为。

行为也可以分为合法行为和违法行为。

（三）经济法律关系的发生、变更和终止

1. 经济法律关系的发生

经济法律关系的发生，是指由于某种经济法律事实的出现，在特定的经济法主体之间建立起确定的经济法律关系，使经济法主体具有了具体的权利或义务。如计划部门下达指令性计划而建立起的计划法律关系，企业之间订立买卖合同而建立起的买卖合同关系。

2. 经济法律关系的变更

经济法律关系的变更，是指由于某种经济法律事实的出现，使已经建立起的经济法律关系的要素发生了变化。经济法律关系的变更包括：主体的变更，如企业的合并，使合并后的企业取代原企业，享有或承担原企业的权利或义务；客体的变更，包括客体物的量的增减，物品规格的改变，以及客体物本身的改变，也包括作为客体的行为如完成一定的工作、履行一定的劳务等在量上的增减，以及用一种行为来取代另一种行为等。内容的变更，包括债务履行的方式、地点、时间等的变更。当然客体的变更同样也会导致内容的变更。

经济法律关系的变更应严格遵守法律的规定，没有法律规定的，应遵守合同的约定。经济法律关系的变更应遵循以下原则：

（1）经济法律关系的变更不得损害国家利益和社会公共利益，不得损害国家计划；

（2）双方协商一致而设立的经济法律关系，须经双方协商达成合意方可变更，任何一方均不得擅自变更；

（3）由国家机关批准而设立的经济法律关系，虽经双方协商达成一致，还须经原批准机关认可或批准方可变更；

（4）法律规定禁止变更的经济法律关系，不得变更，例如参加建筑工程投标而中标的企业，不得将项目转包给他人。

3. 经济法律关系的终止

经济法律关系的终止，是指由经济法律事实的出现而引起的经济主体间权利义务的消灭，也称为经济法律关系的消灭。

（二）经济法律关系保护的方式

1. 行政保护

行政执法保护，是指国家经济管理机关通过执法活动对经济法律关系的保护。包括政府的专业行政主管部门如商业、机械、交通等部门的执法行为和综合管理部门如财政、工商、物价、计划等部门的执法行为。经济行政执法又是通过市场准入管理、强制履行、行政处分、行政处罚和行政复议等方式或行为来实现的。

2. 仲裁保护

仲裁保护，是指仲裁机构和国家法律规定的国家机关以第三者的身份，对特定的经济纠纷或争议进行调解、裁决和仲裁所作的保护，如仲裁机构对经济合同纠纷或其他经济纠纷的仲裁，劳动行政管理部门对劳动争议的仲裁等。

3. 检察保护

检察保护，是指检察机关通过经济检察和对重大经济纠纷案件、经济行政案件提起抗诉或参与诉讼活动对经济法律关系所进行的保护。主要指检察机关自己办理的贪污、贿赂、偷税、抗税、假冒商标以及挪用救灾、防洪等款项，走私、骗取外汇等案件，以及检察机关认为需要自己直接管理的其他经济犯罪案件或者抗诉案件。

4. 审判保护

审判保护，即人民法院通过对经济合同纠纷或其他经济纠纷，以及检察院提起公诉的经济犯罪案件的审理和判决，来保护经济法律关系。

5. 对行政诉讼案件审判的保护

对行政诉讼案件审判的保护，指人民法院通过审理判决行政诉讼案件而对经济法律关系进行的保护。主要是通过审理公民、法人或其他经济组织对行政机关的具体行政行为不服而提起的行政诉讼案件来审查行政机关实施的具体行政行为的合法性，维护公民、法人或其他经济组织的合法权利从而对经济法律关系给予保护。

任务小结

经济法是确立国家机关、社会组织和其他经济实体的经济法律地位，以及调整它们在经济管理过程中和经营协作过程中所发生的经济关系的法律规范的总称。通过本任务的学习，同学们应该掌握经济法的调整对象，熟悉经济法律关系的要素。

能力检测

1. 经济法的调整对象有哪些？

2. 经济法律行为保护的方式有哪些？

3. 案例分析：2008 年 12 月，为了应对金融危机，A 国政府动用近千亿美元入市操作，该国金管局推出多项技术性措施，集中在 A 元兑美元的兑换保证和有关银行 A 元流动资金贴现方面的新措施两个方面。2009 年 1 月，为了严格治市纪律，强化金融监管，A 国财政部公布了严格 A 国证券及期货市场纪律的 20 条措施。这 20 项新措施的实施涉及联合交易所、期货交易所、中央结算有限公司、证券及期货事务监察委员会和财经事务局等机构。A 国财政部政府财政部的官员表示，这些措施用于增强货币及金融系统抵御国际投机者跨市场操纵的能力。

试分析上述实例中所涉及的经济法律关系的主体、客体和内容。

任务三　掌握基础民法知识

任务导入案例

[案情介绍]

2015 年春节，某甲在公园游玩时不慎把所佩戴的一条铂金项链丢失。该项链被公园的管理人员拾得后交给了公安部门。因某甲未能在规定的保管期限内前去认领，公安部门即依据有关规定将项链交给代售店拍卖，该项链被某乙以拍卖价买下。同年秋，某乙在乘坐公交车时项链被小偷偷走。2016 年 1 月，这个小偷被抓获。在审讯过程中，小偷供认自己曾偷得一条项链，并已将该项链以 2 000 元的价格卖给了某丙，某丙并不知内情。经查，项链的失主为某乙。某乙即根据公安局的通知前去认领，而某甲也偶然认出此项链是自己在公园丢失的那条，要求某乙返还，某乙不允；某丙也认为项链是自己买的，要求拥有该项链，三方争执不下，于是某甲和某丙均起诉至人民法院，要求确认各自对项链的所有权。

[问题]

本案中谁最终享有项链的所有权？

[案例解析]

国家对于超过领取期限的遗失物法定取得所有权，某甲超过认领期限而未认领，已经丧失了对项链的所有权，国家依法取得项链所有权后通过合法途径卖给某乙，某乙取得所有权。小偷偷走项链不能取得所有权，更重要的是，某丙购得的项链为赃物，不属于善意取得标的物的范围，因而不构成善意取得，不能取得所有权。所以项链应属于某乙所有。

《民法通则》第 117 条规定：“侵占国家的、集体的财产或者他人财产的，应当返还财产，不能返还财产的，应当折价赔偿，损坏国家的、集体的财产或者他人财产的，应当恢复原状或者折价赔偿。受害人因此遭受其他重大损失的，侵害人并应当赔偿损失。”依此，小偷应对某丙承担赔偿责任。

知识平台

一、物权

（一）物权法

物权法是调整财产支配关系的法律，是对财产进行占有、使用、收益和处分的最基本的准则，是我国民法中的重要组成部分。

（二）物

《物权法》所称的物，包括不动产和动产。

1. 不动产

指土地和土地上的定着物，包括各种建筑物等；生长在土地上的各类植物。

2. 动产

能够在空间自由移动而不损害其价值的物为动产。如机器设备、车辆、动物、各种生活日用品等等。

不动产与土地不能分离或者不可移动，一旦与土地分离或者移动将改变其性质或者降低其价值，而动产则可以随意移动，其价值不受影响。

（三）物权

物权指权利人依法对特定的物享有直接支配和排他的权利，包括所有权、用益物权和担保物权。见图 1—3—1。

图 1—3—1

资料来源：新华网，冯琦作品。

所有权是完整的物权，是所有权人对自己的不动产或者动产依法享有占有、使用、收益和处分的权利。所有权人有权在自己的不动产或者动产上设立用益物权和担保物权。用益物权人、担保物权人行使权利，不得损害所有权人的权益。

（四）用益物权

用益物权，是物权的一种，是指非所有人依法对他人之物所享有的占有、使用、收益的排他性的权利。比如土地承包经营权、建设用地使用权、宅基地使用权、地役权、自然资源使用权（海域使用权、探矿权、采矿权、取水权和使用水域、滩涂从事养殖、捕捞的权利）

1. 地上权

地上权指利用他人土地建设建筑物和其他附着物所取得的用益物权，也可以说是开发他人土地之权利。合法享有使用国家或集体土地资源的土地承包经营权、建设用地使用权、宅基地使用权的，均属于地上权。

2. 地役权

地役权指按照合同约定，利用他人的不动产，以提高自己的不动产效益的用益物权。例如，甲单位原有东门可以出入，后想开西门，借用乙单位的道路通行。甲单位与乙单位约定，甲单位向乙单位适当支付使用费，乙单位允许甲单位的人员通行。这时甲单位即取得了地役权。法律上称利用他人的不动产为“供役地”，自己的不动产为“需役地”。

（五）担保物权

担保物权是指债权人对债务人或第三人的不动产或动产通过抵押、质押或留置等方式，以确保债务履行，当债务人不履行债务时，债权人就担保财产依法享有优先受偿的权利。担保物权包括抵押权、质权和留置权。

1. 抵押权

指债务人或者第三人，在继续占有不动产或者动产的情况下，通过登记制度将该财产抵押给债权人，当债务人不履行债务时，债权人就抵押财产依法享有优先受偿的权利。比如，以房产抵押设定的抵押权，以汽车抵押设定的抵押权。

法律上称债务人或者第三人为抵押人，债权人为抵押权人，提供担保的财产为抵押财产。在我国，并非任何财产都可以做抵押物。

同时《物权法》规定，下列财产不得抵押：

①土地所有权；②耕地、宅基地、自留地、自留山等集体所有的土地使用权，但法律规定可以抵押的除外；③学校、幼儿园、医院等以公益为目的的事业单位、社会团体的教育设施、医疗卫生设施和其他社会公益设施；④所有权、使用权不明或者有争议的财产；⑤依法被查封、扣押、监管的财产；⑥法律、行政法规规定不得抵押的其他财产。

案例 1—3—1

2010 年 1 月，A 大学因教学需要增盖教学楼，于是该校校长王某向老朋友鸿基公司董事长李某请求帮助，双方以 A 大学和鸿基公司的名义签订借款合同借款 2 000 万元。在合同中约定，借款期 3 年，按银行同期利率偿还本息，借款以学校现有实训大楼为抵押。2013 年 2 月，鸿基公司催还本息，A 大学因无力还清，请求对方延期。鸿基公司因资金紧张，要求拍卖 A 大学抵押的教学楼，A 大学不同意。鸿基公司遂诉至人民法院。人民法院经审理，发现双方虽然在合同中约定 A 大学实训大楼抵押给鸿基公司，但双方未到房产管理部门登记，因此认定抵押无效。

[问题] 请问：人民法院有何法律依据？

[**案例解析**]《物权法》第187条规定，以建筑物抵押的，应当办理抵押登记。抵押权自登记时设立。《担保法》第41条规定，以规定的财产抵押的，应办理抵押物登记，抵押合同自登记之日起生效。该诉讼双方未到房产管理部门登记抵押，可以认定抵押无效。但该款不适用本案。

《物权法》第184条规定，学校、幼儿园、医院等以公益为目的的事业单位、社会团体的教育设施、医疗卫生设施和其他社会公益设施不能抵押。A大学的实训大楼，属于不能抵押的不动产。所以根据《物权法》第184条，该合同中的抵押条款应为无效条款。

2. 质权

质权指债务人或者第三人将用作担保的财产交付债权人占有，当债务人不履行债务时，债权人依法享有就该财产优先受偿的权利。质权可分为动产质权和权利质权。法律上称债务人或者第三人为出质人，债权人为质权人，交付的动产为质押财产。

《物权法》规定，法律上非禁止转让的动产，均可以作为动产质权的标的物，但权利质权的标的物仅限于：①汇票、支票、本票、债券、存款单、仓单和提单；②依法可以转让的基金份额、股权；③依法可以转让的商标专用权、专利权、著作权等知识产权中的财产权；④应收账款；⑤法律、行政法规规定可以出质的其他财产权利。

知识拓展　质押与抵押区别

1. 抵押与质押的标的物不同：抵押的标的物是不动产，而质押的标的物是动产与权利；

2. 抵押与质押对标的物是否转移占有有不同规定：抵押的标的物不转移占有，仍由抵押人占有、使用、收益，质押的标的物交付质权人占有，动产要交付占有，权利要交付权利证书。

3. 留置权

留置权是指债务人不履行到期债务，债权人可以留置已经合法占有的债务人的动产，并有权就该动产优先受偿的权利。例如，顾客不支付洗衣费，洗衣店依法有权留置衣服，在法定期限内顾客还不支付洗衣费，洗衣店有权变卖衣服以获取洗衣费。

法律上称债权人为留置权人，被占有的动产为留置财产。

（六）物权的变动

1. 概念

物权的变动，是指物权的设立、变更、转让和消灭，必须依法登记才发生效力。设立指在登记机关登记，登记机关给所有权人颁发所有权证书，以示所有权生效。变更指原登记记载项目发生变换，所有权人通过登记机关更改登记。转让的主要形式是所有权人出售自己的财产，从而发生项目的变更。消灭指财产所有权因变转让、赠予、不可抗力而损毁等原因而终止。

2. 主要形式

《物权法》规定，不动产物权的设立、变更、转让和消灭，经依法登记，发生效力；未经登记，不发生效力，但法律另有规定的除外。依法属于国家所有的自然资源，所有权可以不登记。

动产物权的设立和转让，自交付时发生效力，但法律另有规定的除外。

疑虑　　新华社发 徐骏 作

图片来源：新华网，徐骏作品。

二、债权

（一）概念

债权又称债，是按照合同的约定或者依照法律的规定，在当事人之间产生的特定的权利和义务关系。享有权利的人是债权人，负有义务的人是债务人。在实际中，多数债的当事人既享有权利也承担义务，债权和义务相互对应。债的发生必须依据必要的法律事实。

例如：买卖双方，对于已经交付货款的一方，在未收到货物之时是债权人，应付货一方是债务人。如果买卖双方，对于已经发货，而仅收到对方预付款的一方，则是债权人。债权人有权要求债务人按照合同的约定或者依照法律的规定履行义务。

（二）债权的主体

债权的主体指债权人。根据法律规定，债权人可以是一人，也可以是二人以上。二人以上的债权人的权利，应按照确定的份额分享。

债权人依照法律的规定或者当事人的约定，享有连带权利的每个债权人，都有权要求债务人履行义务。对于负有履行义务的人如不履行义务，债权人有权请求司法机构强制其履行。如果债权人由于对方不履行义务而遭受到经济上的损失，有权要求赔偿。

（三）债发生的根据

债发生的根据指产生债的法律事实。

1. 合同

合同也称契约，是平等主体的自然人、法人、其他组织之间设立、变更和终止民事权利义务关系的协议。合同是债最主要的发生根据，合同依法成立后，即在当事人间产生债权债务关系。合同之债的内容一般由当事人协商确定。

2. 侵权行为

侵权行为是指行为人不法侵害他人的财产权利或人身权利，依法应承担民事责任的行为。民事主体的合法权益受法律保护，任何人都负有不得非法侵害的义务。侵权行为一经发生，即在受害人与侵害人间产生侵权行为之债。在侵权行为之债中，受害人有要求侵害人赔偿其损失的权利，侵害人负有赔偿对方损失的义务。

3. 不当得利

不当得利是指没有合法根据，有损于他人而获得的一种利益。不当得利一经发生，即在当事人间形成不当得利之债。在不当得利之债中，取得不当利益的一方有义务将其所取得的利益返还给受损失的一方，受损失一方则有权请求取得利益的一方返还其不当取得的利益。

4. 无因管理

无因管理，是指没有法定的或约定的义务，为避免他人利益受损失而对他人的事务进行管理或者为他人提供服务的行为。无因管理一经成立，就在管理人与本人间形成无因管理之债。在无因管理之债中，管理人有权请求本人支付实施管理行为所支出的必要费用，本人则负有支付对方实施管理行为所支出的必要费用的义务。

（四）债权的客体

债权的客体一般指标的物，也可以是某种行为。涉及所有权的是标的物。

三、所有权

所有权，指主体依法对其财产所享有的占有、使用、收益和处分的权利。其中，财产称为所有权的标的物，对财产享有权利的人称为所有人，所有人对其财产所享有的权利称为所有权。见图 1—3—2。

图 1—3—2

资料来源：见 http：//www.gl.gov.cn/archive/2012/9/14/344565.html。

（一）财产所有权的构成

《民法》规定，财产所有权是指财产所有人依法对自己的财产享有的占有、使用、收益和处分的权利。它是法律所确认和保护的所有人独立对财产享有的控制、支配权。

1. 占有

即所有人对财产的实际控制和掌握的权能，占有财产事实本身并不产生权利，只是在法律规定的情况下，占有才具有权利的性质。如公民对各种家电、衣物的支配和控制，国家对法律规定专属于国家所有的不动产和动产的支配和控制。

2. 使用

使用，指所有人在不损害并不变更财产性质的前提下实际利用这些财产的权能，使用财产以占有财产为前提。例如，公民使用家电、衣物，以满足衣食住行和精神消费的需要。

3. 收益

收益，指所有人利用其财产获得经济利益的权能。例如，公民出租房屋就有获取租金的权利。

4. 处分

处分，指所有人依法对其财产进行处置的权能，如消费、出卖、赠送等。处分权是所有权的核心，也是所有权与其他物权的根本区别。例如，公民将房屋出卖、将食品食用、将物品处理等行为都是对财产的处置。

（二）善意取得制度

善意取得又称为即时取得，无权处分人将其财物（动产或者不动产）转让给第三人，如受让人在取得该财物时系出于善意，则受让人取得该物的所有权，原权利人丧失所有权。所谓善意，就是指第三人不知道占有人系非法转让。

我国《物权法》第一百零六条第一款规定，善意取得应当具备下列成立条件：

1. 标的物须为动产或者不动产；
2. 让与人对处分的动产或不动产无处分权；
3. 受让人受让财产时须为善意；
4. 受让人须支付合理的价格；
5. 转让的动产或不动产已经交付或者登记。

比如，甲外出前托付乙保管其小汽车，乙在此期间把小汽车卖给了丙，而丙事前并不知道乙没有处置权，而且以合理的价格完成交易。该案中丙获得小汽车的所有权就属于善意取得，甲回来后，小汽车归丙，甲无权利索要，甲可要求乙交出交易所得财物，而且还可以要求乙进行赔偿。

案例 1—3—2

甲是收藏者，与销售旧瓷器的乙认识。某日，甲从乙的摊位上挑出一对蓝花明代官窑小瓷瓶，与乙讨价还价，以 300 元购得，比一般拍卖不知便宜多少。几天后，公安部门找到他，说该摊贩的物品是盗窃而来，这对蓝花明代小瓷瓶是赃物，必须收缴。甲认为，自己是花钱买来的，就应当具有所有权。

[问题] 甲的所有权能否成立？

[案例解析] 甲的所有权不成立。《物权法》第 106 条规定，无处分权人将不动产或者动产转让给受让人的，所有权人有权追回；除法律另有规定外，符合下列情形的，

受让人取得该不动产或者动产的所有权：①受让人受让该不动产或者动产时是善意的；②以合理的价格转让；③转让的不动产或者动产依照法律规定应当登记的已经登记，不需要登记的已经交付给受让人。受让人依照上述规定取得不动产或者动产的所有权的，原所有权人有权向无处分权人请求赔偿损失。甲是受让人，但其接受这对古董时的价格不合理。乙能够以低价出手实质上有销赃的意味。因此根据上述法律规定，甲的所有权不成立。

四、人身权

（一）人身权的概念和特征

人身权，是人格权和身份权的合称，又称人身非财产权，是指民事主体依法享有的，与其自身不可分离亦不可转让的没有直接财产内容的法定民事权利。人身权是民事主体享有的最基本的民事权利，自然人可能因为某种法定原因丧失某种财产权利或者政治权利，但不可能丧失基本的人身权利。例如，某人可能因为犯罪被剥夺政治权利，或者因故意杀害被继承人而丧失继承权，但其作为自然人依法享有的人身权仍依法受到保护。

人身权具有以下法律特征：

（1）人身权是一种与特定民事主体的人身密不可分，具有专属性的民事权利。通常情况下，人身权不得以任何形式让与他人，即不得买卖、转移、赠与或继承。

（2）人身权是一种没有直接财产内容，不直接体现为一定的财产利益的民事权利。因此人身权不能用金钱去衡量，只能用一定的观念对其作出评价。但这并不意味着人身权与财产没有任何关系。事实上，人身权与财产权有着密切的联系，它往往是财产关系发生的依据并为权利人带来财产利益。

（3）人身权是一种具有绝对性和支配性的民事权利。

人身权是一种绝对权，其权利主体是特定的，权利主体之外的任何人都是义务人，都负有不妨害权利主体人身权的义务。民事主体在自己的人身权受到他人的不法侵害时，可依法自行保护或请求有关机关予以保护。

人身权是一种支配权，其权利主体在法律允许的范围内可自主行使该权利，而无须他人的协助。如自然人对自己的生命权、健康权、身体权、姓名权、肖像权等人格权利可直接进行支配，并且在支配这些权利时不需要特定的义务人予以协助。

（二）人身权的分类

人身权包括人格权和身份权。

1. 人格权

自然人具有法律上独立人格所必须享有的民事权利。主要包括：生命权、健康权、姓名权、肖像权、名誉权、隐私权等。

2. 身份权

自然人因特定身份所依法享有的民事权利。主要包括：亲权、配偶权、亲属权、监护权。

3. **人格权与身份权的主要区别**

（1）权利主体范围不同。任何自然人均有人格权；具有特定身份的人才具有身份权。人格权的主体具有广泛性，身份权的主体具有特定性。

（2）权利起止时间不同。人格权产生于出生、终止于死亡，与自然人民事权利能力起止时间相同；身份权产生于自然人取得某种身份，终止于身份的丧失。与特定身份的状态有密切关系。

五、法人制度

见图1—3—3。

图1—3—3

资料来源：人民教育出版社网站。

法人是具有民事权利能力和民事行为能力，依法独立享有民事权利和承担民事义务的组织。

（一）法人的资格

根据《民法通则》第37条规定，法人资格的取得应当具备下列条件：

1. **依法成立**

依法成立，即法人必须是经国家认可的社会组织。在我国，成立法人主要有两种方式：一是根据法律法规或行政审批而成立。如机关法人一般都是由法律法规或行政审批而成立的。二是经过核准登记而成立。如工商企业、公司等经工商行政管理部门核准登记后，成为企业法人。

2. **有必要的财产和经费**

法人必须拥有独立的财产，作为其独立参加民事活动的物质基础。独立的财产，是指法人对特定范围内的财产享有所有权或经营管理权，能够按照自己的意志独立支配，同时排斥外界对法人财产的行政干预。

3. **有自己的名称、组织机构和场所**

法人的名称是其区别于其他社会组织的标志符号。名称应当能够表现出法人活动的对象及隶属关系。经过登记的名称，法人享有专用权。法人的组织机构即办理法人一切事务的组织，被称作法人的机关，由自然人组成。法人的场所是指从事生产经营或社会活动的固定地点。法人的主要办事机构所在地为法人的住所。

4. 能够独立承担民事责任

指法人对自己的民事行为所产生的法律后果承担全部法律责任。除法律有特别规定外，法人的组成人员及其他组织不对法人的债务承担责任，同样，法人也不对除自身债务外的其他债务承担民事责任。

（二）法人民事权利能力和民事行为能力

法人的民事权利能力是法律赋予法人参加民事法律关系，取得民事权利、承担民事义务的资格。见图1—3—4。

图1—3—4

资料来源：沈阳日报网站大江漫画。

法人的民事行为能力，是法律赋予法人独立进行民事活动的能力。法人的民事行为能力，不仅包括法人为民事法律行为的能力，也包括承担民事责任的责任能力。

法人的民事权利能力和民事行为能力，从法人成立时产生，到法人终止时消灭。公司等营利法人的成立以登记机关颁发的营业执照签发之日为准；法人的消灭以清算完结注销登记之日为准。非营利法人依《民法通则》第50条第1款规定，有独立经费的机关从成立之日起，具有法人资格。其他法人依该条第2款规定，具备法人条件的事业单位、社会团体，依法不需要办理法人登记的，从成立之日起，具有法人资格；依法需要办理法人登记的，经核准登记，取得法人资格。

知识拓展　　法人代表和法定代表人

“法人”“法定代表人”“法人代表”是经常被提及也容易被混淆的概念。特别是“法定代表人”与“法人代表”，经常被混淆，甚至在一些正式的文献材料、新闻媒体上也常被误用。实际上，“法人”“法定代表人”“法人代表”是不同的法律概念。

法人的概念我们已经学习了，它与自然人不同，是种无生命的社会组织体，法人的实质，是一定社会组织在法律上的人格化。因此，称呼公司的董事长或者总经理为法人是错误的。

法定代表人是依据法律或法人组织章程的规定，代表法人行使职权的负责人。法定代表人是确定的法律概念，是特定的某个自然人。

法人代表是指根据法人或法定代表人授权、对外依法行使民事权利和义务的人。法人代表应理解为法人的代表，依授权而产生，实质上它是依照代理关系代表法人进行民事活动。法人内部的任何工作人员，以至除法人以外的其他个人或组织，都可以成为法人代表。它不是一个独立的法律概念。

六、代理制度

（一）代理的概念和特征

代理是指代理人以被代理人名义、在代理授权范围内，与第三人进行的、确立被代理人与第三人之间一定的法律关系的法律行为。

代理具有以下法律特征：

（1）代理是代理人以被代理人名义，即代替被代理人进行的法律行为；

（2）代理人在代理权限内有权独立自主地进行代理行为；

（3）代理人是代理被代理人与第三人之间进行的具有法律意义、产生法律后果的法律行为；

（4）代理人的代理后果由被代理人承受，从而在被代理人与第三人之间确立了法律关系。

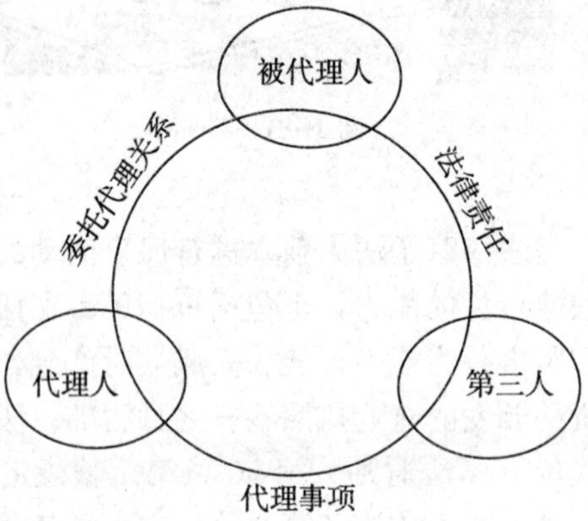

图片来源：http：//baike. baidu. com。

（二）代理的法律责任

见图 1—3—5。

（1）无权代理，是指超越代理权或代理权终止后仍进行代理的行为，由行为人承担民事责任；若被代理人追认，则由被代理人承担民事责任。本人知道他人以本人名义实施民事行为而不作否认表示的，视为同意。第三人知道行为人无权代理、但仍与之实施民事行为、给他人造成损害的，由第三人和行为人负连带责任。

表见代理是指行为人虽无代理权，但由于本人的行为，造成了足以使善意第三人相信其有代理权的表象，而与善意第三人进行的、由本人承担法律后果的代理行为。表见代理实质上是无权代理。《合同法》第 49 条规定：“行为人没有代理权、超越代理权或者代理权终止后以被代理人名义订立合同，相对人有理由相信行为人有代理权的，该代理行为有效。”

图 1—3—5

资料来源：见 http：//image. baidu. com/。

（2）代理人不履行代理职责而给被代理人造成损害的，应当承担民事责任。代理人与第三人串通，损害被代理人利益的，由代理人和第三人负连带责任。

（3）代理人知道被委托事项违法而仍然进行代理活动、或被代理人知道代理人违法却不表示反对，由代理人和被代理人负连带责任。

（4）委托代理转托时，应事先取得被代理人同意，或事后及时告知取得其同意，否则，由代理人负民事责任。但在紧急情况下为保护被代理人利益而转托的不在此限。

知识拓展　住房土地使用权到期了该怎么办？

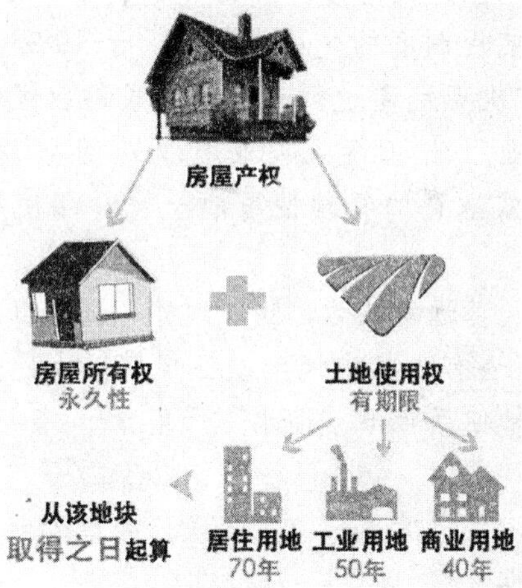

图片来源：http：//image. baidu. com/。

近日，有媒体报道，温州出现了20年住宅用地使用权年限到期，又要花几十万元“延期”的新闻。温州市国土局表示，媒体报道“收取几十万元出让金才能续期”是对信息的误读。物权法规定住宅建设用地使用权届满自动续期，但“自动续期”该如何续，目前国家尚未出台相关实施细则。基层国土部门在实际操作过程中无法可依、无章可循，不能办理相关续期手续。温州市国土局已着手研究相关方案，近期将报上级研究决定，妥善化解这类问题。

那么，全国到底有多少地方正面临与温州类似的情况？

房屋所有权和土地使用权不同，房屋所有权即房产权，是私有财产权的一种，受宪法和物权法保护，没有期限限制，而土地使用权是有期限的。国务院1990年发布的《中华人民共和国城镇国有土地使用权出让和转让暂行条例》中明确，土地使用权出让最高年限按用途确定，其中居住用地70年、工业用地50年、商业旅游娱乐用地40年、其他或综合用地50年。在不少公众的印象中，购置房屋的“产权”多数都是70年，怎么会年限“缩水”呢？

年限“缩水”原因各不同

我国的绝大部分住宅用地使用年限都是70年，距离到期还有四五十年。之所以目前一些地方出现20年、30年、50年等不同使用年限，地方政府提出的理由主要有三类：

——在政策范围内调整 温州市国土局称，上世纪90年代，在土地出让政策开始执行时，该市在不超过居住用地最高年限70年的前提下，按20年到70年分档，由受让方自行选择给予办理出让手续。

地方国土部门称，土地使用年限降低，可减少缴纳相应的土地出让金，在一定程度上可降低房价，让利给终端消费者。

——方便管理和处置 重庆市国土局在解释为何土地使用权期限是50年时称，因为重庆市多数房地产开发以商业与住宅混合类型为主，一个项目中若按商业、住宅最高出让年限确定不同出让年限，势必会出现一栋建筑中，商业、住宅出让终止时间不一致的情况，带来处置困难。

——先试先行地区历史遗留问题 深圳等地由于在国务院发布土地使用权最高年限之前，已在国有土地使用权出让上先试先行，出现了部分遗留问题。深圳市相关部门称，深圳作为国有土地使用权有偿使用制度的先试先行者，于1982年出台了《深圳经济特区土地管理暂行规定》。该规定首次规定通过行政划拨方式供应经营性用地，并且规定了相应用途的土地使用年限，如工业用地30年，商业用地20年，商品住宅用地50年等。深圳市最早一批通过行政划拨方式取得的经营性用地——20年使用权陆续到期，集中出现了国有土地使用权期满的问题。

广东省房地产研究会会长黄远华认为，除此之外，还有部分住宅用地因开发商囤地等原因导致使用年限“缩水”。还有一些房地产项目规模较大，分多期建设，持续开发十多年，导致消费者购房时，土地使用年限“缩水”严重。

专家观点

虽然对于大多数人来说，住宅的用地使用年限还有数十年，但人们普遍追问：房产的土地使用权到期了该如何续期？

事实上，本世纪初，深圳市内国际商业大厦等多栋楼宇的部分物业土地使用权，已经达到20年期限，成为国内首批土地使用权年限到期的案例。深圳市后来出台方案，明确土地使用权年限到期的房地产，可以通过补交地价或支付土地租金方式延长土地使用年限。其中，补交地价额度为一次性支付相应用途公告基准地价的35%。

专家介绍，目前，关于住宅用地使用年限续期的法律依据主要是物权法第一百四十九条规定，“住宅建设用地使用权期间届满的，自动续期”。

中国人民大学民商事法律科学研究中心主任杨立新说，在物权法之前，城市房地产管理法曾规定，“经批准准予续期的，应当重新签订土地使用权出让合同，依照规定支付土地使用权出让金”。但城市房地产管理法对于物权法而言，是旧法，按照新法优于旧法的原则，目前还是应该遵循物权法的相关规定。

中国社会科学院经济所研究员汪丽娜等认为，虽然物权法明确提出“自动续期”，但是由于缺乏细则，如何“自动续期”存在不确定性，目前来说难以操作。“土地使用期限规定20年和70年，其出让金是不一样的。政府出让20年土地使用权，续期如果不补交出让金，政府的利益会受损，而且对其他已经缴纳70年出让金的业主也是不公平的。”

对于70年土地使用权到期的房产又该如何续期？应有偿还是无偿？杨立新认为，有两个办法可供选择：一是免费，让利给业主；二是费改税，不再收取出让金，而是由取得永久性住宅建设用地使用权的权利人向国家缴纳税金。

专家们认为，在强调法治社会的今天，首先需要明确的是，要坚持有法必依，严格落实物权领域的立法成果，增强人民群众对国家物权制度的信心；另一方面，针对物权法规定并不详尽的现实，通过充分吸取民意及规范的程序，尽早出台关于土地出让续期的实施细则，缓解公众焦虑。

（资料来源：新华社　记者陈尚营、王立彬、李劲峰、吕昂、李建国　有删改）

任务小结

经济法与我们的日常生活紧密相连。通过本任务的学习，同学们应了解物权、债权、所有权、人身权、法人、代理等基础民法知识，并能学以致用。

能力检测

1. 物权的种类有哪些？
2. 债发生的根据是什么？
3. 所有权的构成有哪些？
4. 区别法人、法人代表、法定代表人。
5. 法人资格的取得途径是什么？
6. 代理的法律责任有哪些？
7. 案例分析：王某在某地风景区旅游，爬到山顶后，见一女子孤身站在山顶悬崖边上，目光异样，即心生疑惑。该女子见有人来，便向悬崖下跳去，王某情急之下拉住女子衣服，将女子救上来，在救人过程中，王某随身携带的价值2 000元的照相机被碰坏，手臂被擦伤，该女子头部也被碰伤，衣服被撕破。王某将女子送到山下医院，为其支付各种费用500元，并为自己包扎伤口用去20元。当晚，王某于医院招待所住宿时，已经身无分文，只好向服务员借了100元，用以支付食宿费。次日，轻生女子家人赶到医院，向王某表示了感谢。

问题：(1) 王某与轻生女子之间存在何种民事法律关系？

（2）王某的照相机被损坏及为治疗自己伤口而支付的费用该由谁承担？为什么？

（3）王某为该女子支付的医疗费等费用能否请求其偿付？为什么？

（4）王某向服务员借的100元应当由谁偿付？为什么？

（5）王某能否请求该女子给付一定报酬？为什么？

（6）王某应否赔偿女子衣服损失？为什么？

考核知识点：无因管理的条件及法律后果。

项目二　准确掌握法律原则，依法处理合同事务

项目任务

1. 了解合同的概念、种类。
2. 熟悉合同的订立和合同的主要条款。
3. 理解合同的履行和违约责任的基本内容。

能力描述

1. 能够签订出条款完备而且合法有效合同。
2. 能运用所学知识解决一般的合同纠纷。

项目导入案例

[案情介绍]

2010年8月31日，王某委托儿子吴某到北京某公司购车，吴某以王某的名义购买比亚迪轿车1辆，车款共计63 800元。3日后，范某与吴某签订《汽车转让协议》约定，王某将该车转让给范某，转让金额为45 500元。吴某代王某在协议上签字。吴某向范某交付了车辆，范某向吴某支付了车款。王某向人民法院提起诉讼称，鉴于当地政策限购的原因，其同意出售涉案车辆，但要求范某支付车辆差价款18 300元。诉讼中，王某另案申请宣告吴某为限制民事行为能力人，经某司法鉴定中心鉴定，吴某目前系精神分裂症不全缓解期，评定为限制民事行为能力。某区人民法院遂判决宣告吴某为限制民事行为能力人，指定王某为监护人。

[问题]

(1) 范某与吴某签订的《汽车转让协议》的效力如何?

(2) 王某的请求能够得到人民法院的支持吗?

[案例解析]

(1) 关于《汽车转让协议》的效力问题。根据《中华人民共和国合同法》（简称合同法）第47条规定：限制民事行为能力人订立的合同，经法定代理人追认后，该合同有效。本案中，吴某系限制民事行为能力人，故其与范某签订的《汽车转让协议》属于效力待定

的合同。鉴于诉讼中范某的监护人王某对该协议表示认可，故，该合同具有法律约束力。

（2）关于王某要求范某支付差价款 18 300 元的问题。根据《合同法》第 54 条规定，在订立合同时显失公平的，当事人一方有权请求人民法院或者仲裁机构变更或者撤销。当事人请求变更的，人民法院或者仲裁机构不得撤销。本案中，吴某在代理王某与范某签订《汽车转让协议》时存在精神残疾，其在购买涉案车辆后第三天即代表王某将车辆转卖，双方约定的价款明显低于购买价格，显失公平，王某请求法院变更价款数额，要求范某补足差价款，于法有据，应当得到人民法院的支持。

任务一　如何签订出条款完备且合法有效的合同

项目导入案例

[案情介绍]

2009 年 10 月 25 日，隆某某和甲公司签订《装载机买卖合同》约定：隆某某向甲公司购买装载机一台用于工程施工，价款 27 万元，隆某某应于当日向甲公司支付货款；在规定保修期内如标的物出现故障，甲公司负责 48 小时内赶到现场进行维修或更换配件；甲公司只对产品负有保修责任，不负责因产品保修而产生的直接或间接经济损失；保修期自 2009 年 10 月 25 日起至 2010 年 10 月 24 日止。甲公司于当日向隆某某交付了装载机及装载机用户档案卡等资料。同年 10 月 29 日，装载机投入工程施工不到半小时即发生前桥断裂，隆某某当即将此事通知了甲公司。甲公司于同年 11 月 17 日派人为隆某某免费更换了前桥。隆某某因此租用他人装载机施工，用去租金 36 000 元。双方为损失赔偿事宜发生纠纷。隆某某向人民法院提起诉讼，请求判决甲公司赔偿其租金损失 36 000 元。

[问题]

隆某某的诉讼请求是否应当得到全部支持。

[案例解析]

根据合同法第一百零七条规定："当事人一方不履行合同义务或者履行合同义务不符合约定的，应当承担继续履行、采取补救措施或者赔偿损失的违约责任。"本案中，双方在合同中约定，"在规定保修期内如标的物出现故障，甲公司负责 48 小时内赶到现场进行维修或更换配件。"在合同履行过程中，案涉装载机于 2009 年 10 月 29 日发送前桥断裂，甲公司在接到通知后，本应于同年 10 月 31 日前对装载机前桥进行维修或更换，却于同年 11 月 16 日才履行了该义务，超过约定期限 16 天，属于违约行为。该违约行为导致隆某某租用他人装载机，产生租金损失。对此，甲公司应当承担赔偿责任。甲公司以"不负责因产品保修而产生的直接或间接经济损失"之约定提出免责的理由不能成立。根据合同有关条款，其主张免责应当以在 48 小时内赶到现场进行维修或更换配件为条件，而本案的事实不能满足该条件。另外，根据合同中的上述条款，在案涉装载机前桥断裂之时起的 48 小时之内的租金损失属于甲公司的免责范围，应由隆某某自行承担。故，隆某某的请求应当得到部分支持，即由甲公司赔偿隆某某租金损失 32 000 元。

知识平台

市场经济就是法治经济，法治经济就是合同经济。市场主体在参与市场交易过程中，签订合同包括利用互联网签订电子合同是一个不可缺少的而又十分重要的环节。那么，如何使自己与他人签订的合同符合法律规定而产生相应的约束力，如何防止自己与他人签订的合同因为违反法律的强制性规定而无效，就成了我们最为关心的问题。

一、合同概说

（一）合同的概念

合同也称契约，是平等主体的自然人、法人和其他组织之间设立、变更和终止民事权利义务关系的协议。项目导入案例中吴某以王某的名义与北京某公司之间的协议就是平等主体的自然人与法人之间设立汽车买卖权利义务关系的协议。吴某与范某签订的《汽车转让协议》则是自然人之间设立汽车买卖权利义务关系的协议。但是并非自然人、法人与其他组织之间设立、变更和终止民事权利义务关系的任何协议都由合同法调整。根据《合同法》第 2 条规定，婚姻、收养、继承等有关身份关系的协议，适用其他法律的规定。例如张三与李四订立收养协议，李四收养张三的儿子 7 岁的小张，并办理了收养登记。双方约定，任何一方违约，要承担违约金 5 万元。由于小张在学校与同学发生纠纷并将同学打伤，李四为此支付医疗费 5 000 元。李四向张三提出解除收养关系，张三表示同意解除收养关系，但是要求李四支付违约金 5 万元。李四的请求不能得到支持。为什么呢？因为收养关系不能用合同法调整，该请求没有法律依据。

（二）合同的特征

1. 合意性是合同的本质特征

合同本质上是一种协议或者合意，合同的成立得有两个或者两个以上的民事主体互相作出意思表示，这些意思表示得通过协商或者谈判取得一致，可见合意性是合同的本质特征。

2. 合同主体具有非单一性

合同是两个或者两个以上民事主体共同完成的民事法律行为，因此合同主体具有非单一性。

3. 合同属于民事法律行为之一种

合同是依照当事人意愿发生的民事法律行为，能够产生当事人预期的法律效果，因此合同是一种民事法律行为。

4. 合同以民事权利义务为内容

合同以设立、变更和终止民事权利义务关系为目的，民事权利和民事义务是合同的内容。

5. 合同具有法律约束力

合同依法成立后，对各方当事人均具有相应的法律约束力，各方当事人均应当全面履行其中的约定义务，否则就要承担相应的违约责任。

（三）合同的种类

类型化是学习和研究的基本方法。对种类繁多的经济合同进行类型化，可以更为准确地明晰各方当事人的权利和义务，具有一定的理论和实践意义。

1. 有名合同与无名合同

有名合同又称典型合同，是指合同法或者其他法律已经确定了名称和交易规则的合同。合同法分则规定的有名合同有15类，《中华人民共和国担保法》（简称担保法）规定的保证合同、抵押合同、质押合同等也属于有名合同。无名合同又称非典型合同，是指合同法或者其他法律尚未确定名称和交易规则的合同。该分类的实践意义在于，由于法律对有名合同涉及的有关问题进行了具体而详细的规定，因此在处理有名合同纠纷时应当首先适用法律的具体规定，只有在法律没有具体规定时才能适用原则性规定。对于无名合同纠纷，除适用合同法总则的有关规定外，还应当根据合同的性质参照适用与之最近似的有名合同的规定。团体就餐合同、承办体育比赛合同和演出合同等就属于无名合同。

2. 诺成合同与实践合同

根据合同的成立是否以交付标的物为要件，将合同区分为诺成合同和实践合同。诺成合同是指当事人意思表示一致即告成立的合同。诺成合同的成立不以标的物的实际交付为要件。我们常见的买卖合同、租赁合同、加工合同等均属于诺成合同。实践合同亦称要物合同，指当事人意思表示一致且交付标的物才告成立的合同。较为典型的诺成合同有保管合同、借用合同、定金合同、以物抵债合同和自然人之间的借贷合同等。区分诺成合同和实践合同的实践意义在于，有助于更为准确地判断合同是否成立，进而判断未交付标的物一方可能承担的责任性质是违约责任还是缔约过失责任。

3. 有偿合同与无偿合同

根据一方当事人享有合同权利是否以向对方支付对价为条件，将合同区分为有偿合同与无偿合同。有偿合同是指合同当事人一方享有合同约定的权利以向对方承担合同约定的义务即支付相应对价为条件的合同。合同法规定的买卖合同、租赁合同等是典型的有偿合同。无偿合同指合同当事人一方享有合同约定的权利但并不向对方支付相应对价的合同。合同法规定的赠与合同和无偿保管合同等是无偿合同的代表。区分有偿合同与无偿合同的实践意义在于合同义务人应尽注意义务的高低不同，承担民事责任的条件也不同。例如无偿的保管合同和委托合同，受托人的注意义务较低，仅对故意或者重大过失造成的损害承担赔偿责任；相反，如果是有偿的保管合同和委托合同，保管人和受托人注意义务则较高，对因自己的一般过失给对方造成的损害也应承担赔偿责任。

4. 双务合同和单务合同

以合同双方是否互付对待给付义务为标准，将合同分为双务合同和单务合同。

双方合同指合同双方互付对待给付义务的合同，即合同双方均承担合同义务且互为对价。一方当事人享有的合同权利即为对方当事人所承担的合同义务。单务合同指只有一方当事人承担给付义务或双方当事人之间的义务不具有对价关系的合同。实践中的借用合同是只有一方当事人承担给付义务的合同，而附条件的赠与合同则是不具有对价关系的合同。区分双务合同与单务合同的实践意义在于双务合同的双方互付的债务具有给付上的牵连性，因此可能产生抗辩权关系，而单务合同则没有产生抗辩权关系的可能性。

5. 要式合同和非要式合同

根据合同的成立是否需要特定的形式，将合同区分为要式合同和非要式合同。要式合同是指根据法律规定应当采取书面形式、办理登记手续或者办理批准手续才成立的合同。非要式合同也称不要式合同，是指根据法律规定不需要采取特定形式的合同。该分类的实践意义在于确定合同是否成立或者是否生效，进而确定当事人应当承担的民事责任性质。

6. 束己合同和涉他合同

根据合同内容中是否涉及合同之外的第三人利益为标准，将合同区分为束己合同和涉他合同。束己合同是指仅为合同双方设定权利义务而不涉及第三人利益的合同，此为合同之常态。涉他合同指合同双方在合同中为第三人设定权利或者义务的合同。区分束己合同和涉他合同的实践意义是，在处理涉他合同纠纷时应当正确界定第三人的地位，即第三人不是合同当事人，不享有撤销、变更和解除合同之权利。相应地，第三人的有关违约责任只能由合同一方当事人承担。

7. 主合同和从合同

根据合同的存在是否依赖于其他合同的存在为标准，可将合同区分为主合同和从合同。主合同是一个与从合同相对应的概念，是指在两个关联的合同中，不以另一合同的存在为前提而能够独立存在的合同。从合同是一个与主合同相对应的概念，是指在两个关联的合同中，以另一合同的存在为存在的基础，其自身不能独立存在的合同。

区分主合同和从合同的实践意义在于在处理合同事务时，我们应当注意从合同的设立、变更或者终止受主合同的决定性影响。

二、合同的订立

合同的订立就是平等主体的自然人、法人和其他组织之间设立、变更和终止民事权利义务关系的过程和行为。

（一）订立合同的主体、形式、条款

1. 订立合同的主体

订立合同的主体包括自然人、法人和其他组织。《合同法》第 9 条第 1 款规定：“当事人订立合同，应当具有相应的民事权利能力和民事行为能力。”项目导入案例中，吴某系限制民事行为能力人，其与范某签订的《汽车转让协议》属于效力待定，该协议能否生效取决于王某是否追认。因此我们在从事交易的过程中需要考察相对方的缔约资格，防止签约者之外的利害关系人以缔约者缺乏主体资格为由主张合同无效，使我方签订合同的目的落空。

2. 订立合同的形式

《合同法》第 10 条规定：“当事人订立合同，有书面形式、口头形式和其他形式。法律、行政法规规定采用书面形式的，应当采用书面形式。当事人约定采用书面形式的，应当采用书面形式。”可见，订立合同的法定形式主要有三种：书面形式、口头形式、其他形式。至于采取何种形式，当事人可以自由选择。但是法律、行政法规规定采用书面形式的，应当采用书面形式。当事人约定采用书面形式的，应当采用书面形式。

口头形式指以面对面谈话的方式或者以电话的方式达成的，而未使用有形载体的协议。

书面形式的种类较多，根据《合同法》第 11 条规定：“书面形式是指合同书、信件和

数据电文（包括电报、电传、传真、电子数据交换和电子邮件）等可以有形地表现所载内容的形式。”在互联网时代，以电子数据形式签订的合同越来越多。所谓电子合同就是通过计算机网络进行的有别于传统方式订立的合同。电子合同的签订需要有电子签名、第三方授权、防篡改等技术，且只有应用了这些关键技术的电子合同才是具有法律效力的合同。见图 2—1—1。

图 2—1—1

图片来源：重庆师范大学 2012 级环境艺术设计专业学生张玉萍创作。

其他形式指书面形式和口头形式之外的作为或者不作为的方式。《合同法》第 37 条规定：“采用合同书形式订立合同，在签字或者盖章之前，当事人一方已经履行主要义务，对方接受的，该合同成立。”这就是以作为形式订立的合同。《合同法》第 171 条规定：“试用买卖的买受人在试用期内可以购买标的物，也可以拒绝购买。试用期间届满，买受人对是否购买标的物未作表示的，视为购买。”这就是以不作为的方式订立的合同。日常生活中最为常见的乘坐计程车，我们向计程车司机招手，计程车立即停到我们面前，我们坐到车内。整个过程中可能我们并未与计程车司机说话，但是却订立了一个合同。

书面形式与口头形式各有优劣。书面形式不如口头形式方便，但是发生纠纷时则有据可查，有利于分清责任。因此除及时清结者外，我们应当尽量采取书面形式，正所谓“先小人，后君子”。电子合同是通过计算机网络系统订立的以数据电文的方式生成、储存或传递的合同。电子合同的优点是节约成本、易于保存等。

3. 订立合同的条款

签订合同时如何做到内容全面、约定明确、具有可操作性呢？这就涉及订立合同的条款问题。根据《合同法》第 12 条规定：“合同的内容由当事人约定，一般包括以下条款：（一）当事人的名称或者姓名和住所；（二）标的；（三）数量；（四）质量；（五）价款或者报酬；（六）履行期限、地点和方式；（七）违约责任；（八）解决争议的方法。当事人可以参照各类合同的示范文本订立合同。”理论上将这八个条款称为提示性条款。一般来说，如果我们在签订合同时将这八个提示性条款涉及的内容并将个案所涉及的特殊情况均约定清楚了，那么所签订的合同内容就应当是较为全面的。

对于当事人的名称或者姓名和住所条款，对方为自然人时，要注意以身份证上的姓名为姓名，而不能用刘三、王七、李八等小名。对方为法人或者其他组织时，要注意以营业执照上的全称为其名称。

标的是合同双方当事人权利和义务共同指向的对象，包括物、行为和智力成果。标的条款应当完整而清楚地写明标的名称，使之特定化。

数量是标的物的具体化。应当写明具体数额，按照国家规定的度量衡和法定单位来确定，还应当对自然损耗、误差等作出相应约定，而且尽量不使用暂定、大约等容易引起歧义的词汇。

质量也是标的物的具体化。质量条款应当具体载明质量标准、质量检验方法、质量异议期和责任期等。

价款和酬金条款应当写明计算的方式、支付的条件和时间等。

履行的期限、时间、地点和方式条款应当具体明确。例如签订需要运输的货物买卖合同时，履行地点条款直接决定运输风险和运输费用的承担等问题，因此应当明确和具体。例如交货地点仅仅写为重庆就属于不具体，因为重庆是一个大地名，其辖区内南北或者东西之间的距离达数百公里，因此要尽量使用具体明确的小地名，例如重庆火车北站。

违约责任条款应当写明违约责任的计算方式，同时应当考虑违约金数额的合理性与合法性。

解决争议的方法条款主要涉及两个方面：第一个方面，是否选择仲裁方式，如果选择了仲裁方式，还应当明确具体的仲裁机构；第二个方面，是否约定诉讼管辖，如果要约定诉讼管辖，还应当注意不得违反民事诉讼法关于级别管辖和专属管辖的规定。

（二）要约—订立合同的环节之一

1. 要约的概念和构成要件

要约是指一方当事人向另一方当事人作出的希望与之订立合同的意思表示。以电子数据方式订立的合同，要约方应在可靠的第三方电子合同签署平台上发起合同签署邀约，通过上传合同、加签自己的可靠数字签名，将合同发送给其他签署方参与签约。要约的成立需要具备以下要件：

（1）内容具体确定。所谓内容具体就是要求包含合同的主要条款，所谓内容确定就是措词不要含糊不清，模棱两可。

（2）表明一经承诺即受约束的意思。

（3）一般应当向特定的主体作出。如果向不特定的主体作出，则需要表明其作出的是要约而非要约邀请。见图 2—1—2。

图 2—1—2

图片来源：重庆师范大学 2012 级环境艺术设计专业学生张玉萍创作。

2. 要约的生效

《合同法》第 16 条第 1 款规定："要约到达受要约人时生效。"采取对话方式发出要约的，对方听到并明白要约人的意思表示时为到达，采取书面方式发出要约的，对方收到合同书、信件、电报、传真等时为到达，或者电子邮件发到对方邮箱时为到达。

3. 要约的失效。

根据《合同法》第 20 条规定，能够引起要约失效的情形有四种：第一种是拒绝要约的通知到达要约人。这种现象在生活消费中最为常见。例如我们在街上行走时，兜售手机者向我们出示一部手机称："300 元。"我们通常会摆一摆手或者摇一摇头。这里的摆一摆手或者摇一摇头就是拒绝要约，该拒绝要约的通知当即到达要约人。第二种是承诺期限届满而受要约人未作出承诺，正所谓"过期作废"。第三种是受要约人对要约的内容作了实质性变更。"还价"、"砍价"就是典型的也是常见的实质性变更。第四种是要约人依法撤销要约。

4. 要约邀请

要约邀请是希望他人向自己发出要约的意思表示。根据《合同法》第 15 条规定，寄送的价目表、拍卖公告、招标公告、招股说明书和商业广告等均属于要约邀请。但也有例外，就是商业广告的内容符合要约的规定时应视为要约。通说认为，要约邀请不是意思表示行为而是事实行为，其本身无任何法律意义，不发生法律上的效果。要约邀请的内容虽然未能进入合同，但在合同条款的理解发生争议时则对解释起证明作用。

（三）承诺—订立合同的环节之二

1. 承诺的概念和构成要件

承诺是指受要约人同意要约的意思表示。以电子数据方式订立的合同，承诺方应在可靠的第三方电子合同签署平台上加签自己的可靠数字签名。承诺应当具备以下构成要件：

（1）承诺只能由受要约人作出，其他人没有承诺资格。

（2）承诺的内容应当与要约的内容一致。承诺人对要约的内容作出实质性变更的，承诺无效，视为新的要约。什么是实质性变更呢？根据《合同法》第 30 条规定，对合同标的、数量、质量、价款或报酬、履行期限、履行地点和方式、违约责任和解决争议的方法等的变更为对要约内容的实质性变更。但是承诺人对要约的内容作出非实质性变更的，除非要约人及时表示反对或者要约表明有承诺不得作任何变更的，承诺有效，合同的内容以承诺为准。

（3）承诺必须在承诺期限内到达受要约人。承诺期限届满后承诺才到达的，视为新的要约。但有一种情况例外，承诺人本来于承诺期间发出承诺之通知，按照通常情形能够及时到达要约人，但因其他原因超过了期限。这种情况，除非要约人及时通知受要约人因承诺超期而不受该承诺的约束，该承诺有效。

（4）承诺必须表明接受或者同意要约的意思。

2. 承诺的生效

承诺到达要约人时生效。这个时间因承诺方式的不同而不同。以对话方式承诺，自要约人了解承诺内容时承诺生效，而以数据电文方式作出承诺的，承诺进入要约人指定的接收数据电文的系统时生效。

3. **承诺的撤回**

承诺的撤回是指要约人在发出承诺通知以后，在承诺生效之前撤回其承诺的行为。该撤回必须先于承诺通知到达要约人或者与承诺通知同时到达要约人，才能发生撤回的效力。

（四）合同成立的时间、地点

1. **合同成立的时间**

合同成立的时间是合同双方当事人通过要约和承诺方式设立、变更、终止权利和义务关系的时间。合同成立的时间对于解决合同纠纷的争议具有一定的实践意义。这个时间分为如下几种情形：

（1）承诺生效时合同成立。这是合同成立的一般原则。

（2）法律规定或者双方当事人约定订立书面合同的，最后一方在合同书上签字、捺印或者盖章时合同成立。

（3）要求签订确认书的，最后一方在确认书上签字、捺印或者盖章时合同成立。这种情况一般发生在当事人采用信件、数据电文等形式订立合同时。

（4）交付标的物时合同成立。保管合同、借用合同、定金合同、以物抵债合同以及自然人之间的借贷合同等合同的成立就需要以交付标的物为要件。

2. **合同成立的地点**

合同成立的地点对于确定合同纠纷案件的司法管辖问题具有一定意义。合同成立的地点分为如下三种：

（1）承诺生效的地点为合同成立的地点。采用数据电文形式订立的合同，收件人为法人或者其他组织时，其主营业地或者主要办事机构所在地为合同成立的地点。收件人为自然人时，其户籍地为合同成立的地点；经常居住地与户籍地不一致的，其经常居住地为合同成立的地点。

（2）采用合同书形式订立的合同，双方签字、捺印或者盖章的地点为合同成立的地点。但是在签字、捺印或者盖章之前，一方履行主要义务而对方接受的则合同成立，那么，合同成立地点就应当是主要义务履行地。

（3）当事人在合同中约定的地点。

见图 2—1—3。

图 2—1—3

图片来源：重庆师范大学 2012 级环境艺术设计专业学生张玉萍创作。

（五）缔约过失责任

1. 缔约过失责任的概念

缔约过失责任是指当事人在订立合同过程中因为违反诚实信用原则给对方造成损失时依法应当承担的赔偿责任。

2. 缔约过失责任的构成要件

（1）缔约过失责任发生的时间是订立合同过程中，包括接触或者磋商的过程中。

（2）一方具有违反诚实信用原则的行为。

（3）一方违反诚实信用原则的行为给另一方面造成了信赖利益损失。这些信赖利益损失主要包括缔约费用、为准备履行合同所支出的合理费用、丧失了与第三人订立合同的机会所遭受的损失等。

（4）一方违反诚实信用原则的行为与另一方遭受的信赖利益损失之间具有因果关系。

3. 缔约过失责任产生的主要情形

根据《合同法》第 42 条和第 43 条规定，缔约过失责任产生的情形主要有如下四种：

（1）假借订立合同，恶意进行磋商。

（2）故意隐瞒与订立合同有关的重要事实或者提供虚假情况。

（3）泄露或者不正当地使用在订立合同过程中知悉的商业秘密。

（4）其他违背诚实信用原则的行为。

三、合同的效力

（一）合同生效的概念和条件

1. 合同生效的概念

合同生效是指合同产生法律约束力，双方当事人必须信守。合同生效与合同成立是不同的概念，合同成立与否决定于当事人是否就合同的内容达成合意，而合同生效与否决定于合同的内容是否符合法律规定，是否违反法律的禁止性规定。成立的合同未必一定生效，而生效的合同一定成立。附生效条件或者生效期限的合同即使成立，如果条件尚未成就或者期限尚未到来则未生效，属于成立而未生效的合同。

2. 合同生效的条件和时间

（1）合同生效的一般条件有三个：一是当事人具有相应的民事行为能力；二是意思表示真实；三是内容合法。在确定一个合同是否生效时，至少需要从这三个方面进行考察。

（2）合同生效的特殊条件主要是指附条件和附期限的合同，以及法律、行政法规规定应当办理批准、登记等手续生效的合同。《合同法》第 45 条规定，附生效条件的合同自条件成就时生效。附解除条件的合同自条件成就时失效。《合同法》第 46 条规定，附生效期限的合同自期限届至时生效。附终止期限的合同自期限届满时失效。

（二）合同无效的概念、原因及后果

1. 合同无效的概念

合同无效是指合同不具有法律效力，不被法律承认，不受法律保护。合同无效既包括合同整体无效的情形，也包括合同部分条款无效的情形。准确把握合同无效的概念，需要注意如下几个方面的问题：

（1）合同无效是自始无效。《合同法》第56条规定，无效的合同自始没有法律约束力。如果将合同无效理解为自仲裁机构或者人民法院宣告时起无效，则是错误的。

（2）合同无效，不影响合同中独立存在的有关解决争议方法的条款的效力。解决争议的条款主要包括仲裁条款、诉讼之协议管辖条款等，这些条款不受合同有效与无效的影响，因此不但适用于合同有效的情形，也适用于合同无效的情形。

（3）合同部分无效，不影响其他部分的效力，其他部分仍然有效。合同部分无效的情形下，并不导致整个合同无效。例如自然人之间的借款合同，如果约定利率超过国家限制标准的，超过的部分无效，但是未超过限制标准部分仍然有效。

（4）合同无效，只是不产生当事人预期的法律后果，但是不等于不产生任何法律后果。例如当事人因无效合同取得的财产，要承担返还的后果。

见图2—1—4。

图2—1—4

图片来源：新华网。

2. 合同无效的原因

合同无效的原因很多，种类复杂，根据《合同法》第52条规定，下列五种情形的合同无效：

（1）一方以欺诈、胁迫手段订立合同，损害国家利益。

（2）恶意串通，损害国家、集体或者第三人利益。

（3）以合法形式掩盖非法目的。

（4）损害社会公共利益。

（5）违反法律、行政法规的强制性规定。

根据《最高人民法院关于适用〈中华人民共和国合同法〉若干问题的解释（二）》第14条规定，导致合同无效情形之一的“违反法律、行政法规的强制性规定”是指效力性强制性规定。

根据《合同法》第53条规定，合同中的下列免责条款无效：

（1）造成对方人身伤害的。

（2）因故意或者重大过失造成对方财产损失的。

3. 合同无效的法律后果

如前所述，合同有效要产生有效的法律后果，合同无效也要产生无效的法律后果。只是合同无效的后果并非当事人订立合同时所期待的状态。合同无效的法律后果主要有如下几个方面：

（1）返还财产。根据合同法规定，合同无效后，因该合同取得的财产应当予以返还；不能返还或者没有必要返还的应当折价赔偿。

（2）赔偿损失。根据合同法规定，合同无效后，有过错的一方应当赔偿对方因此所受的损失，双方都有过错的，各自承担相应的责任。

（3）收归国有或者返还集体、第三人。根据《合同法》第59条规定，当事人恶意串通，损害国家、集体或者第三人利益的，因此取得的财产收归国家所有或者返还集体、第三人。

（三）效力待定合同的概念及种类

1. 效力待定合同的概念

效力待定合同是指合同在签订时，因为主体存在资格缺陷，需要等待追认后才具有法律效力的合同。效力待定合同属于成立但未生效的合同，根据合同法规定，相对人具有催告权和撤销权。

2. 效力待定合同的种类

（1）限制民事行为能力人订立的合同。限制民事行为能力人订立的合同属于效力待定合同，但是限制民事行为能力人订立的纯获利益的合同、日常生活所必需的合同则不属于效力待定合同，而是有效合同。

（2）无权代理人订立的合同。无权代理人订立的合同是指没有代理权、超越代理权或者代理权终止后，无权代理人仍然以被代理人名义与相对人订立的合同。

无处分权人订立的合同是否属于效力待定合同，理论上一直存在争议，司法实践中则以《合同法》第51条“无处分权人处分他人财产，经权利人追认或者无处分权的人订立合同后取得处分权的，该合同有效”的规定，认定为效力待定合同。

《最高人民法院关于审理买卖合同纠纷案件适用法律问题的解释》于2012年7月1日施行后，无处分权人订立的合同是否属于效力待定的问题终于明确。该司法解释第三条规定：“当事人一方以出卖人在缔约时对标的物没有所有权或者处分权为由主张合同无效的，人民法院不予支持。出卖人因未取得所有权或者处分权致使标的物所有权不能转移，买受人要求出卖人承担违约责任或者要求解除合同并主张损害赔偿的，人民法院应予支持。”该规定根据物权与债权相分离的原则，将无处分权人订立的合同规定为有效合同。

（四）可变更、可撤销合同

1. 可变更、可撤销合同的概念与特点

可变更、可撤销合同是指在合同订立时因为某种原因而导致意思表示不真实的当事人有权通过法定程序予以变更或者撤销的合同。

可变更、可撤销的合同有如下特点：

（1）意思表示不真实。这是可变更、可撤销合同的原因要素。

（2）合同被撤销前仍然有效。这是可变更、可撤销合同的效力变化时间点。

（3）是否行使撤销权，撤销权人得自由为之。但是撤销权人在知道或者应当知道撤销事由之日起1年内没有行使撤销权，撤销权消灭。

2. 可变更、可撤销合同的类型

（1）因欺诈、胁迫手段订立的合同。什么是欺诈呢？根据《最高人民法院关于贯彻执

行〈中华人民共和国民法通则〉若干问题的意见》(简称民通意见) 第 68 条规定，一方当事人故意告知对方虚假情况或者故意隐瞒真实情况，诱使对方作出错误意思表示的，可以认定为欺诈行为。

什么是胁迫呢？根据《民通意见》第 69 条规定：“以给公民及其亲友的生命健康、荣誉、名誉、财产等造成损害，或者以给法人的荣誉、名誉、财产等造成损害为要挟，迫使对方作出违背真实意思表示的，可以认定为胁迫行为。”其中，“要挟行为”是否存在是判断胁迫是否构成的重要因素之一。

利用欺诈或者胁迫手段订立的合同，如果损害了国家利益，则不是可变更、可撤销的合同范畴，而是无效合同范畴。

(2) 因重大误解订立的合同。什么是重大误解呢？根据《民通意见》第 71 条规定：“行为人因对行为的性质、对方当事人、标的物的品种、质量、规格和数量等的错误认识，使行为的后果与自己的意思相悖，并造成较大损失的，可以认定为重大误解。”其中，“造成较大损失”是判断重大误解是否成立的要件事实之一。

(3) 显失公平的合同。什么是显失公平呢？根据《民通意见》第 72 条规定：“一方当事人利用优势或利用对方没有经验，致使对方的权利与义务明显违反公平、等价有偿原则的，可以认定为显失公平。”其中的利用优势或者利用对方没有经验，并非一个问题的两个方面，而是各为一种情形，均是判断显失公平是否构成的要件事实之一。

(4) 乘人之危订立的合同。什么是乘人之危呢？根据《民通意见》第 70 条规定：“一方当事人乘对方处于危难之机，为谋取不正当利益，迫使对方作出不真实的意思表示，严重损害对方利益的，可以认定为乘人之危。”其中，“危难之机”和“严重损害对方利益”是判断乘人之危是否构成的要件事实。见图 2—1—5。

图 2—1—5

图片来源：重庆师范大学 2012 级环境艺术设计专业学生张玉萍创作。

3. 撤销权的消灭

(1) 超过除斥期。根据《合同法》第 55 条规定，具有撤销权的当事人自知道或者应当知道撤销事由之日起 1 年内没有行使撤销权的，撤销权消灭。

(2) 以某种方式放弃。该方式包括明示或者以行为的方式。根据《合同法》55 条规定，具有撤销权的当事人知道撤销事由后明确表示或者以自己的行为放弃撤销权的，撤销权消灭。

4. 合同被变更、撤销的法律后果

合同被变更、撤销后只是不会产生当事人订立合同时预期的法律后果，但是会产生法律规定的后果。根据《合同法》第 58 条规定，合同被撤销后，要产生返还财产、折价补偿、有过错的一方赔偿对方因此受到的损失、双方都有过错的各自承担相应的责任等法律后果。合同被变更的法律后果则是以变更后的合同内容代替原来的合同内容，当事人应当按照变更后的合同履行。例如导入案例中的车价款，由双方约定的 45 500 元变更为 63 800 元。

四、关于买卖合同的基本问题

世界各国都将买卖合同法作为基本的民商法规范，作为促进和保障社会财产流转关系的重要法律手段。合同法分则部分规定了 15 种有名合同，其中买卖合同位列其首，这是因为买卖合同是最常见、最基本和最典型的商品交换形式。因此，本书选择了且只选择了买卖合同这一种有名合同进行详细介绍。

（一）买卖合同的概念

买卖合同是指出卖人与买受人签订的由出卖人转移标的物所有权于买受人，买受人向出卖人支付价款的合同。买卖合同是典型的双务合同、有偿合同、诺成合同和非要式合同。

（二）买卖合同的种类

买卖合同有很多种类。根据合同双方当事人之间的交易是一次完成还是多次完成，可以分为一次性买卖合同和连续性交易合同；根据法律有无特别规定，可以分为普通买卖合同和特殊买卖合同；根据履行时间的不同，可以分为即时清结买卖合同和非即时清结买卖合同；根据标的物的性质不同，可以区分为特定物买卖合同与种类物买卖合同。这些种类区分都具有一定的实践意义，以特定物买卖合同与种类物买卖合同的区分为例，以特定物作为标的物的买卖就是特定物买卖，以种类物作为标的物的买卖就是种类物买卖。在特定物买卖合同中，出卖方只能交付合同约定的标的物，该标的物具有不可替代性。例如甲方作为出卖人与乙方作为买受人签订的以徐悲鸿大师的八骏图真迹作为标的物的特定物买卖合同。在履行合同时，甲方只能交付该八骏图的真迹，而不能以画家刘某的八骏图真迹作为替代物，否则就构成违约。种类物买卖合同的履行则无前述限制，只要按照合同约定的品种和规格交付就可。

（三）买卖合同的内容

买卖合同的内容除了《合同法》第 12 条规定的当事人的姓名、名称等八个方面的条款外，还包括以下几个方面：

1. 包装方式

标的物的包装方式分为外包装方式和内包装方式。外包装主要指运输包装。为防止标的物发生毁损或者货差，双方应当在合同中对箱装、桶装等形态以及纸制、木制、塑料制等用料进行约定。内包装也叫销售包装，是直接接触标的物的包装，双方也应当进行明确约定。对于包装的费用，如果未作特别约定，一般应由出售方承担。

2. 检验的标准和方法

标的物的检验标准不同，结果可能也不同，因此，双方应在合同中对检验标准予以明确。检验方法包括什么时间检验，由谁进行检验等内容，双方亦应明确。

3. 结算方式

由于标的物种类和买卖形式的多种多样，双方结算的方式也多种多样，包括现金结算、信用卡结算、跟单信用证结算、票据结算等，对于具体采取什么样的结算方式，应当明确约定。

4. 合同使用的文字及其效力

买卖合同尤其是国际货物买卖合同，双方应当对合同使用中文、英文、中英文或者其他文字进行明确，如果使用了两种或者两种以上的文字时，还应对每一种文字的文本效力进行明确。

（四）买卖合同双方的权利义务

买卖合同双方的权利义务是相对的，出卖方的权利就是购买方的义务，反之亦然。因此，我们仅从一方义务的角度介绍买卖合同双方各自的权利和义务。

1. 出卖人的义务

（1）交付标的物并转移标的物所有权的义务。交付标的物分为现实交付和拟制交付。现实交付就是按约定的时间和地点，将标的物置放于买受人控制之下。拟制交付是指不转移标的物占有的情况下，出卖人将标的物所有权证书移交给买受人，以替代标的物的交付。转移标的物所有权义务的履行方式因财产种类不同而不同，动产以转移占有为所有权转移的方式，不动产以变更所有权登记为所有权转移的方式。

（2）对标的物的权利瑕疵负担保义务。买卖合同以转移标的物所有权为主要特征，故，出卖人必须对标的物的权利瑕疵负担保义务，必须保证标的物上不存在抵押权、租赁权等任何权利负担，且保证标的物未侵犯他人专利权、商标权、著作权等知识产权。合同法规定：“出卖人就交付的标的物，负有保证第三人不得向买受人主张任何权利的义务，但法律另有规定的除外。”

（3）对标的物质量瑕疵负担保义务。该担保义务分为明示的担保义务和默示的担保义务。明示的担保义务是指按照合同约定的质量要求交付标的物。默示的担保是指按照法律规定的起码标准交付标的物。

2. 买受人的义务

（1）支付价款。买受人支付价款应当按照合同约定的数额、时间、地点和方式进行。

（2）接收标的物。与出卖人交付标的物的义务相对应，买受人负有接收标的物的义务。买受人应当采取一切合理的措施为出卖人交付标的物提供方便，按照约定协助出卖人完成交付。

（3）拒收时的通知和保管义务。在出现质量不符合约定导致买受人拒绝接受标的物时，买受人应当及时通知出卖人，并做好合理时间内的保管工作。

（五）买卖合同的特殊解除规则

买卖合同的解除应当遵循合同解除的一般规则之外，还应当遵循买卖合同的特殊规定。

1. 主物合同解除与从物合同解除

《合同法》第164条规定："因标的物的主物不符合约定而解除合同的，解除合同的效力及于从物。因标的物的从物不符合约定被解除的，解除的效力不及于主物。"

2. 数物合同的解除

《合同法》第165条规定："标的物为数物，其中一物不符合约定的，买受人可就该物解除，但该物与他物分离使标的物的价值显受损害的，当事人可以就数物解除合同。"

3. 连续供货合同的解除

根据合同法规定，出卖人分批交付标的物的，出卖人对其中一批标的物不交付或者交付不符合合同约定，致使该批标的物不能实现合同目的的，买受人可以就该批标的物解除。出卖人不交付其中一批标的物或者交付不符合合同约定，致使今后其他各批的交付不能实现合同目的的，买受人可以就该批以及今后其他各批标的物解除。买受人如果就其中一批标的物解除，该批标的物与其他各批标的物相互依存的，可以就已经交付和未交付的各批标的物解除。

4. 分期付款合同的解除

分期付款的买受人未支付到期价款的金额达到全部价款的五分之一的，出卖人可以请求买受人支付全部价款或者解除合同。出卖人解除合同的，可以向买受人请求支付该标的物的使用费。

（六）标的物的风险负担及孳息等利益承受

1. 标的物的风险

标的物的风险是标的物可能遭受的火灾、沉船、破碎、渗漏、盗窃等与任何一方当事人意志无关的事由引起的损失。由于该风险的发生与当事人的意志无关，因此不能按照过错责任进行处理。根据风险发生与标的物交付与否的关系以及各方履约情况的不同，合同法分别作了如下规定：

（1）标的物风险随标的物交付而转移。标的物毁损、灭失的风险在交付前由出卖人承担，在交付后由买受人承担。

（2）根据违约情况决定风险负担。如果买受人不接受或者不及时接受标的物，其自违反约定之日起承担标的物毁损、灭失的风险。但是因为标的物质量不符合要求致使不能实现合同目的，导致买受人拒绝接受标的物或解除合同的，该风险由出卖人承担。

（3）路货的风险转移。出卖人出卖运输途中的标的物，除当事人另有约定，标的物毁损、灭失的风险自合同成立时起转移。

（4）承运人运货时的风险转移。《合同法》第145条规定，当事人没有约定交付地点或者约定不明确，依照本法第141条第2款第（1）项的规定标的物需要运输的，出卖人将标的物交付给第一承运人后，标的物毁损、灭失的风险由买受人承担。

2. 利益承受

此处的利益是指标的物在买卖合同订立后所产生的孳息。按照法律规定，以标的物的交付时间为区分，在标的物交付之前产生的孳息归出卖人，交付之后产生的孳息归买受人。

任务小结

本任务主要介绍了合同法的基本原则，合同的种类及订立方式，合同订立的两个基本环节，合同的成立与生效，合同的履行规则，合同无效的原因及后果。本任务还详细介绍了买卖合同这一有名合同的基本内容、双方的权利义务、特殊解除规则以及标的物风险转移规则等。

能力检测

1. 通常情况下，拟写一份完整的合同至少应当考虑哪八个方面的条款？
2. 哪些合同可能被依法宣告无效？哪些合同可能被依法撤销或者变更？
3. 电子合同生效的条件与非电子合同相比，有什么不同？
4. 案例分析：

2009 年 7 月 17 日，绿色公司与梁七签订厂房出租协议约定：绿色公司租赁梁七的自建厂房两幢约 2 200 平方米，厂房间空地一块约 1 400 平方米，办公楼一幢约 400 平方米；租期 8 年，自 2009 年 9 月 1 日起至 2017 年 8 月 31 日止；厂房、空地及办公室年租金 15.5 万元，所涉税费由绿色公司负担，租金每半年支付一次（半年租金 7.75 万元）；如一方违约应给付另一方违约金 15.5 万元。协议签订后，绿色公司预付梁七 2009 年 9 月 1 日至 2010 年 8 月 31 日期间的房屋租金 15.5 万元，并入住且使用涉案厂房、空地、办公楼等。后因绿色公司将部分房屋转租他人，双方发生纠纷。另查明，涉案厂房系梁七于 2003 年 9 月 26 日租用某农业社土地 12.15 亩修建，至今未办理建设规划等相关手续。绿色公司向人民法院提起诉讼，请求确认双方签订的厂房出租协议无效并判决梁七支付赔偿金 15.5 万元。梁七反诉请求判决绿色公司支付自 2010 年 9 月起至 2011 年 6 月 27 日止的房屋租金及使用费 127 875 元。

问题：绿色公司与梁七签订的厂房出租协议的效力如何？绿色公司的本诉请求是否应当得到支持？梁七的反诉请求是否应当得到支持？为什么？

考核知识点：合同的效力。

任务二　编制一份合同履行中的风险防范预案

任务导入案例

[案情介绍]

甲公司与乙公司于 2009 年 6 月 10 日签订《建设工程施工合同》约定，甲公司将建筑面积为 23 000 平方米（暂定）的房屋建设工程发包给乙公司修建，工期为 10 个月，从 2009 年 7 月 1 日起至 2010 年 4 月 30 日止，乙公司需在 2010 年 1 月 10 日前完成封顶任务。如乙公司延期封顶，按照实际延期时间每日支付违约金 3 万元。合同还约定，如需顺延工期，乙公司应当办理签证手续。在合同履行中，甲公司向乙公司进行了技术交底，乙公司未就工期问题提出异议，在施工过程中亦未办理签证。后，乙公司延期封顶90日，竣工时间也相应迟延。甲公司在诉讼中，要求乙公司支付迟延封顶违约金270万元。乙公司以实际施工面积为27 000平方米，较合同约定面积增加了4 000平方米为由进行抗辩。

[问题]

如果你是乙公司的法律顾问，应怎么拟写合同履行中的风险防范预案？

[案例解析]

作为乙公司的法律顾问，在拟写该合同履行中的风险防范预案时，针对建筑面积增加的问题，应当向乙公司提出两个方面的建议：一是以建筑面积增加为由，及时向甲公司书面提出调整工期的要求。如果该问题是在技术交底时才发现，就应当要求在会议纪要上明确载明该情况；二是如果在技术交底时未采取上述合理措施，那么在施工过程中应当及时以书面方式提出需要顺延工期的意见，并按约完成签证手续。

知识平台

合同履行过程中可能会遭遇各种各样的风险：交易相对方缺乏履约能力的风险；交易相对方收款后以各种理由拒不承认的风险或者接收货物后恶意提出质量不符合约定的风险；在先开发票后付款的情况下接收发票方以各种理由拒绝付款的风险；违背双方约定推卸税款支付责任的风险；在对方根本违约或者不适当履行合同义务时，因为收集证据不及时、不合法或者行使权利不规范导致“有理说不清”的风险等等。如何防范这些风险以保证交易安全？如何保证合同得到及时和全面的履行？这就需要我们编制合同履行中的风险防范预案。

一、合同履行的概念和原则

（一）合同履行的概念

合同履行是指合同双方当事人为了实现订立合同之目的而按照合同约定的标的、数量、质量、价款和报酬等全面完成各自所应承担的义务的行为。

（二）合同履行的原则

合同履行的原则是指当事人双方在履行合同义务过程中所必须遵循的基本准则。

1. 全面履行原则

全面履行原则要求合同当事人双方必须严格按照合同约定的标的、数量、质量、价款或者报酬、履行的期限、地点、时间、方式等完成自己的义务。

2. 诚实信用原则

合同履行中的诚实信用原则是指当事人在履行合同时要讲诚实、守信用、怀善意，力争达到互惠互利的合同目标。“协作”是诚实信用原则在合同履行中的重要内容，例如在发生不可抗力导致合同不能履行时要及时通知对方，以便双方协商处理善后事宜。

在互联网时代和全球化时代已经到来的今天，很多交易双方并不见面，签订合同和结算合同都使用电子数据方式，因此讲究商业道德、严守诚信原则就有着更为特别的意义。

二、约定不明确合同和涉他合同的履行规则

（一）合同约定不明确时的履行规则

1. 质量约定不明确时的履行规则

质量约定不明确时，按照国家标准、行业标准履行，没有国家标准、行业标准的，按照通常标准或者符合合同目的的标准履行。

2. 价款或者报酬约定不明确时的履行规则

价款或者报酬约定不明确的，按照订立合同时履行地的市场价格履行；依法应当执行政府定价或者政府指导价的，按照规定履行。

3. 履行地点约定不明确时的履行规则

履行地点约定不明确时，给付货币的一方在接受货币一方所在地履行；交付不动产的在不动产所在地履行；其他标的在履行义务一方所在地履行。

4. 履行期限约定不明确时的履行规则

履行期限约定不明确时，债务人可以随时履行，债权人也可以随时要求履行，但应当给对方必要的准备时间。

5. 履行方式约定不明确时的履行规则

履行方式约定不明确时，按照有利于实现合同目的的方式履行。

6. 履行费用负担主体约定不明确时的履行规则

履行费用负担主体约定不明确时，由履行义务一方负担。

（二）涉他合同的履行规则

涉及第三人利益的合同简称为涉他合同，是合同当事人双方约定，由第三人向债权人履行或者由债务人向第三人履行义务的合同。根据合同的相对性原理，第三人并非合同的义务主体或者权利主体，因此，《合同法》第 64 条、第 65 条对涉他合同的履行问题，制定了如下规则：

（1）当事人约定由债务人向第三人履行债务的，债务人未向第三人履行债务或者履行债务不符合约定，应当向债权人承担违约责任。

（2）当事人约定由第三人向债权人履行债务的，第三人不履行债务或者履行债务不符合约定，债务人应当向债权人承担违约责任。

三、合同履行中的抗辩权

抗辩权与请求权相对，是阻止他人行使权利的权利。合同履行中的抗辩权是指双务合同中的一方当事人在对方当事人未履行或者不能保证履行合同义务时可以拒绝履行己方合同义务的保留性权利。

该权利具有自助性质。该权利的功能是促使对方履行义务或者提供履行担保，并且暂缓己方义务的履行以维护自己的权益。合同法规定的抗辩权有同时履行抗辩权、先履行抗辩权和不安抗辩权。

（一）同时履行抗辩权

根据《合同法》第 66 条规定，当事人互负债务，没有先后履行顺序的应当同时履行。

一方在对方履行之前有权拒绝其履行要求。一方在对方履行债务不符合约定时，有权拒绝其相应的履行要求。

（二）先履行抗辩权

根据《合同法》第 67 条规定，当事人互负债务，有先后履行顺序，先履行一方未履行的，后履行一方有权拒绝其履行要求。先履行一方履行债务不符合约定的，后履行一方有权拒绝其相应的履行要求。见图 2—2—1。

图 2—2—1

资料来源：见 http：//image. baidu. com/。

（三）不安抗辩权

1. 不安抗辩权的概念

不安抗辩权是指应当先履行债务的一方，有确切证据证明对方有经营状况恶化、丧失商业信誉、转移财产或者抽逃资金以逃避债务等丧失或者可能丧失履行债务能力的情形时，中止对合同的履行。

2. 不安抗辩权适用的条件

（1）适用于有先后履行顺序的双务合同中。

（2）后履行债务的一方有丧失或者可能丧失履行债务能力的情形出现。

（3）先履行债务的一方有确切证据证明前述条件（2）中的情形存在。

3. 行使不安抗辩权的程序

（1）中止履行并及时通知对方。

（2）对方提供适当担保时应当恢复履行。

（3）对方在合理期限内未恢复履行能力并且未提供适当担保的，中止履行一方可以解除合同。

四、合同的保全

（一）合同保全的概念

合同保全实则为债权保全，是保证债权得以实现的制度。合同保全的制度包括三种：一是一般担保制度。合同成立后，债务人的全部财产是债权得以实现的一般担保；二是代位权制度；三是撤销权制度。

（二）代位权制度

为防止债务人的责任财产不合理减少导致债权的实现受到威胁，国家立法机关在合同法中安排了代位权制度。

1. 代位权的概念和特征

《合同法》第 73 条规定：“因债务人怠于行使到期债权，对债权人造成损害的，债权人可以向人民法院请求以自己的名义代为行使债务人的债权，但该债权专属于债务人自身的除外。”

代位权具有如下特征：一是情形特定，只能发生于债务人怠于行使权利且对债权人造成损害时；二是名义特定，代位权是债权人以自己名义行使而不是以债务人的名义行使；三是方式特定，代位权的行使方式是向人民法院提起诉讼，而不能以诉讼之外的方式行使。

2. 代位权的成立要件

（1）债权人对债务人的债权具有合法性和确定性。

（2）债务人对次债务人的债权已经到期。

（3）债务人有怠于行使到期债权的行为。

（4）债务人怠于行使到期债权的行为对债权人造成了损害。

（5）债务人的债权并非专属于自身的债权。根据《最高人民法院关于适用〈中华人民共和国合同法〉若干问题的解释（一）》第 12 条规定，专属于自身的债权包括基于扶养、抚养、赡养等基础关系产生的给付请求权，以及对劳动报酬、退休金、养老金、抚恤金、安置费、人寿保险、人身伤害赔偿请求权等。

3. 代位权的行使主体、方式和范围

（1）代位权的行使主体是债权人。

（2）代位权的行使方式是提起诉讼。

（3）代位权的行使范围受到两个限制：一是以债权人享有的债权数额为限；二是不得超过债务人对次债务人享有的债权数额。

4. 代位权行使的效力

债权人向次债务人提起的代位权诉讼经人民法院审理后认定代位权成立的，由次债务人向债权人履行清偿义务，债权人与债务人，债务人与次债务人之间相应的债权债务关系即予消灭。见图 2—2—2。

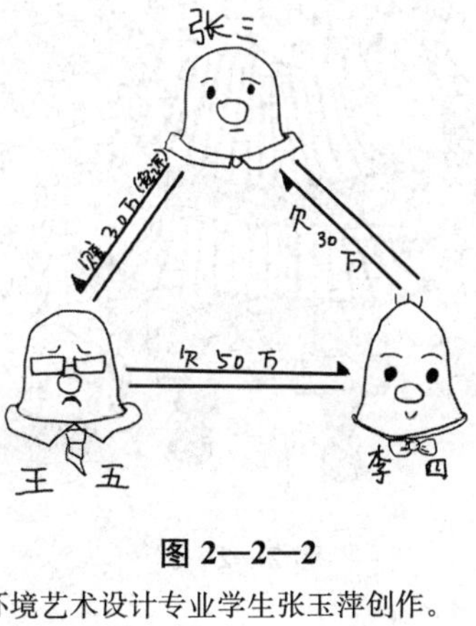

图 2—2—2

图片来源：重庆师范大学 2012 级环境艺术设计专业学生张玉萍创作。

（三）撤销权制度

1. 撤销权的概念

撤销权是指债权人对于债务人放弃其到期债权或者无偿转让财产，对债权人造成损害的行为，或者以明显不合理的低价转让财产，对债权人造成损害且受让人知道或者应当知道该情形的行为，可以请求人民法院撤销该行为的权利。

2. 撤销权的成立要件

（1）债权人的债权为以给付财产为标的的债权且合法有效。

（2）债务人实施了法定的有害债权实现的行为。

（3）受让人在签订转让合同时知道或者应当知道其以明显不合理低价受让债务人财产会损害债权人利益。至于无偿转让或者债权人放弃到期债权损害债权人利益的情形，受让人的主观状态在所不问。

3. 撤销权的行使主体、方法和范围

（1）撤销权的行使主体为诉讼中的原告，即债权人。

（2）撤销权的行使方式为向人民法院提起诉讼。

（3）撤销权的行使范围以债权人的债权数额为限。

另外，撤销权的行使期限为 1 年，自撤销权人知道或者应当知道撤销事由之日起计算，但自债务人的行为发生之日起 5 年内没有行使撤销权的，撤销权消灭。

4. 撤销权行使的效果

撤销权行使导致债务人的行为被撤销时债务人放弃债权的行为、无偿转让财产的行为或者以明显不合理低价转让财产的行为自始无效。前述行为导致的财产转移因撤销权的行使而发生复归于债务人的效果，并成为债务人的责任财产。

五、合同的担保简说

为促进经济繁荣、资金融通和商品流通，立法机关在担保法和物权法等有关法律中安排了保证、抵押、质押、留置等制度以担保债权的实现。见图 2—2—3。

图 2—2—3

资料来源：见 http：//image. baidu. com/。

（一）保证制度

1. 保证的概念

保证是指保证人与债权人约定，在债务人不履行或者不能履行债务时，保证人按约定承担相应责任。

2. 保证的特征

（1）从属性。保证的从属性是指保证合同是主合同的从合同，保证债务是主债务的从债务，随主债务的存在而存在，消灭而消灭。

（2）无偿性。在保证关系中，债权人享有保证债权并不以支付对价为条件，相应地，保证人承担保证债务也不以从债权人处取得对价为前提。但是，该无偿性是保证人相对于债权人而言，在保证人与债务人之间则可能是有偿的，例如金融担保公司在参与相关交易而作为保证人时，往往需要收取一定的费用。

（3）补充性。保证债务是对主债务的一种补充，只有在债务人不履行或者不能履行债务时，保证人才能按照约定承担责任。

（二）抵押制度

1. 抵押的概念

抵押是指债务人或者第三人不转移对财产的占有而将该财产作为债务的担保的行为。债务人不履行债务时，债权人有权依法以该财产折价或者拍卖、变卖该财产所得的价款优先受偿。其中，提供财产的债务人或者第三人为抵押人，接受抵押担保的债权人为抵押权人，作为抵押担保的财产为抵押物。

2. 抵押的特征

抵押权是担保物权之一种，具有如下特征：

（1）从属性。与其担保的主债权相比，抵押权是从权利。

（2）不可分性。抵押权担保债权的全部及于抵押财产的全部，不可分割。

（3）特定性。是指抵押物是特定的，抵押权担保的债权也是特定的。如果抵押物不特定，就无法估计其价值而不能起到担保作用。如果抵押权担保的债权不特定就不能确定抵押权担保的限度。

（4）物上代位性。抵押权的物上代位性是指在抵押物损害或者灭失而变为赔偿金或者保险金时，抵押权的效力及于这些代位物，抵押权人可以就这些代位物行使抵押权。

（5）顺位性。同一财产上设立数个抵押权时各抵押权之间有一定的顺位。顺位在先的抵押权优于顺位在后的抵押权。

（6）追及性。追及性是指未经抵押权人同意，无论抵押财产落入何人之手，抵押权人均可对该财产行使抵押权。

（7）优先受偿性。抵押权的优先受偿性是指债务人不履行债务时，债权人有权依法以该财产折价或者拍卖、变卖该财产所得的价款优先受偿。

3. 动产浮动抵押制度

浮动抵押是指企业以其现在的和将来可以取得的全部资产为标的进行抵押的一种新型担保制度。根据《中华人民共和国物权法》第181条规定，经当事人书面协议，企业、个体工商户、农业生产经营者可以将现有的以及将有的生产设备、原材料、半成品、产品抵押，债务人不履行到期债务或者发生当事人约定的实现抵押权的情形，债权人有权对实现抵押权时的动产优先受偿。

（三）质押制度

1. 质押的概念

质押是指债务人或者第三人将其动产或者其他权利交由债权人占有并作为债权担保的行为。

2. 质押的特征

质押中的质权同抵押权一样具有从属性、不可分性、物上代位性、优先受偿性等特征。

3. 质押的分类

根据质押的标的物不同，质押分为动产质押、权利质权。对于不动产质押，因为我国担保法和物权法并未予以承认，故不作介绍。

（1）动产质押。动产质押是指以动产作为标的物的质押，因此产生的权利称为动产质权。

（2）权利质押。权利质押是指以汇票、支票、本票、债券、存款单、仓单、提单以及依法可以转让的股份、股票等财产权利作为标的物的质押，因此产生的权利称为权利质权。

4. 质权设立的方式

（1）动产质权设立的方式一般为交付，自质押人交付质押财产时设立。

（2）权利质权自权利凭证交付质权人时设立，没有权利凭证的，质权自有关部门登记时设立。

（四）留置

留置是指债权人基于运输合同、加工承揽合同、保管合同等合同关系占有债务人的动产，当债务人不履行与占有动产原因同一法律关系下的到期债务时，债权人有权就该动产优先受偿。

留置权与其他担保物权一样，具有从属性、不可分性等特征，但与其他担保物权相比，其更为独特的特征是法定性，即留置权不是由当事人约定产生，只能依照法律规定直接发生。

六、合同的变更、转让与终止

（一）合同变更制度

合同依法成立即具有法律约束力，任何一方不得随意变更，这是诚实信用原则的基本要求。但是，如果合同成立后客观情况发生了变化，原合同已不能履行或者不应当履行，当事人也可以依照法律规定的程序予以变更。

1. 合同变更的概念

合同变更是指合同依法成立后尚未履行或者完全履行前，由于某些法定事实的出现而使合同的履行期限、标的物数量等内容发生相应改变的现象。为及时应对瞬息万变的市场形势，尤其是在交易双方远隔千里的情况下，利用互联网上的电子数据进行合同变更的协商与变更协议的签订就显得尤其具有商业价值和法律意义。

2. 合同变更的法律特征

（1）合同变更制度中的合同必须是依法成立且生效的合同。

（2）合同变更的对象是合同内容而不包括合同主体的变更。

（3）合同变更的原因是某些法定事实发生，包括双方当事人协商或者不可抗力等法定事由出现。

（4）合同变更必须采取法定的方式，法律、行政法规规定应当办理批准、登记手续的，依照规定。

（5）合同变更的内容必须明确，否则推定为未变更。

（二）合同转让制度

1. 合同转让的概念

合同转让是指合同当事人一方将合同权利和义务部分或者全部转让给第三人的行为。合同转让分为合同权利的转让、合同义务的转移以及合同权利义务的概括转移三种。

2. 合同转让的特征

（1）合同转让是合同主体的变化。合同主体的变化是合同重大事项的变化，故合同法将合同主体的变化与合同内容的变化区别开来进行专门规定。

（2）合同转让不会引起合同内容的变化。转让后的合同内容与转让前的合同内容一致，这是债权债务的稳定性和转让的性质决定的。

（3）合同转让涉及多种法律关系。合同转让涉及原合同双方之间的法律关系，还涉及转让人与受让人之间的法律关系，以及合同当事人另一方与受让人的法律关系。因此，合同法规定，对于合同义务的转移要取得原合同当事人另一方同意，对于合同权利的转让要通知合同当事人另一方。

3. 合同权利的转让

合同权利的转让也叫债权转让，是合同债权人将其享有的债权部分或者全部转让给第三人的行为。

（1）合同权利转让的特征。合同权利转让的特征有三个：一是合同权利转让的主体包括债权人和第三人；二是合同权利转让的对象指合同债权。由于债权本身是一种没有形体的权益，因此能够作为转让标的；三是合同权利转让的范围可以是部分权利，也可以是全部权利。在部分权利转让时，受让人加入到原合同关系中，与原债权人共同享有债权；在全部权利转让时，原合同关系消灭，产生一个新的合同关系。

（2）合同权利转让的限制。按照合同法规定，根据合同性质或者当事人约定不得转让的权利不得转让，法律规定禁止转让的权利不得转让。

（3）合同权利转让的程序

根据《合同法》第80条规定：“债权人转让权利的，应当通知债务人。未经通知，该转让对债务人不发生效力。债权人转让权利的通知不得撤销，但经受让人同意的除外。”

（三）合同终止制度

合同终止是指因法律规定的事由出现而使合同权利义务归于消灭的现象。

1. 合同终止的事由

《合同法》第91条规定，合同的权利义务由丁下列情形终止：债务已经按照约定履行；合同解除；债务相互抵销；债务人依法将标的物提存；债权人免除债务；债权债务同归于一人；法律规定或者当事人约定终止的其他情形。根据该规定，可以将合同终止的事由归类为如下四种：

（1）因为当事人双方的意思而终止。

（2）因为合同目的已经实现而终止。

（3）因为合同已经没有继续履行的必要而终止。

（4）因为法律的直接规定而终止。

2. 合同终止的效力

（1）合同终止后，债权债务归于消灭。

（2）合同终止后，有关担保权等从权利归于消灭。

（3）合同终止后，依法产生的通知、协助和保密义务等附属义务并未终止，还应当继续履行。

任务小结

本任务主要介绍了合同履行的原则，合同履行中的风险防范制度，具体包括合同约定不明时的处理方法、在债务人不当处理债权时的应对方法即代位权的行使问题、在债务人不当处理财产时的应对方法即合同履行中的撤销权、在债务人不及时履行义务时的处理方法即抗辩权问题，还介绍了合同履行中保证、抵押、质押和留置等担保制度以及合同的变更、转让和终止等制度。

能力检测

1. 简述动产质权与权利质权在设立方式上有何区别？

2. 简述合同履行中的三类抗辩权。

3. 案例分析：

2005年1月30日和同年3月10日，乙公司按照合同约定向甲公司提供了价值681万元的钢材，因乙公司仅支付了部分钢材款，甲公司遂向法院提起诉讼，要求乙公司支付货款及加价款。法院判决由乙公司向甲公司支付尚欠钢材款及加价款共计本金299万元并按月利率2%支付违约金。经执行后，截至2007年6月20日乙公司尚欠甲公司货款350万元且无可供执行的财产，人民法院遂于2007年10月22日终结该案的执行。另查明，2006年1月10日，乙公司与张三签订《商品房买卖合同》约定，乙公司将其所有的门面房8套转让给张三，两层门面价款合计106万元。张三原系乙公司的股东，且系乙公司法定代表人的前妻。甲公司于2008年10月提起诉讼，请求撤销乙公司与张三之间的商品房买卖合同。诉讼中，经依法委托评估机构评估，涉案房屋的评估价值为221万元。

问题：乙公司与张三之间的《商品房买卖合同》是否应当撤销，理由是什么？

考核知识点：债权人的撤销权制度。

任务三　有理有据地追究他方的违约责任

任务导入案例

[案情介绍]

2005年3月10日程某与陈某签订合同约定，双方共同出资购买复式吊层建筑面积247.52平方米的门面房，并共同出资添置设施在该门面房内开设麻将馆，双方以一年为周期轮流经营，自负盈亏。程某从2005年3月10日经营至2006年3月9日止，陈某从2006年3月10日经营至2007年3月9日止，如违约则按2万元罚款处理。合同履行过程中，陈某应于2007年3月10日按约将麻将馆移交给程某经营而拒绝移交。程某向人民法院提起诉讼，请求判决陈某移交麻将馆并承担违约金2万元。

[问题]

如果你是程某的法律顾问，应如何起草一份追究陈某违约责任的方案？需要追究陈某什么样的违约责任？对其中的罚款2万元如何定性？

[案例解析]

作为程某的法律顾问，在为程某起草追究陈某违约责任的方案时至少需要考虑如下几个方面的问题：首先，该合同是否需要继续履行？根据程某的诉讼请求，显然需要继续履行。其次，是否需要陈某赔偿损失。陈某迟延交付麻将馆，给程某造成了损失，应当依法赔偿。再次，其中的罚款2万元是否属于违约金性质？如果属于违约金性质，就应在违约金与损害赔偿金之间进行选择，选择对程某更为有利的救济方式。

知识平台

在合同履行过程中，由于偿债能力、诚信意识、利益驱动等原因，违约现象难免发生。为依法追究他方违约责任以维护己方合法权益，我们得了解什么是违约及违约责任，违约责任的承担方式有哪些，责任竞合的概念以及责任竞合的处理原则是什么等等。在此基础上，我们才能实现本任务的学习目标，学会拟写追究他方违约责任方案的方法。

一、违约责任的概念与特征

违约责任是当事人因不履行合同义务或者履行合同义务不符合合同约定时应当承担的责任（见图2—3—1）。违约责任的主要特征如下：

1. 违约责任是一种民事责任

承担民事责任的方式很多，包括停止侵害、排除妨碍、消除危险、返还财产、恢复原状、修理、重作、更换、赔偿损失、承担违约责任、消除影响、恢复名誉、赔礼道歉等，违约责任只是承担民事责任的方式之一。

图 2—3—1

资料来源：见 http：//sz. bendibao. com/news/2015727/714993 _ 2. htm。

2. 违约责任以约定义务的存在为基础

既然违约责任是当事人因不履行合同义务或者履行合同义务不符合合同约定时应当承担的责任，那么，违约责任当然是以合同的存在即约定义务的存在为基础。违约责任还应当是以依法成立而且具有法律约束力的合同的存在为基础。如果合同尚未成立，或者虽然成立但尚未生效，或者因为违反法律的禁止规定而自始无效，则不存在违约责任的问题。

3. 违约责任具有相对性

违约责任只能在合同当事人之间产生，合同关系之外的人不承担违约责任。即使合同不能履行是因为合同关系之外的第三人的原因所致，第三人也不承担该合同之违约责任。

4. 违约责任可以是当事人约定的责任，也可以是法律直接规定的责任

合同当事人可以在合同中就违约责任的承担方式、计算方法、免责事由等进行约定。

5. 违约责任是一种以补偿性为主、惩罚性为辅的责任

违约责任首先是一种补偿性的责任，通过支付违约金和赔偿金等方式，使守约方的损失得到全部或者部分补偿。违约责任还担负着一定限度的惩罚功能。《合同法》第 114 条第 3 款规定："当事人就迟延履行约定违约金的，违约方支付违约金后，还应当履行债务。"该规定就鲜明地体现了违约责任的惩罚性功能。

二、违约责任的构成及归责原则

合同法第七章专章规定了违约责任，其中该章之首个法条即该法第 107 条规定："当事人一方不履行合同义务或者履行合同义务不符合约定的，应当承担继续履行、采取补救措施或者赔偿损失等违约责任。"可见，合同法对违约责任的归责原则是严格责任原则，不以过错为条件。

（一）违约责任的构成

1. 违约行为的存在

违约行为是指当事人不履行合同义务或者履行合同义务不符合合同约定的行为。这是违约责任构成的必要条件之一，也是在处理合同纠纷案件时必须首先确认的事实问题。判断一方当事人的行为是否构成违约，不能孤立判断，而应当结合合同双方履行义务的先后顺序或者履行义务的对比情况，甚至需要与合同中的抗辩权联系起来判断。例如甲公司系一家位于广州市的生产儿童服装的生产商，乙公司是一家位于重庆市的销售商。双方在合同中约定，乙公司向甲公司订购儿童服装 1 000 套，总货款 50 万元，乙公司限于 2013 年

1月10日前向甲公司预付货款20万元，否则要按照总货款的百分之十承担违约金。合同生效后，乙公司于2013年1月9日收到甲公司的函，甲公司以物价上涨为由要求每套儿童服装加价50元，乙公司不同意加价并因此未按时打款给甲公司。这种情况下，乙公司是否属于违约呢？乙公司的行为不属于违约，属于行使不安抗辩权的行为。

2. 损害后果的存在

违约行为引起的损害后果指财产损失，包括直接损失和间接损失。直接损失是因违约行为直接导致的财产受损。间接损失是指未来可以得到却因为违约而未得到的利益，也称为履行利益。

对于间接损失的限度问题，合同法采取了可预见性原则。《合同法》第113条第1款规定："当事人一方不履行合同义务或者履行合同义务不符合约定，给对方造成损失的，损失赔偿额应当相当于因违约所造成的损失，包括合同履行后可以获得的利益，但不得超过违反合同一方订立合同时预见到或者应当预见到的因违反合同可能造成的损失。"

3. 违约行为与损害后果之间存在因果关系

违约行为与损害后果之间存在因果关系是指损害后果是违约行为造成，没有违约行为就没有损害后果。

（二）主观过错作为违约责任构成的情形

合同法对违约责任采取严格责任原则。一般情况下，对于违约责任的构成不考虑违约方是否存在主观过错问题。有原则就有例外，《合同法》第303条第1款规定："在运输过程中旅客自带物品毁损、灭失，承运人有过错的，应当承担损害赔偿责任。"《合同法》第374条规定："保管期间，因保管人保管不善造成保管物毁损、灭失的，保管人应当承担损害赔偿责任，但保管是无偿的，保管人证明自己没有重大过失的，不承担损害赔偿责任。"这些违约责任的构成均以违约方存在过错或者重大过失为构成要件。

有观点认为，合同法中违约责任的归责原则既有严格责任原则，也有过错责任原则。我们认为这是一种自相矛盾的说法，以主观过错为违约责任构成要件的情形仅仅是合同法中严格责任原则的例外。至于合同无效或者被撤销时"有过错的一方应当赔偿对方因此所受的损失，双方均有过错的，各自承担相应的责任"中的过错责任原则是缔约过失责任原则范围，并非违约责任范畴。

三、承担违约责任的方式

《合同法》第107条规定："当事人一方不履行合同义务或者履行合同义务不符合约定的，应当承担继续履行、采取补救措施或者赔偿损失等违约责任。"该条规定了违约责任的承担方式。

（一）继续履行

继续履行又称为实际履行，是指当事人一方不履行合同义务或者履行合同义务不符合约定时，另一方有权要求其继续按照合同约定的数量、质量、方式等及时履行。由于非金钱债务与金钱债务有所不同，因此合同法在继续履行方式上的适用范围也有所区别。

1. 金钱债务的继续履行

《合同法》第109条规定："当事人一方未支付价款或者报酬的，对方可以要求其支付价款或者报酬。”可见，无论是不履行金钱债务还是不完全履行金钱债务，守约方都可以要求违约方继续履行，无一例外。

2. 非金钱债务的继续履行

不履行非金钱债务或者不完全履行非金钱债务，守约方原则上可以要求违约方继续履行，例如导入案例中的麻将馆轮流经营纠纷，程某是可以要求陈某继续履行的。但有三种情况则不能要求继续履行。《合同法》第110条规定：当事人一方不履行非金钱债务或者履行非金钱债务不符合约定的，对方可以要求继续履行，但有下列情形除外：(1) 法律上或者事实上不能履行；(2) 债务的标的不适于强制执行或者履行费用过高；(3) 债务人在合理期限内未要求履行。例如某著名歌星出场的演出合同，如果该歌星不愿意履行，不可能强制执行，属于债务标的不适于强制执行的情形，故，守约方不得要求继续履行。

（二）采取补救措施

采取补救措施主要适用于质量方面的违约。《合同法》第111条规定：“质量不符合约定的，应当按照当事人的约定承担违约责任。对违约责任没有约定或者约定不明确，依照本法第六十一条的规定仍不能确定的，受损害方根据标的的性质以及损失的大小，可以合理选择要求对方承担修理、更换、重作、退货、减少价款或者报酬等违约责任。”其中，修理一般发生于定作合同或者承揽合同中。选择该方式的前提是存在修理的可能性。更换一般是在修理不能的情况下或者修理成本过高的情况下才选择的补救措施。重作这一补救措施往往发生于根本违约的情况下。退货即解约是在出售方交付的标的存在严重质量问题致使不能实现合同目的时。减少价款或者报酬是在建设工程施工合同中或者承揽合同中被经常适用的补救措施。

以上补救措施，守约方应当合理选择，并非想怎么样就怎么样。有些情况下，只能选择减少价款或者报酬的措施，而不能选择重作。例如某工厂厂房钢结构施工合同纠纷案。施工方完工后，发包方发现施工方所用钢材并非约定的生产商生产，但不影响厂房的正常使用。那么，发包方有权选择哪一种补救措施呢？一般认为，如果选择重作将导致不必要甚至更大的资源浪费，因此应当选择减少价款以补救。

（三）赔偿损失

赔偿损失是适用性最强并被各国立法普遍认同的一种承担违约责任的方式。《合同法》第112条规定：“当事人一方不履行合同义务或者履行合同义务不符合约定的，在履行义务或者采取补救措施后，对方还有其他损失的，应当赔偿损失。”赔偿损失作为承担违约责任的一种方式，具有两个特征：一是可以事先约定。由双方当事人在合同中事先约定因违约产生的损失赔偿额的计算方法。这是合同法中的赔偿责任与侵权法中的赔偿责任的区别之一。二是仅具有补偿性。赔偿损失以违约造成的直接损失和间接损失之总和为限度。这一点是赔偿损失方式与违约金方式和定金方式的区别之一。

作为违约责任形式的赔偿损失的适用应当遵守如下四个原则：

1. 损失填平原则

损失填平原则也称为完全赔偿原则，是指违约方应当赔偿因其违约行为给对方造成的全部损失，包括因违约产生的现实利益的减少即直接损失，也包括对方应当得到的合同履行利益。损失填平原则也有例外，例如经营者提供商品或者服务有欺诈行为的，应当按照消费者的要求增加赔偿其受到的损失，增加赔偿的数额为消费者购买商品的价款或者接受服务的费用的三倍，增加赔偿的金额不足五百元的，为五百元。

2. 合理预见限度原则

合理预见限度原则是指违约方赔偿损失不得超过其订立合同时预见到或者应当预见到的因违反合同可能造成的损失。

3. 减损原则

减损原则是守约方采取适当措施防止损失扩大原则的简称，是指当事人一方违约后，对方应当采取适当措施防止损失的扩大；没有采取适当措施致使损失扩大的，不得就扩大的损失要求赔偿。当事人因防止损失扩大支出的合理费用，由违约方承担。

4. 责任相抵原则

《合同法》第120条被认为是关于过失相抵规则的具体规定。过失相抵规则也称责任相抵原则，是指根据合同法规定，合同双方都违反合同约定的，应当各自承担相应的责任。

（四）支付违约金

支付违约金是指当事人一方不履行合同义务或者履行合同义务不符合约定时应当按照约定或者按照法律规定向对方支付一定数额的金钱。违约金的有无以及数量以意定为原则，以法定为例外。违约金还具有国家干预的特征。《合同法》第114条第2款规定："约定的违约金低于造成的损失的，当事人可以请求人民法院或者仲裁机构予以增加；违约金过分高于造成的损失的，当事人可以请求人民法院或者仲裁机构予以适当减少。"

（五）定金法则

定金法则是指当事人双方在合同中约定，一方向对方给付一定数额的金钱，给付定金的一方不履行合同的无权请求返还定金；收受定金的一方不履行合同的，应双倍返还定金。见图2—3—2。

图2—3—2

资料来源：见 http：//news.163.com/14/0416/09/9PUMNHC700014Q4P.html。

适用定金法则时应当正确处理其与违约金之间的关系。《合同法》第116条规定："当事人既约定违约金，又约定定金的，一方违约时，对方可以选择适用违约金或者定金条款。”可见，违约金条款与定金条款不可并用，只能择一适用。

定金是指付款的担保，比如在买卖关系中，买方在签订合同后付给卖方部分款项，作为将来付款的担保，如果买方不履行合同，卖方可以不退还定金，如果卖方按照合同履行了供货义务，定金便折为货款，如果卖方没有按照合同履行供货义务，则应当承担双倍返还定金的责任。总而言之，定金是担保之意，也是法律中的用语。

订金是一般被视为预付款，即使认定为一种履约保证，这种保证也是单方的，它只对给付方形成约束，即给付方对收受方的保证。若收受方违约，只能退回原订金，得不到双倍返还；若给付方违约，收受方会以种种理由把订金抵作赔偿金或违约金而不予退还。

定金的数额在法律规定上有一定限制（《担保法》规定不超过主合同标的额的20%）；而订金的数额依当事人之间自由约定。

四、第三人原因造成的违约

合同法对第三人原因造成违约的情形，在处理方法上坚持了合同的相对性原则。《合同法》第121条规定：“当事人一方因第三人的原因造成违约的，应当向对方承担违约责任。当事人一方和第三人之间的纠纷，依照法律规定或者按照约定解决。”

五、责任竞合

这里的竞合是指两种或者两种以上相互冲突的权利基于某一法律事实同时产生的现象。合同法中的责任竞合是指当事人实施的某一合同行为同时符合两种法律责任的构成，因此可能承担两种或者两种以上的法律责任的现象。

（一）责任竞合的基本特征

（1）责任竞合是由违反约定或者法定义务的行为引起。

（2）违反义务的行为符合两种或者两种以上的责任构成。

（3）当事人因此可能承担两种或者两种以上的法律责任。

（4）两种或者两种以上的责任之间相互冲突。换言之，数个责任之间不能相互吸收，也不能同时并存。

（二）违约责任与侵权责任的竞合及处理

1. 违约责任与侵权责任竞合的概念

违约责任与侵权责任竞合是指合同当事人一方的行为既符合合同法规定的违约责任的构成，同时又符合侵权责任法规定的侵权责任的构成，违约责任与侵权责任同时产生，违约之债请求权与侵权之债请求权发生冲突的现象。例如，张三委托李四修理一块手表，李四将手表修好之后，在张三取回之前擅自出售给不知情的王五。在此情形下，张三既可追究李四不履行合同的违约责任，也可追究李四侵犯财产权的侵权责任。但是，如果法律允许张三在追究李四违约责任的同时又追究李四侵权责任，就意味着张三可能获得两块表的赔偿价值。显然，这两种责任同时存在且出现了请求权上的冲突。

2. 违约责任与侵权责任的区别

（1）违约责任的当事人之间一定存在合同关系，而侵权责任的当事人之间不一定存在合同关系。

（2）违约行为违反的是约定义务，而侵权行为违反的是约定义务。

（3）违约行为侵害的是相对权，侵权行为侵害的是绝对权。

（4）免责事由产生的原因不同。违约责任的免责事由除了来自法律规定的不可抗力外，还来自当事人双方的事先约定，而侵权责任的免责事由只能来自法律规定。

（5）赔偿范围不同。违约责任中的损害赔偿主要是财产赔偿而不包括精神赔偿。侵权责任的损害赔偿既包括财产赔偿也包括精神赔偿。

3. 违约责任与侵权责任竞合的情形

（1）买卖合同。出卖人因故意或过失出卖存有瑕疵的标的物，买受人因此受到财产或者人身伤害时。

（2）租赁合同。因出租人提供的租赁物瑕疵造成承租人健康或财产受损时或者因承租人的过失行为致租赁物毁损、灭失时。

（3）运输合同。旅客运输合同中的旅客在运输过程中发生伤亡时，货物运输合同中的货物在运输过程中发生毁损或者灭失时。

（4）医疗合同。医疗事故发生后，患者或者其亲属既可以依照合同法规定请求医院或医务人员承担违约责任，也可以依照侵权法规定请求医院或者医务人员承担侵权责任。

（5）加工承揽合同。承揽人保管不善，致使定作物毁损或者灭失时。

（6）建设工程施工合同。施工人交付的工程质量不符合合同约定给发包方造成损失时。

（7）保管合同。保管人因过错行为致保管物损害时，委托人既可以依照合同法规定请求其承担违约责任，也可依照侵权责任法规定请求其承担侵权责任。

在技术开发合同、劳务合同、赠与合同中，都可能出现违约责任与侵权责任竞合的现象。

4. 违约责任与侵权责任竞合的处理原则

根据合同法规定，因当事人一方的违约行为侵害对方人身、财产权益的，受损害方有权选择依照合同法要求其承担违约责任或者依照其他法律规定要求其承担侵权责任。简言之，选择什么样的请求权规范进行诉讼由当事人自行决定。

六、合同争议的解决方法

见图 2—3—3。

图 2—3—3

图片来源：重庆师范大学 2012 级环境艺术设计专业学生张玉萍创作。

对于合同争议的解决问题，合同法体现了多元化解决纠纷机制的立法思想。《合同法》第 128 条规定：当事人可以通过和解或者调解解决合同争议。当事人不愿和解、调解或者和解、调解不成的，可以根据仲裁协议向仲裁机构申请仲裁。涉外合同的当事人可以根据仲裁协议向中国仲裁机构或者其他仲裁机构申请仲裁。当事人没有订立仲裁协议或者仲裁协议无效的，可以向人民法院起诉。

（一）和解

和解是在没有第三方参与的情况下，由合同当事人双方自行协商或者谈判的过程。通过协商或者谈判达成一致协议后，和解成功。和解协议依靠当事人自觉履行来实现，不具有强制执行力。

（二）调解

调解是在有关组织、机构或者个人的主持下，在合同双方当事人的参与下协商解决纠纷的过程。调解分为诉讼内调解和诉讼外调解。诉讼内调解由法院组织，诉讼外调解由有关组织、机构和个人组织。调解已经成为我国化解民事纠纷、促进社会和谐的重要手段之一。

（三）仲裁

仲裁是合同双方当事人根据事先签订的仲裁协议或者合同中的仲裁条款，将纠纷提交约定的仲裁机构进行裁决的过程。理论上，仲裁行为被认为是准司法行为。

（四）诉讼

诉讼是指合同当事人依法将纠纷起诉到人民法院，由人民法院按照法定程序对纠纷进行审理和裁决的过程。

以上纠纷解决机制中，无论是仲裁还是诉讼，合同当事人都需要注重对包括电子证据在内的各类证据的收集、保存与提交。合同当事人还应当在诉讼时效期间内提起诉讼，逾期起诉则丧失胜诉权。

任务小结

本任务主要介绍了违约责任的概念、特征和构成，合同法规定的严格责任原则及例外，介绍了违约责任的承担方式，其中继续履行这一责任方式在适用上的限制，采取补救措施方式中五种措施的合理选择原则，以及适用赔偿损失方式的基本规则，包括责任相抵规则、可预见规则、减损规则等，还介绍了违约责任与侵权责任竞合的诸多情形及处理方法以及追究违约责任的四种常见渠道。

能力检测

1. 简述合同法中的严格责任原则及其例外。
2. 损失赔偿这一违约责任承担方式的特征及适用规则是什么？
3. 简述违约责任承担方式中五种补救措施的概念及其相互关系。

4. 案例分析：

2011年10月10日，甲天然气公司与乙建筑公司签订了《天然气工程项目管道安装施工合同》约定，乙建筑公司承包甲天然气公司约18公里天然气管道安装工程；工期为签订合同之日起至当年12月10日止（60天）。后，因乙建筑公司仅完成了部分工程（工程价款评估为80万元），未按约如期完工。2012年4月19日，双方签订《补充合同》约定，将工程量由18公里变更为5公里，竣工日期由2011年12月10日变更为2012年6月10日（包括自然停工在内），超出竣工时间一天给付两万元违约金，以此累加计算。后，乙建筑公司未启动工程施工。2012年5月2日，甲天然气公司向乙建筑公司送达了解除合同通知且于2013年1月22日向人民法院提出诉讼，请求判决乙建筑公司按约支付违约金58万元。

问题：甲天然气公司的请求能否得到支持，是全部支持还是部分支持，为什么？

考核知识点：合同法中严格责任原则的适用问题。

项目三　了解经济主体组织，选择合适的创业形式

项目任务

1. 掌握个人独资企业、合伙企业各自的特点、设立条件、设立程序；了解这两种企业解散的事由及企业清算程序。

2. 掌握区别个人独资企业、合伙企业的优劣；掌握公司型企业的优点与不足。

3. 掌握有限责任公司的特征、设立条件、股东出资与股权、四大组织机构各自的职权、行使职权的形式等。

4. 掌握股份有限公司的法律特征，其与有限责任公司的区别；掌握股份有限公司的设立条件，股份发行与转让；领会两种公司中的组织机构的异同点。掌握股份有限公司的章程的要点及格式规范。

5. 掌握有限责任公司的设立程序，及在设立时需要提交哪些文件资料；了解股份有限公司中的发起设立程序和募集设立程序。

能力描述

1. 会选择适合自己创业的企业类型。
2. 能拟定一份合伙协议。
3. 会拟写一份有限责任公司投资协议。
4. 能够拟写一份股份有限公司章程。
5. 会拟写一份有限责任公司申请注册实务办理方案。

项目导入案例

[案情介绍]

甲企业（有限责任公司）欠餐饮有限责任公司货款100万元，乙企业（合伙企业）欠餐饮有限责任公司货款120万元。丙企业（个人独资企业）欠餐饮有限责任公司货款50万元。

(1) 餐饮有限责任公司向甲企业的股东张某、李某要求偿还100万元，理由是甲企业无力偿还，张某和李某均表示，他们设立公司时，出资已经到位，没有偿还100万元的义

务。(2) 餐饮有限责任公司向乙企业的合伙人赵某要求偿还 120 万元。赵某提出，自己与另一合伙人王某有约定，2 人各自对外承担 50%的债务，因此只愿意偿还给餐饮有限责任公司 60 万元。(3) 餐饮有限责任公司向丙企业业主黄某要求偿还 50 万元。黄某提出，自己的注册资金是 10 万元，因此应当在 10 万元内承担责任。

[问题]

(1) 对甲企业的债务适用哪部法律的规定？甲企业股东承担有限责任还是无限责任，张某和李某的主张是否正确？

(2) 对乙企业的债务适用哪部法律的规定？合伙企业的合伙人承担的是无限连带责任还是有限责任，赵某的主张是否正确？

(3) 对丙企业的债务适用哪部法律的规定？对个人独资企业的债务，出资人承担无限责任还是有限责任？黄某的主张是否正确？

[案例解析]

(1) 甲企业是有限责任公司，对甲企业的债务适用《公司法》的规定。我国《公司法》确立了有限责任原则，因此甲企业的股东对外承担有限责任。张某、李某的主张是正确的。

(2) 乙企业是合伙企业，对乙企业的债务适用《合伙企业法》的规定。《合伙企业法》规定：合伙人对合伙的债务承担无限连带责任。合伙人之间对外按比例承担债务的约定不能对抗债权人。因而赵某的主张是错误的。

(3) 丙企业是个人独资企业，对丙企业的债务适用《个人独资企业法》的规定。《个人独资企业法》规定，业主对外承担无限责任，并不受注册资金数量的限制。因此黄某的主张是错误的。

任务一　选择合适的企业类型

任务导入案例

[案情介绍]

见图 3—1—1。

图 3—1—1

资料来源：见 http：//hz. zhifu169. cn/xyzx/cyhjbdgsqm _ 1. html。

小强今年刚从大学毕业，在校期间他修的是市场营销专业。现在毕业了，他想自己创业，一来学了三年市场营销，专业不想丢掉；二来他对经商有兴趣，性格天生喜欢冒险，又能吃苦。不过让他苦恼的是，自己家境一般，他手头资金不多，家里最多只能资助他一万元。在校时曾去一家房屋中介企业毕业实习过两个月，没有其他的创办企业的经验。现在想创业，不知什么方式比较合适。

[问题]

请为小强提出几条合理的建议。

[案例解析]

创业有两种方式，一是独立创办企业，二是选择连锁加盟。我国法律目前规定的主要企业类型包括个人独资企业、合伙企业、公司型企业等，这些企业各有优劣，创业者可以根据个人的资金实力、创业经验积累等因素选择对自己最有利的类型。创办个人独资企业手续简便，门槛低，经营灵活，建议小强现在可以选择这条路，尽早开张。如果有其他同学和小强有类似的创业想法，建议小强在和同学协商后考虑是否合伙经营，创办合伙企业可以增大资金实力，这是有利的。待创业5年后，小强有了一定的资金、经验、管理等方面的积累，他也可以创办有限责任公司，降低经营风险。

如果小强不愿独立创办企业，选择连锁加盟是个不错的主意。特许加盟可以缓解资金的燃眉之急，减少创业风险，得到特许总部系统的管理培训和指导。此外，还可以通过加盟享有知名品牌带来的利润，在受益于整体广告带来的客源的同时减少广告宣传费用。

知识平台

一、企业的概念与特征

企业是投资者依法设立的从事商品经营活动、实行自主经营和自负盈亏的社会组织。这一定义揭示了企业的主要法律特征：

（1）企业是依法设立的组织，具有法定性。企业依照法律规定的设立条件和设立程序而成立，并取得权利能力和行为能力。同时，企业依法设立还包括必须依法在规定范围内选择其组织形式。

（2）企业是从事经济活动的组织，具有商品性和经济管理性。作为经济组织，企业从事的是经济活动，既包括物质资料的生产、销售等生产经营活动，也包括信息、技术、咨询等服务性经营活动。企业的这一特征使它与不从事经济活动的其他社会组织区分开来。

（3）企业是以营利为目的的组织。一般地说，企业的目的是为了营利，即为了获得利益并将所得利益分配于成员。但也有企业从事政策性或公益性活动，其目的是为了追求某种社会效益。

（4）企业是实行自主经营和自负盈亏的社会组织，具有自主性和自律性。企业实行自我管理，有自己的规章制度和组织形式。

(5) 企业是社会组织，具有社会性和组织性。企业是现代社会中人们进行生产经营活动的基本单位，由一定的生产要素有机结合而成的集体。企业有固定的经营场所，可以以企业自己的名义对外进行经营活动，也可以以自己的名义起诉和应诉，在财产和责任的承担上表现出相对的独立性。

案例 3—1—1

某公司为了庆祝公司成立四十周年，组成筹委会筹办周年庆事宜。庆典前两天，筹委会和金满酒店订立了租用场地的合同，租用该场地举办周年庆晚会，双方协议租用场地费用 3 200 元。晚会结束后，租金一直拖欠未付，金满酒店不得不向法院起诉，请求法院判令该公司周年庆筹委会偿付欠款。

[**问题**] 金满酒店的诉讼请求能否得到支持？为什么？此案应如何处理？

[**案例解析**] 不能。因为公司周年庆筹委会是公司的一个临时机构，对外的活动均以公司的名义进行，由此产生的法律责任由公司承担，应诉之事也由公司承担。公司周年庆筹委会不能成为诉讼的被告，金满酒店的诉讼请求无法得到支持。法院可以通知原告金满酒店更换被告，若原告同意更换，法院继续审理；若原告不同意更换，法院可以裁定驳回起诉。

二、企业类型之优劣对比

(一) 企业的分类

现实中的企业形式多样、千差万别，根据不同的标准可以对企业进行如下不同的分类（见表 3—1—1）。

表 3—1—1　企业的分类

序号	划分标准	具体形式
1	企业的生产资料的所有制性质	国有企业
		集体企业
		私营企业
		外商投资企业
2	企业的组织形态及其相互关系	单一企业
		联合企业
3	企业的财产责任形式	独资企业
		合伙企业
		公司企业
4	企业的生产规模和生产能力	大型企业
		中型企业
		小型企业

上述第1种分类标准与计划经济体制密切相关。单一企业指在投资、人事、财务、经营管理等方面与其他企业不存在关联关系的企业；联合企业是彼此之间存在关联关系的企业群体，比如总公司与分公司、母公司与子公司、企业集体等。第3种分类标准为各国立法所普遍采用，其中“公司企业”目前在我国仅包括有限责任公司和股份有限公司两种形式。

如果站在创业者的角度来看，第三种分类最能引发兴趣，获利最大、责任最小无疑是最有利的选择。下面我们了解一下独资企业、合伙企业、公司企业这三种企业各自的特点，及每种选择的利弊所在。

（二）各种企业类型之优劣对比与选择

我国的企业类型主要包括个人独资企业、合伙企业、公司型企业。三者分别主要受《个人独资企业法》、《合伙企业法》、《公司法》调整。

1. 个人独资企业

个人独资企业是依法在中国境内设立，由一个自然人投资，财产为投资人个人所有，投资人以其个人财产对企业债务承担无限责任的经营实体。个人独资企业由一个自然人投资，企业的财产为投资者个人所有。企业不具有法人资格，投资人以个人财产对企业债务承担无限责任。

个人独资企业的优点表现为：投资人个人出资兴办，设立、歇业的程序均简单易行；经营者利润独享，风险自担，能细致地控制成本；经营方式灵活，决策迅速；产权能够较为自由地转让；经营的保密性强。但这种类型的企业的不足也很明显。一是个人独资企业实行无限责任制，因而风险相对较大。二是企业的规模较小，寿命通常有限。由于投资人只有一个自然人，财力有限，取得贷款的能力较弱，偿债能力有限，这就意味着抵御市场风险的能力小，容易在竞争中被淘汰。

2. 合伙企业

相对于个人独资企业而言，合伙企业规模较大，实力较强。这表现在：一方面，企业规模更大，抗风险能力增强；另一方面，团队经营，群策群力，经营管理能力更强。不过合伙企业的缺点也比较明显。例如，因普通合伙人承担无限连带责任，若合伙企业亏损倒闭，每个普通合伙人都必须以他们的个人财产，包括家庭财产来偿还企业债务，普通合伙人面临着相当大的风险。由此是否选择设立普通合伙企业，或者是否选择做有限合伙企业中的普通合伙人，人们会持有谨慎态度。又如，合伙企业是依据合伙人之间的协议建立起来的，每当退出或死亡一位合伙人、接纳一位合伙人，都必须重新谈判并建立一种全新的合伙关系。而谈判与新型人际关系的建立都很复杂，因而在新旧合伙人更迭时，很容易使企业夭折。所以，合伙企业的稳定性相对较差。再如，决策效率不高。因为一般情况下，合伙企业的重大决策需要所有合伙人参加，如果意见有分歧，很容易造成决策上的延误，影响企业的有效经营。

综合而言，无论是个人独资企业还是合伙企业都不具有法人资格，一旦企业经营不善负债严重，投资人将会承担很大的财产性风险，这在相当程度上抑制了人们投资的积极性，进而影响了社会经济的发展。

3. 公司型企业

公司是现代企业制度下典型的法人企业组织。公司是指由法定人数的股东共同出资并按照公司法规定的方式设立运行的以盈利为目的的企业法人。我国《公司法》将公司类型划分为两种，即有限责任公司和股份有限公司。公司的特点在于：第一，公司有独立的财产，股东出资后即丧失该出资的财产权，财产的所有权转移给公司，公司是独立的法人组织。第二，责任有限，公司债务由公司负责偿还，股东完成出资义务后，不再对公司的债务负责。因此股东个人的财产性风险很小。第三，组织机构更为复杂化、高级化。第四，企业的管理呈现科学化和现代化特点，管理水平高。

与个人独资企业、合伙企业相比，公司制企业的优点是很明显的，这表现为：

首先，投资人的风险更小。公司以现有资产为限对债务和亏损承担责任，投资人只以自己的出资额为限对公司负责，人们愿意为企业提供资本，更多投资人加入到创办公司的浩浩大军中来。同时，企业成立后，也容易筹到社会闲散资金，壮大企业规模，增大经济效益。

其次，公司的管理水平更高。公司制企业实现了所有权与经营权的分离，股东很少直接参与经营活动，而是聘请受过专门训练的各方面专家来管理企业，他们知识渊博，经验丰富，因而能够实现有效的管理。同时，通过大公司的管理实践活动，还有助于培养卓越的企业管理专家。

再次，公司普遍发展稳定。公司的法律地位明确，其权益受到法律的严格保护。公司的发展不因股东的变动而波动，其经营活动独立于任何单位和股东之外；除非自愿终止或者破产，其他因素一般都不会影响公司的存续和发展，因而公司的寿命往往很长。世界上不乏百年公司，比如美国的美孚石油，通用电气，福特汽车等。

最后，公司的功能强大。公司制企业具有强大的经济功能和广泛的社会功能。就经济功能而言，公司具有强烈且成效显著的资本聚合力，是资本集中的最有效形式；公司产权界限明晰，每个股东的利益和风险都很明确，有助于有效地提高企业的经营效能；基于股权流动相对便利而有利于资源配置的合理化；基于公司经营涉及的各种资源规模大、集中度较高、市场竞争激烈、经营活动复杂等，催生并造就了一大批企业家，产生了企业家阶层。就社会功能而言，生存和发展的“本能”促进了企业主动推进管理与技术创新，持续发展和社会责任的要求促进了企业在防止环境污染、安排就业、赞助社会公益事业等方面发挥着愈加重要的作用。

不过，公司制企业也并非完美型企业，它的组建程序须依法进行，比其他企业更为严格和复杂，同时会产生较多费用；政府对公司的监管细，限制多；有的公司如上市公司股东众多，财务、组织、会议信息均需公开披露，接受股东监督，保密性相对较差。

通过以上对比，综合而言，作为缺乏资金、经验的创业者，包括刚毕业的大学生，在初始投资办企业阶段，适宜选择创办程序简便、费用少的个人独资企业，这类企业在经营中决策方便，经营灵活，小船好转头。随着经营规模扩大，可以选择合伙企业，或者公司型企业，以提高企业的管理水平，实现更多盈利，并逐步加大抗风险能力。

三、选择其他合适的市场进入模式

见图 3—1—2。

图 3—1—2

资料来源：见 http：//xzsdxb. cuepa. cn/show _ more. php? tkey=&bkey=&doc _ id=288691。

要实现赢利的目的，选择独立创办企业自然是很好的创业模式。创办企业对投资人提出了诸多要求，比如需要一定的资金技术，需要营销渠道，需要一套管理制度，千头万绪做起来诸事不易。如果有现成的不错的市场项目，有成熟的品牌、技术，甚至一定的资金支持，对创业者来说无疑更为有利。随着社会经济的快速发展，市场的进入模式变得丰富了起来。依托互联网技术电子商务方兴未艾，网上开店门槛低，操作简便，吸引了很多个人加入。而在线下，连锁加盟的方式之一——特许加盟，作为一种成功的商业模式，在我国经过十多年的快速发展，已经从导入期进入蓬勃发展期，成为主流商业模式，为创业者提供了更多的发展机会。特许加盟的优点主要有以下五个。

1. 可以减少创业风险

对于创业者来说，最重要的莫过于选择一个好的市场项目。初入市场者对市场不了解，往往不知选择什么好的市场项目。特许加盟的项目大多是经过市场证明是成功的项目，他们大多市场需求量大，且具有一定的稳定性和增长性。一般情况下采取特许加盟经营企业的创业方式要比独立创业的风险小得多，成功的概率要更高。实践证明，在创业的第一年中，自营店铺的失败率要远大于通过加盟的方式开设的店铺。

2. 可以得到特许总部系统的管理培训和指导

大多数特许人的经营管理理论多是在行（专）家的指导下经过大量的实践摸索出来的，是具有可操作性和较强实战性的理论。初创业者动手能力差，缺乏实际的操作。加入特许加盟企业，意味着可以立即得到特许总部在管理技巧、经营诀窍以及服务、质量、业务知识等方面的培训；有时总部还会派专业的工作人员帮助加盟者解决特许加盟企业在开业之初以及经营过程中出现的问题，使之集中精力以最有效的方式经营和管理企业。

3. 可以缓解资金的燃眉之急

对于初创业者来说，最关心和最棘手的事就是资金的筹集，比如刚毕业的大学生，资金来源渠道十分有限，往往会因资金缺乏而丧失商机或因资金周转不灵而陷入困境。与其他创业模式相比，特许加盟的资金门槛较低，因为有很多的低成本加盟项目所需的开业资金并不多，如餐饮业、服务业等，甚至有些特许总部还会向加盟者预拨一部分资金作为财政援助帮助创业者度过困难时期。还有些总部会联系银行采用担保方式，使加盟者获得贷款。

4. 可以通过加盟享有知名品牌带来的利润

创业初期在短时间内很难有大的知名度及良好的声誉。而在绝大多数情况下，特许总部已经建立起了良好的公众形象，并能提供高品质的产品和服务，加盟这些组织，就可以分享这些无形资产，使自己的知名度和信誉随之提高。从消费者角度来说，一般也会把受许人看成是特许人属下的企业，从而对受许人增强信赖感。受许人可以借此迅速建立自己稳固的市场地位并不断发展壮大。

5. 可以受益于整体广告带来的客源，受许人可减少广告宣传费用

特许总部为了扩大市场知名度，会定期在市场做大量的宣传，一方面可以提高自身声誉，获得更多的客源，另一方面也可以吸引更多的加盟者。而特许总部的广告宣传费则是由众多加盟者分摊，这样总部在更大的范围内做宣传影响更广，效果更好，但加盟者分摊的宣传成本相比独自宣传来说要低很多。同时，特许总部在各地发展的加盟店本身也是很好的宣传。

尽管具有以上五项优势，但特许加盟也不是毫无风险。创业者在选择特许加盟时，还需要注意以下两个问题。一是加盟总部的选择，随着连锁加盟市场规模的不断扩大，难免有一些不法者利用加盟圈钱的事件，因此，创业者在选择加盟项目时应事先多做准备，包括收集资料、实地考察、分析市场等，并结合自身实际情况再做决定，必要时还应实地考察加盟店，从各方面来整体评估加盟总部。二是加盟合约的签订，加盟商和特许总部所有的关系都是靠签订的合约来维持的，并且以后一旦发生争议，签订的合约则是判断违约与否的唯一依据。因此在签订合约时应特别注意总部和加盟商的权利和义务，在以后各种情况发生时，都能做好准备。

任务小结

大学生创业，在当下已经成为政府倡导的主要方向之一。创业有两种方式，一是独立创办企业，二是选择连锁加盟。我国法律目前规定的主要企业类型包括个人独资企业、合伙企业、公司型企业等，这些企业各有优劣，创业者可以根据个人的资金实力、创业经验积累等因素选择对自己最有利的类型。在资金、经验、技术、管理制度等都缺乏时，选择连锁加盟是个不错的主意，这可以缓解资金的燃眉之急，可以减少创业风险，可以得到特许总部系统的管理培训和指导。此外，还可以通过加盟享有知名品牌带来的利润，在受益于整体广告带来的客源的同时减少广告宣传费用。

能力检测

1. 简述企业的概念和特征是什么？
2. 简述公司有哪些特点。
3. 对比个人独资企业和合伙企业，简要谈谈各自的优劣之处。
4. 简述公司型企业与其他企业类型相比，有什么优点和不足。

5. 简述特许加盟的优势。

6. 案例分析：

甲乙丙三人共同投资设立一企业，依据章程甲被选任为该企业执行董事兼法定代表人，代表企业为法律行为；张三被聘为企业经理，负责具体经营管理；乙丙为企业监事，监督公司业务与财务。营业执照显示该企业注册资本10万元，经营1年后企业负债50万元，该企业用全部财产20万元清偿债务后注销，双方债权债务了结。未能清偿部分甲乙丙均不需对银行再行清偿。请问，该企业是公司还是合伙企业，为什么？

考核知识点：合伙企业的特点、公司型企业的特点。

任务二　拟定一份合伙协议

任务导入案例

[案情介绍]

甲、乙、丙三人合伙经营一小饮食店（普通合伙企业），甲、乙各出资5 000元，三人约定丙以技术出资且不承担债务。如有盈利，甲、乙、丙按4∶4∶2的比例分配。因经营不善，小店不断负债，一年后已经达到1万元。三人经协商吸收懂管理的丁（普通合伙人）加入，但小店仍然不见起色，乙认为丙应该分摊债务，丙以有约在先予以拒绝。乙认为自己吃了亏，就通知甲、丙、丁要退出合伙。丁同意，甲不同意，丙未表态，乙就自行退出了。又过了一年，小店欠债更多，债务增至2万元。三人决定解散合伙，为合伙的债务承担甲、乙、丙、丁四人发生争执。

[问题]

1. 对丁加入前的1万元的债务应如何处理？

2. 对丁加入后的1万元的债务应如何处理？

3. 设债务人找到甲要求还债，甲称按约定只承担40%的债务，甲的说法是否正确？为什么？

[案例解析]

这是一道综合性的案例，考查了无限连带责任、入伙、退伙等知识点。

1. 应当由甲、乙、丙、丁四人承担无限连带偿还责任。该合伙组织为普通合伙企业，案例中三人约定“丙不承担债务”不符合法律规定，该规定没有法律效力。丁作为普通合伙人，应当对入伙前企业的债务承担连带清偿责任。

2. 对丁加入后的1万元债务应当由甲、乙、丙、丁四人承担无限连带偿还责任。合伙人退伙的，应经全体合伙人同意，案例中乙提出退伙时，甲不同意，丙未表态，推定为不同意，因此乙并未有效退伙。

3. 甲的说法不正确。因为无限连带责任的含义之一是，这种责任不是按一定的比例（如出资比例等）承担，债权人可以在债权总额范围内要求任何一个合伙人偿还任何数额。

知识平台

一、合伙企业的特征、设立与事务管理

（一）合伙企业的特征

根据我国《合伙企业法》第 2 条的规定，合伙企业区分为有限合伙和无限合伙（普通合伙、特殊普通合伙）两类三种。

合伙企业属于合伙的范畴，但又与其他合伙有所区别，具有以下法律特征：

（1）必须有两个以上合伙人，合伙人为自然人、法人或其他组织；国有独资公司、国有企业、上市公司以及公益性的事业单位、社会团体不得成为普通合伙人。

（2）必须订立合伙协议。

（3）各合伙人的债务清偿责任不同。普通合伙企业的合伙人对合伙债务承担无限连带责任。有限合伙企业由普通合伙人和有限合伙人组成，普通合伙人对合伙企业债务承担无限连带责任，有限合伙人以其认缴的出资额为限对合伙企业债务承担责任。

（二）合伙企业的设立

1. 设立条件

设立合伙企业，应当具备以下条件：

（1）有两个以上的合伙人。合伙人为自然人的，应当具有完全民事行为能力。法律、行政法规禁止从事营利性活动的自然人，不得成为合伙企业的合伙人，如国家公务员、人民警察、法官、检察官等。（对比：有限合伙企业由二个以上五十个以下合伙人设立，法律另有规定的除外。有限合伙企业至少应当有一个普通合伙人。）

（2）有书面合伙协议；

（3）有各合伙人认缴或者实际缴付的出资；

（4）有合伙企业的名称和生产经营场所；

（5）法律、行政法规规定的其他条件。

2. 设立登记

依照《合伙企业登记管理办法》的规定：工商行政管理机关是合伙企业登记机关，国务院工商行政管理部门主管全国的合伙企业登记工作。市、县工商行政管理机关负责本辖区内的合伙企业登记。国务院工商行政管理部门对特殊的普通合伙企业和有限合伙企业的登记管辖可以作出特别规定。

申请设立合伙企业，应当向企业登记机关提交下列文件：（1）全体合伙人签署的设立登记申请书；（2）全体合伙人的身份证明；（3）全体合伙人指定代表或者共同委托代理人的委托书；（4）合伙协议；（5）全体合伙人对各合伙人认缴或者实际缴付出资的确认书；（6）主要经营场所

证明；（7）国务院工商行政管理部门规定提交的其他文件。登记分为当场登记和非当场登记。申请人提交的登记申请材料齐全、符合法定形式，企业登记机关能够当场登记的，应予当场登记，发给营业执照。除前款规定情形外，企业登记机关应当自受理申请之日起二十日内，作出是否登记的决定。予以登记的，发给营业执照；不予登记的，应当给予书面答复，并说明理由。

（三）合伙企业的事务管理

见图 3—2—1。

图 3—2—1

资料来源：见 http：//bizhi. sogou. com/detail/info/337476/337502。

1. 管理方式

普通合伙人对执行合伙事务享有同等的权利。按照合伙协议的约定或者经全体合伙人决定，可以委托一个或者数个合伙人对外代表合伙企业，执行合伙事务。作为合伙人的法人、其他组织执行合伙事务的，由其委派的代表执行。有限合伙企业由普通合伙人执行合伙事务，有限合伙人不执行合伙事务。合伙人执业活动中因故意或者重大过失造成的合伙企业债务，以合伙企业财产对外承担责任后，该合伙人应当按照合伙协议的约定对给合伙企业造成的损失承担赔偿责任。

普通合伙企业的利润分配、亏损分担，按照合伙协议的约定办理；合伙协议未约定或者约定不明确的，由合伙人协商决定；协商不成的，由合伙人按照实缴出资比例分配、分担；无法确定出资比例的，由合伙人平均分配、分担。有限合伙企业不得将全部利润分配给部分合伙人；但是，合伙协议另有约定的除外。

合伙人就合伙企业有关事项作出决议时，一般采用一人一票、并经全体合伙人过半数通过的原则进行表决，只要合伙协议没有特别约定，下列事项必须经过全体合伙人一致同意：（1）改变合伙企业的名称；（2）改变合伙企业的经营范围、主要经营场所的地点；（3）处分合伙企业的不动产；（4）转让或者处分合伙企业的知识产权和其他财产权利；（5）以合伙企业名义为他人提供担保；（6）聘任合伙人以外的人担任合伙企业的经营管理人员。

2. 合伙财产

合伙财产是合伙企业存续期间，合伙人的出资、所有以合伙企业名义取得的收益和依法取得的其他财产。合伙人以其在合伙企业中的财产份额出质的，须经其他合伙人一致同意；未经其他合伙人一致同意，其行为无效，由此给善意第三人造成损失的，由行为人依法承担赔偿责任。

二、入伙与退伙、合伙企业的解散与清算

（一）入伙

入伙，指合伙存续期间，合伙人以外的第三人加入合伙，从而取得合伙人资格。新合伙人入伙时，除合伙协议另有约定外，应当经全体合伙人一致同意，并依法订立书面入伙协议。订立入伙协议时，原合伙人应当向新合伙人告知原合伙企业的经营状况和财务状况。

入伙的新合伙人与原合伙人享有同等权利，承担同等责任，但是若合伙人以更优越的条件吸引新合伙人入伙，或新合伙人愿以不利条件入伙，则所定条件仍然有效，皆从入伙协议之规定。新入伙的有限合伙人对入伙前有限合伙企业的债务，以其认缴的出资额为限承担责任。

（二）退伙

退伙，指合伙人退出合伙，从而丧失合伙人资格。合伙人退伙分两种情况：

1. 自愿退伙

自愿退伙指合伙人基于自愿的意思表示退伙。自愿退伙的又包括有经营期限规定和无经营期限规定两种情况。

合伙企业法规定，合伙协议约定有合伙企业经营期限的，出现下列情形之一时，合伙人在经营期限内可以退伙：(1) 合伙协议约定的退伙事由出现；(2) 经全体合伙人一致同意；(3) 发生合伙人难以继续参加合伙企业的事由；(4) 其他合伙人严重违反合伙协议约定的义务。

合伙协议未约定合伙企业的经营期限的，合伙人可以退伙，前提是不会给合伙企业事务执行造成不利影响，且应当提前30日通知其他合伙人。

2. 法定退伙

法定退伙指合伙人因出现法律规定的事由而退伙。法定退伙分为两种，即当然退伙和除名。

(1) 当然退伙：①作为合伙人的自然人死亡或者被依法宣告死亡；②个人丧失偿债能力（当个人为有限合伙人时，其他合伙人不得因此要求其退伙）；③作为合伙人的法人或者其他组织依法被吊销营业执照、责令关闭、撤销，或者被宣告破产；④法律规定或者合伙协议约定合伙人必须具有相关资格而丧失该资格；⑤合伙人在合伙企业中的全部财产份额被人民法院强制执行。合伙人被依法认定为无民事行为能力人或者限制民事行为能力人的，经其他合伙人一致同意，可以依法转为有限合伙人，普通合伙企业依法转为有限合伙企业。其他合伙人未能一致同意的，该无民事行为能力或者限制民事行为能力的合伙人退伙。退伙事由实际发生之日为退伙生效日。

(2) 除名。合伙人有下列情形之一的，经其他合伙人一致同意，可以决议将其除名：①未履行出资义务；②因故意或者重大过失给合伙企业造成损失；③执行合伙企业事务时有不正当行为；④合伙协议约定的其他事由。对合伙人的除名决议应当书面通知被除名

人。被除名人自接到除名通知之日起，除名生效，被除名人退伙。被除名人对除名决议有异议的，可以在接到除名通知之日起30日内，向人民法院起诉。

合伙人退伙的，其他合伙人应当与该退伙人按照退伙时合伙企业的财产状况进行结算，退还退伙人的财产份额。退伙人对给合伙企业造成的损失负有赔偿责任的，相应扣减其应当赔偿的数额。退伙时有未了结的合伙企业事务的，待了结后进行结算。有限合伙人退伙后，对基于其退伙前的原因发生的有限合伙企业债务，以其退伙时从有限合伙企业中取回的财产承担责任。

（三）合伙企业的解散

合伙企业有下列情形之一时，应当解散：

（1）合伙期限届满，合伙人决定不再经营；

（2）合伙协议约定的解散事由出现；

（3）全体合伙人决定解散；

（4）合伙人已不具备法定人数满三十天；

（5）合伙协议约定的合伙目的已经实现或者无法实现；

（6）依法被吊销营业执照、责令关闭或者被撤销；

（7）法律、行政法规规定的其他原因。

（四）合伙企业的清算

1. 清算人的确定

合伙企业解散，清算人由全体合伙人担任；经全体合伙人过半数同意，可以自合伙企业解散事由出现后15日内指定一名或者数名合伙人，或者委托第三人，担任清算人。15日内未确定清算人的，合伙人或者其他利害关系人可以申请人民法院指定清算人。

2. 清偿顺序

（1）清算费用；（2）合伙企业所欠职工工资、劳动保险费用、法定补偿金；（3）合伙企业所欠税款；（4）合伙企业的债务。合伙企业财产按上述顺序清偿后仍有剩余的，依照合伙协议约定的比例分配；合伙协议未约定或者约定不明确的，由合伙人协商决定；协商不成的，由合伙人按照实缴出资比例分配；无法确定出资比例的，由合伙人平均分配。

3. 清算完毕

清算结束时，应当编制清算报告，经全体合伙人签名、盖章后，在15日内向企业登记机关报送清算报告，办理合伙企业注销登记。合伙企业注销后，原普通合伙人对合伙企业存续期间的债务仍应承担连带责任。

三、个人独资企业的特点及设立

（一）个人独资企业的特征

个人独资企业是指依照个人独资企业法在中国境内设立，由一个自然人投资，财产为投资人个人所有，投资人以其个人财产对企业债务承担无限责任的经营实体。

个人独资企业具有如下特征：

1. 个人独资企业是由一个自然人投资的企业

国家机关、国家授权投资的机构或者国家授权的部门、企业、事业单位都不能成为个人独资企业的投资人。

2. 个人独资企业的财产为投资者个人所有

投资人对这些财产具有充分的占用、使用、收益和处分的权利。这些权利不受任何组织和个人的干涉。

3. 个人独资企业的投资人以个人财产对企业债务承担无限责任

当企业的资产不足以清偿到期债务时，投资人应以自己个人的全部财产用于清偿。

4. 个人独资企业是非法人组织

个人独资企业不具有法人资格，无独立承担民事责任的能力。但是个人独资企业是独立的民事主体，可以自己的名义从事民事活动。

个人独资企业的设立、事务管理、解散与清算受《个人独资企业法》的调整。个人独资企业法是调整在国家经济运行过程中发生的关于个人独资企业的各种经济关系的法律规范的总称。在社会主义市场经济条件下，应当依法鼓励和准确引导个人独资企业的发展。

（二）个人独资企业的设立

1. 设立条件

《个人独资企业法》第8条规定，设立个人独资企业应当具备下列条件：

第一，投资人为一个自然人。这是关于投资人的资格问题。首先，投资人必须是自然人，机构、组织等都不能成为个人独资企业的合格投资者。其次，投资人应当具备相应的民事行为能力。另外，需注意的是，《个人独资企业法》第16条规定：法律、行政法规禁止从事营利性活动的人，不得作为投资人申请设立个人独资企业。参照我国其他法规，这些人员主要包括国家公务员、法官和检察官、人民警察等。

第二，有合法的企业名称。企业名称是一企业区别于其他企业的重要标志，也是个人独资企业成立的必要条件。企业的名称一般应当由以下部分依次组成：（1）企业所在地行政区划名称；（2）商号；（3）行业或者经营特点、组织形式。《个人独资企业登记管理办法》第6条也规定：个人独资企业的名称应当符合名称登记管理有关规定，并与其责任形式及从事的行业相符合。个人独资企业的名称中不得使用“有限”、“有限责任”或者“公司”字样。

第三，有投资人申报的出资。投资人的出资是企业初期经营活动赖以维持的必要条件，投资人的出资额和出资方式也是投资人设立申请书和企业营业执照的必须记载事项。

投资人的出资必须是投资人个人所有的，如果投资人的出资在申请企业设立登记时明确是以其家庭共有财产作为个人出资的，应当依法以家庭共有财产对企业债务承担无限责任。

第四，有固定的生产经营场所和必要的生产经营条件。个人独资企业是以营利为目的的，其经营活动应当稳定、连续，这就要求其经营要具备一个固定的场所。若从事一些特殊的经营活动，还应当参照国家的相关法规，具备与之相符的生产经营条件方可设立企业。

最后，有必要的从业人员。人是企业生产、发展的重要因素，个人独资企业在成立之时就应当有具备专业素质的人，并与其签订劳动合同，提供劳动条件，保障职工的劳动安全，按时、足额发放职工工资。

2. 设立程序

第一步，提出申请。

设立个人独资企业，应当由投资人或者其委托的代理人向个人独资企业所在地登记机关申请设立登记。投资人申请设立登记，应当向登记机关提交下列文件：

（1）投资人签署的个人独资企业设立申请书（申请书中应当载明：①企业的名称和住所；②投资人的姓名和居所；③投资人的出资额和出资方式；④经营范围）；

（2）投资人身份证明；

（3）企业住所证明和生产经营场所使用证明等文件；

（4）委托代理人申请设立登记的，应当提交投资人的委托书和代理人的身份证明或资格证明；

（5）国家工商行政管理局规定提交的其他文件，委托代理申请设立登记时，还应当出具投资人的委托书和代理人的合法证明。

第二步，工商登记。

投资人或者其委托的代理人应当向个人独资企业所在地登记机关申请设立登记。设立分支机构的，应当向分支机构所在地的登记机关申请登记，领取营业执照。依照《个人独资企业登记管理办法》第 4 条的规定：工商行政管理机关是个人独资企业的登记机关。国家工商行政管理局主管全国个人独资企业的登记工作。省、自治区、直辖市工商行政管理局负责本地区个人独资企业的登记工作。市、县工商行政管理局以及大中城市工商行政管理分局负责本辖区内的个人独资企业登记。

登记机关受理申请后，审查投资人是否具备法律规定条件，在收到设立申请文件之日起 15 日内，对符合法律规定条件的，予以登记，发给营业执照；对不符合法律规定条件的，不予登记，并发给企业登记驳回通知书，说明理由。同时，分支机构经核准登记后，还须将登记情况报该分支机构隶属的个人独资企业的登记机关备案。

个人独资企业的营业执照的签发日期，为个人独资企业成立日期。在领取个人独资企业营业执照前，投资人不得以个人独资企业名义从事经营活动。见图 3—2—2。

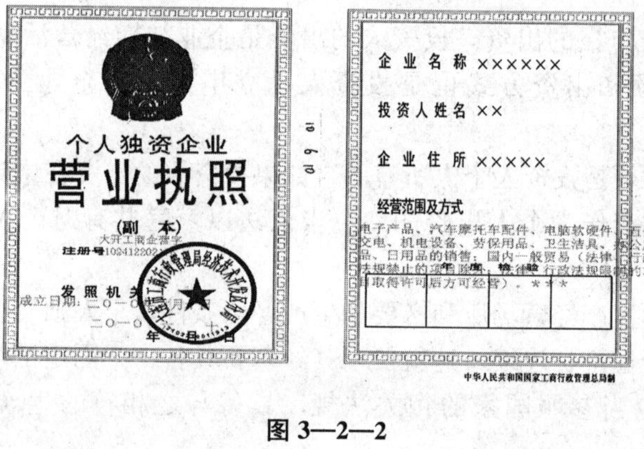

图 3—2—2

资料来源：见 http：//image. baidu. com/。

四、个人独资企业的事务管理、解散与清算

（一）个人独资企业的事务管理

1. 个人独资企业的事务管理的方式

个人独资企业投资人对本企业的财产依法享有所有权，其有关权利可以依法进行转让或继承。个人独资企业投资人可以自行管理企业事务，也可以委托或者聘用其他具有民事行为能力的人负责企业的事务管理。投资人委托或者聘用他人管理个人独资企业事务，应当与委托人或者被聘用人签订书面合同，明确委托的具体内容和授予的权利范围。投资人对受托人或者被聘用人员职权的限制，不得对抗善意第三人。受托人或者被聘用的人员应当履行诚信、勤勉义务，按照与投资人的合同负责个人独资企业的事务管理。法律同时严禁委托人或者被聘用人员从事以下行为：（1）利用职务上的便利，索取或者收受贿赂；（2）利用职务上的便利侵占企业财产；（3）挪用企业的资金归个人使用或者借贷给他人；（4）擅自将企业资金以个人名义或者以他人名义开立账户储存；（5）擅自以企业财产提供担保；（6）未经投资人同意，从事与本企业相竞争的业务；（7）未经投资人同意，同本企业进行交易；（8）未经投资人同意，擅自将企业商标或者其他知识产权转让给他人使用；（9）泄露本企业的商业秘密；（10）法律、行政法规禁止的其他行为。

2. 个人独资企业的事务管理的内容

（1）个人独资企业参与经营活动，应当设立会计账簿，进行会计核算。

（2）个人独资企业招用职工的，应当依法与职工签订劳动合同，保障职工的劳动安全，按时、足额发放职工工资。

（3）个人独资企业应当按照国家规定参加社会保险，为职工缴纳社会保险费用。

（二）个人独资企业的解散和清算

1. 个人独资企业的解散条件

个人独资企业的解散是指个人独资企业终止活动，使其民事主体资格消灭的行为。

根据《个人独资企业法》的规定，个人独资企业有下列情形之一时，应当解散：

（1）投资人决定解散；

（2）投资人死亡或者被宣告死亡，无继承人或继承人决定放弃继承；

（3）被依法吊销营业执照；

（4）法律、行政法规规定的其他情形。

2. 个人独资企业的清算

(1) 清算人。个人独资企业解散时，由投资人自行清算或者由债权人申请人民法院指定清算人进行清算。

（2）清算通知。投资人自行清算的，应当在清算前 15 日内书面通知债权人，无法通知的，应当予以公告。债权人应当在接到通知之日起 30 日内，未接到通知的应当在公告之日起 60 日内，向投资人申报其债权。

（3）清偿顺序。①所欠职工工资和社会保险费用；②所欠税款；③其他债务。个人独资企业财产不足以清偿债务的，投资人应当以其个人的其他财产予以清偿。

（4）清算结束。个人独资企业清算结束后，投资人或者人民法院指定的清算人应当编

制清算报告，并于15日内到登记机关办理注销登记。个人独资企业解散后，原投资人对个人独资企业存续期间的债务仍应承担偿还责任，但债权人在5年内未向债务人提出偿债请求的，该责任消灭。

案例3—2—1

张某于2012年1月15日申请设立个人独资企业，为开展业务，向刘某借了3万元，由于投资判断失误，血本无归。2012年7月15日该企业解散。2015年1月，刘某向法院起诉，要求张某偿还上述3万元债务。

［**问题**］刘某的要求能否得到支持？为什么？

［**案例解析**］刘某的要求能得到支持。因为个人独资企业虽然在起诉时已经解散，但是原投资人对个人独资企业存续期间的债务在5年内仍应承担偿还责任。刘某可以要求张某偿还3万元债务。

任务小结

合伙企业与个人独资企业是我国法律规定的两种主要企业类型。大家在学习时需要运用对比的方法，总结一下二者在特点、设立条件、设立程序、解散事由、清算程序方面有何区别，通过比较加深印象。本任务的题目是“拟定一份合伙协议”，建议任课教师准备相关资料，辅导学生完成此项实训。

能力检测

1. 简要比较合伙企业与个人独资企业的特点，说说二者有什么不同。
2. 简述合伙企业的设立条件与程序。
3. 简单谈谈合伙企业在什么情况下会解散？
4. 简述个人独资企业的设立条件和程序。
5. 简述个人独资企业的解散原因。
6. 简述个人独资企业的清算程序。
7. 案例分析（一）：

三义和是一家合伙企业，合伙人王东因家人住院，急需一笔钱，向他人借款，并为此与债权人约定，以其在合伙企业中的出资份额作为质押。事后，王东还征求了其他合伙人的意见。

合伙人张某认为：“合伙出资份额是合伙企业的财产，是大家的财产，为个人借款抵押不妥，该质押约定当然无效。”

合伙人赵某认为：“我信任借款人，同意这项质押约定。”

合伙人李某认为：“既然有合伙人不同意，这项质押就不能生效。”

合伙人季某认为：“既然如此，王东可以退伙，但必须对合伙企业以往的债务承担连带责任。”

由于意见不一致，他们请来新世纪律师事务所的律师郑某咨询。

问题： 如果你是律师，应该如何回答？

考核知识点：合伙财产、退伙事由。

8. 案例分析（二）：

家住山东的张强于 2016 年 2 月 1 日夜间接到在北京读大学的儿子张小强的电话，请他赶紧到北京帮助处理债务纠纷。原来张小强在读大学二年级时就做起了计算机生意并注册了个人独资公司，生意较好，但 1 月份的一笔近 20 万的生意因上当受骗，卖出的都是假冒伪劣产品。按合同约定张小强要赔偿全部损失，但张小强称自己财产仅 6 万元，无偿还能力。于是对方要求其家长负连带责任，声称若不偿还，就起诉到法院，张小强怕事态闹大无奈请父母出面帮助解决。

问题： 如果你是律师，你会给张小强的父母哪些法律建议？

考核知识点：个人独资企业投资人的法律责任。

任务三　拟写一份有限责任公司投资协议

任务导入案例

[案情介绍]

某市经营海鲜产品的个体户李某，为扩大经营规模，联合同行业的个体户 60 余人，拟成立一个以批发海产品为主业的有限责任公司，注册资金人民币 40 万元。因为彼此信任，各股东注册资本均口头承诺认缴即可，未实际交付。为扩大影响，公司欲取名叫“中华海产品批发总公司”。在申请公司成立过程中，工商部门指出了存在的问题，未予批准。

[问题]

请用你所学的公司法知识，分析工商管理部门为什么不批准该公司的成立。

[案例解析]

该公司在设立中存在两个问题导致注册申请未获批准。一是股东人数超出法定上限。《公司法》规定了有限责任公司的股东人数最多不超过 50 人，案例中出资人达 60 余人，违反了这项规定。二是公司的名称不符合法律规范，没表明“有限责任公司”或者“有限公司”字样。

知识平台

一、有限责任公司的概念及特征

有限责任公司，也称为有限公司，是指由法律规定的一定人数的股东所组成，股东仅以其出资额为限对公司债务承担有限责任，公司以其全部资产对其债务承担责任的企业法人。有限责任公司的产生晚于股份有限公司，首创于 19 世纪末的德国。与其他企业、公司类型相比，有限责任公司呈现出以下五个特点。

（一）股东的人数有法定限制

《公司法》对有限责任公司的股东人数有所限制，即最多不得超过 50 人。有限责任公司是中小规模企业，不准超过 50 个人，是为了保证股东之间的信任关系，体现公司的人合因素。

（二）股东以出资额为限对公司承担责任，以出资额的比例享有权利

股东以出资额为限对公司承担责任，如果公司资不抵债，股东没有追加出资的义务。有限责任公司财产由股东出资构成，一旦完成出资手续后，这部分财产就成为有限责任公司的法人财产；有限责任公司作为具有法人资格的经济实体，对外能独立承担民事责任。股东责任有限，是其区别于无限公司、个人独资企业、合伙企业的最根本的特征。股东以出资额的比例对公司享有财产权利，是按资分配而不是按劳分配。

（三）有限责任公司设立程序简便，组织机构简易化

有限责任公司设立程序简便，组织机构简易化，是相对于股份有限公司而言的。在设立程序上，有限责任公司只有发起设立而没有募集设立方式，设立程序简便。在组织机构设置上，有限责任公司可以简易化。有限责任公司主要是中小企业的组织形式，因此公司机关也相对简易化，其董事会、监事会是任意机关，不是必须设立的。

（四）公司募集资本受到限制

与股份有限公司相比，有限责任公司始终都不能以发行股票的方式向社会公众募集资本。这就决定了有限责任公司的经营状况和财务会计信息无须向社会公众披露，也体现了有限责任公司的封闭性。但是符合条件的公司可以向社会发行公司债，发行公司债所募集的资金不是公司的注册资本，是公司通过借贷获得的资金。

（五）公司对外转让股权受到限制

有限责任公司是资合公司，但具有人合的色彩。实践中，很多有限责任公司是夫妻、父母与子女、亲戚、朋友合资设立的。对法人股东，也比较注重其信誉、业务渠道等。因此股东之间往往存在着足够的信任关系，这一点与合伙企业类似。公司法照顾到这种信任关系，对股东向外转让股权做了较为严格的限制，规定向外转让应当经其他股东过半数同意；股权在原有股东之间可以自由转让。

二、有限责任公司设立的条件

根据我国《公司法》第 23 条的规定，设立有限责任公司，应当具备以下五个条件：

（一）股东符合法定人数

有限责任公司的股东人数的下限为 1 人，上限为 50 人。有限责任公司的股东可以是自然人，也可以是法人。不具备法人资格的独资企业、合伙企业，也可以作为有限责任公司的股东。股东只有一人的有限责任公司称为“一人有限责任公司”。一人公司的投资主体可以是自然人，也可以是法人。国有独资公司的投资主体也只有一人，且为“法人”，不是自然人。

（二）有符合公司章程规定的全体股东认缴的出资额

我国《公司法》第 26 条第 1 款规定：“有限责任公司的注册资本为在公司登记机关登

记的全体股东认缴的出资额。”而有限责任公司各股东认缴的出资额被明确记载于公司章程，所以有限责任公司全体股东的出资额必须符合公司章程的规定。

但法律、行政法规以及国务院决定对有限责任公司注册资本实缴、注册资本最低限额另有规定的，从其规定。

（三）股东共同制定公司章程

公司章程是记载公司规范的重要法律文件。制定公司章程应当由公司设立时的全体股东共同完成。公司章程按照法律规定的事项记载完成以后，股东应当在公司章程上签名、盖章。这就意味着，公司章程的内容是全体股东协商一致的意思表示，因而对公司、股东、董事、监事、高级管理人员都具有法律上的约束力。

有限责任公司章程应当明确记载下列事项：（1）公司名称和住所；（2）公司经营范围；（3）公司注册资本；（4）股东的姓名或者名称；（5）股东的出资方式、出资额和出资时间；（6）公司的机构及其产生办法、职权、议事规则；（7）公司法定代表人；（8）股东会会议认为需要规定的其他事项。

（四）有公司名称，建立符合有限责任公司要求的组织机构

公司名称，在知识产权法中也叫商号，与自然人的姓名一样，是人格的标志，以区别于其他公司和企业。公司名称是公司重要的无形资产之一。商号或公司名称一般由行政区划、字号、行业或经营特点、组织性质等四部分构成，如“重庆长安铃木汽车有限公司”。有限责任公司必须在名称中标明“有限责任公司”或“有限公司”字样，“有限”是对公司交易对象的警示。公司的名称需要得到公司登记机关的核准。

有限责任公司必须建立符合公司法要求的组织机构。股东会是必设机构，董事会和监事会要根据公司的规模来决定是否设立。如果不设董事会、监事会，就应当设执行董事、执行监事。

（五）有公司住所

按照民法通则的规定，法人以它的主要办事机构所在地为住所。公司的住所是公司章程载明的地点，通常为发布指令的业务中枢机构。规模较小的有限责任公司，也可以在酒店租赁一两间房屋作为办公、经营场所，这种情况可以视为有固定的场所。有限责任公司的住所和生产经营场所，可以在不同的地方，也可以重合，在同一地点。比如某公司的住所在甲地，所属工厂在乙地，也可能住所和工厂都在甲地或者乙地。

三、有限责任公司股东的出资与股权

（一）有限责任公司股东的出资

1. 有限公司的注册资本

见图 3—3—1。

我国《公司法》第 26 条第 1 款规定，有限责任公司的注册资本为在公司登记机关登记的全体股东认缴的出资额。2014 年 3 月起新实施的《公司法》取消了最低出资额的规定，对于出资期限没有明确规定。不过，法律、行政法规以及国务院决定对有限责任公司注册资本实缴、注册资本最低限额有特别规定的，从其规定。

图 3—3—1

资料来源：见 http：//www. hnsscsh. com/v _ zx. asp？id＝2178。

2. 出资方式

我国《公司法》规定，股东可以用货币出资，也可以用实物、知识产权、土地使用权等非货币财产作价出资，这些非货币财产可以用货币估价并可转让；但是，法律、行政法规规定不得作为出资的财产除外。出资人以划拨土地使用权出资，或者以设定权利负担的土地使用权出资，在办理土地变更手续或者解除权利负担之前，将被认定为未依法全面履行出资义务。

除此之外，出资人还可以用其他公司股权出资，但必须符合以下条件：（1）出资的股权由出资人合法持有并依法可以转让；（2）出资的股权无权利瑕疵或者权利负担；（3）出资人已履行关于股权转让的法定手续；（4）出资的股权已依法进行了价值评估。

案例 3－3－1

张三和李四双方按约定各出资 180 万元成立一个养螃蟹的公司。张三主张自己可以带着农民给公司挖养蟹池作价 50 万元出资，李四不同意。

［**案例解析**］张三的主张不正确，因为股东不得以劳务作为出资。

3. 出资责任

我国《公司法》规定，股东应当按期足额缴纳公司章程中规定的各自所认缴的出资额。同时，对作为出资的非货币财产应当评估作价，核实财产，不得高估或者低估作价。法律、行政法规对评估作价有规定的，从其规定。如果违反以上规定，将承担如下法律责任：

（1）股东不按公司章程规定缴纳出资的，除应当向公司足额缴纳外，还应当向已按期足额缴纳出资的股东承担违约责任。

（2）公司成立后，发现作为设立公司出资的非货币财产的实际价额明显低于公司章程所定价额的，应当由交付该出资的股东补足其差额；公司设立时的其他股东对差额部分出资承担连带责任。

（3）公司成立后，股东不得抽逃出资。如果股东制作虚假财务会计报表虚增利润进行分配，通过虚构债权债务关系将其出资转出，利用关联交易将出资转出，以及其他未经法定程序将出资抽回的行为，均可认定该股东的行为为抽逃出资。股东抽逃出资，公司或者其他股东可以依法请求其向公司返还出资本息，协助抽逃出资的其他股东、董事、高级管理人员或者实际控制人对此承担连带责任。

（4）出资人以符合法定条件的非货币财产出资后，因市场变化或者其他客观因素导致出资财产贬值，公司、其他股东或者公司债权人请求该出资人承担补足出资责任的，人民法院不予支持，但是，当事人另有约定的除外。

（5）股东未履行出资义务或者抽逃全部出资，经公司催告缴纳或者返还，其在合理期间内仍未缴纳或者返还出资，公司以股东会决议解除该股东的股东资格。

（6）股东未履行或者未全面履行出资义务即转让股权，受让人对此知道或者应当知道，公司可以依法请求该股东履行出资义务、受让人对此承担连带责任。

案例 3—3—2

赵某、钱某、孙某各以现金出资 5 万、8 万、20 万，李某以自有房屋折价 40 万出资，四人共同成立一家专营照相器材的有限责任公司。公司运营期间，吴某以现金 5 万入股，并被公司聘为总经理。后公司欠债 50 万，债权人要求法院强制执行。法院在执行中查明李某的房产仅值 20 万。

［**问题**］这 20 万的亏空应当由谁来弥补？50 万债务应当由谁来承担？

［**案例解析**］20 万的亏空由李某弥补，赵、钱、孙承担连带责任。这属于上述“出资责任”中的第 2 种情形。50 万的债务由该公司承担，有限责任公司具有独立人格，对公司债务承担责任，股东个人不负偿还责任。

4. 出资证明书

出资证明书是指有限责任公司成立后，由公司向股东签发的，证明投资人在公司的股东地位和股东权益的法律凭证。

我国《公司法》规定，出资证明应当载明下列事项：（1）公司名称；（2）公司成立日期；（3）公司注册资本；（4）股东的姓名或者名称，缴纳的出资额和出资日期；（5）出资证明书的编号和核发日期。出资证明书必须由公司盖章。实践中常常存在名义股东与实际股东相分离的情况。名义出资人与实际出资人订立合同，约定由实际出资人出资并享有投资权益，名义出资人仅是名义上的股东。名义股东与实际股东约定的权利义务一般是有效的，实际股东有权主张股东权益。见表 3—3—1。

表 3—3—1

<table>
<tr><td>

出资证明书

编号：

一、公司全称：××有限责任公司。

二、公司住址：××省××市××区××街××号。

三、公司登记日期：××年××月××日。

四、公司注册资本：________元（人民币）。

五、公司股东：××（股东姓名或名称）于××年××月××日向本公司缴纳出资________元（以上投入资金系本人自有资金，在其使用期间能以该资金承担公司的民事责任）。

本出资证明经公司正式授权的法定代表人签字并加盖公司印鉴，方为有效，特此为证。

法人代表（签章）：

核发日期：××年××月××日

（公司印章）

</td></tr>
</table>

（二）有限责任公司的股权转让

见图 3—3—2。

图 3—3—2

资料来源：见 http：//tieba.baidu.com/p/345918052。

1. 内部转让

股权具有财产权利的属性，它具有价值并可转让。有限责任公司的股东可以相互之间自由转让其全部或部分股份。如果股东转让全部股权，就意味着该股东将退出公司，丧失股东资格。不管股东之间采取何种股份转让方式，最终公司必须得剩下一名股东，否则该公司就得依法解散。当然，剩下一名股东，就意味着原来的公司变更为“一人有限责任公司”，仍然可以继续经营下去。

2. 对外转让

我国《公司法》规定，股东向股东以外的人转让股权，应当经其他股东过半数（以股东人数为标准）同意。股东应就其股权转让事项书面通知其他股东征求同意，其他股东自接到书面通知之日起满 30 日未答复的，视为同意转让。其他股东半数以上不同意转让的，不同意的股东应当购买该转让的股权；不购买的，视为同意转让。

经股东同意转让的股权，在同等条件下，其他股东有优先购买权。这里的“条件”是指股权转让方索取的对价，主要是股权转让的价金。如果有两个以上股东主张行使优先购买权的，协商确定购买比例；协商不成的，按照转让时的出资比例行使该权利。公司章程可以对股东享有“优先购买权”约定条件，股东应当遵守这样的约定。

股东不管是对内转让，还是对外转让股权，都应当依法向公司登记机关办理股权变更登记。

案例 3—3—3

甲、乙、丙三人各出资 10 万、20 万、30 万成立一家有限责任公司。现在丙与丁达成协议，将其在该公司的全部股份转让给丁。

[**问题**] 1. 设甲、乙二人对此均不同意，丙还能否将股份转让给丁？2. 设甲、乙均同意丙转让股份，同时都想接受丙的全部股份，丙该怎么办？

[**案例解析**] 对于第 1 个问题，丙不能转让股份。《公司法》第 71 条第 2 款规定：股东向股东以外的人转让股权，应当经其他股东过半数同意。”“其他股东半数以上不同意转让的，不同意的股东应当购买该转让的股权。本案中公司共有三个股东，现在甲、乙都不同意，丙依法不得向丁转让股份。

对于第 2 个问题，丙可以建议甲、乙二人协商解决；协商不成的，丙可以按照 1∶2 的出资比例分别出售给甲和乙。《公司法》第 71 条第 3 款规定：两个以上股东主张行使优先购买权的，协商确定各自的购买比例；协商不成的，按照转让时各自的出资比例行使优先购买权。甲、乙的出资分别为 10 万、20 万，比例为 1∶2，他们在接受丙的股份时也按这个比例。

3. 强制转让

股权作为财产权，可以作为强制执行标的。人民法院依照法律规定的强制执行程序转让股东的股权时，应当通知公司及全体股东，其他股东在同等条件下有优先购买权。其他股东自人民法院通知之日起满 20 日不行使优先购买权的，视为放弃优先购买权。

4. 股东的股权收购请求权

有限责任公司具有人合性质，公司的组建依赖于股东之间的信任关系和共同利益关系。法律一方面要保障股东转让股份的权利；另一方面有股东转让股份时，也要维护其他股东的正当利益。为维护股东的合法权益，我国《公司法》规定，有下列 3 种情形之一的，对股东会的决议投反对票的股东可以请求公司按照合理的价格收购其股权：

（1）公司连续 5 年不向股东分配利润，而公司该 5 年连续盈利，并且符合本法规定的分配利润条件的。在该情形下，股东要求分配利润的主张是合法的，但持有公司多数表决权的其他股东却通过股东会决议的形式阻碍了前者分配利润的合理利益的实现。

（2）公司合并、分立、转让主要财产的。在该情形下，公司的主要财产发生变化，未来的发展充满不确定性、甚至可能产生风险；尽管股东会按照资本多数决原则已经形成了合法的决议，但与少数表决权股东的意愿相反，利益期待可能落空，应允许其退出公司。

（3）公司章程规定的营业期限届满或者章程规定的其他解散事由出现，股东会会议通过决议修改章程使公司存续的。此时应允许对此决议投反对票的股东退出公司，不能强迫要求少数表决权股东接受公司继续经营存在的风险。

在以上任何一种情形下，投反对票的股东都有权自股东会会议决议通过之日起60日内提出请求，请求公司收购其持有的公司股权。双方不能达成股权收购协议的，股东可以自决议通过之日起90日内向人民法院提起诉讼解决该争议。

5. 自然人股东资格的继承

股权就其本质属性而言，既包括股东的财产权，也包括基于财产权产生的身份权即股东资格，该身份权体现为股东可以就公司的事务行使表决权，参与公司决策。根据《继承法》的规定，遗产是公民死亡时所遗留的个人合法财产。就股权的财产权属性而言，其作为遗产被继承是符合我国现行法律规定的。考虑到有限责任公司的人合性特点，自然人股东死亡后，其他股东对原股东的信任并不能自然转变为对继承人的信任，一定愿意与继承人合作；相反股东之间也许会出现纠纷，甚至形成公司僵局。因此，《公司法》第75条规定，允许公司章程中根据实际情况规定可行办法，以解决股东资格继承问题。通常公司章程会规定，当有股东不同意继承人取得股东资格时，可以采用股权转让办法来处理这一问题。

四、有限责任公司组织机构

现代有限责任公司的组织机构一般由股东会、董事会、监事会和经理组成。

（一）股东会

1. 股东会的性质和组成

股东会是有限责任公司的权力机构，由全体股东组成。股东会以会议的形式行使权力，而不采取常设机构或日常办公的方式，只有在召开股东会会议时，股东会才作为公司机关存在。

公司股东依法享有资产收益、参与重大决策和选择管理者等权利。具体而言，股东的权利主要包括：（1）股东身份权，以向公司登记机关登记的方式公示身份；（2）参与重大决策权；（3）选择与监督管理者权；（4）资产收益权；（5）知情权，有权查阅、复制公司章程、会议记录与决议、财会报告等；（6）关联交易审查权；（7）提议、召集、主持股东会临时会议权；（8）决议撤销权；（9）退出权，在一定情形下可以退出或解散公司；（10）诉讼权和代位诉讼权。

作为公司股东，也应当根据出资协议、公司章程和法律、行政法规的规定，履行相应的义务。股东的义务主要包括：（1）出资义务；（2）参加股东会会议的义务；（3）不干涉公司正常经营的义务；（4）特定情形下的表决权禁行义务（与决议有利害关系的股东在表决时应当回避）；（5）不得滥用股东权利的义务。

2. 股东会的职权

根据我国《公司法》规定，作为有限责任公司权力机构的股东会可以行使下列职权：

（1）决定公司的经营方针和投资计划；（2）选举和更换非由职工代表担任的董事、监事，决定有关董事的报酬事项；（3）审议批准各种报告，报告来自董事会、监事会或监事；（4）审议批准公司的各种方案，包括年度财务预、决算方案，利润分配方案，弥补亏损方案；（5）对公司重大事项作出决议，包括公司增、减注册资本，发行公司债券，公司合并、分立、解散、清算、变更形式；（6）修改公司章程；（7）公司章程规定的其他职权。

3. 股东会会议的形式与决议形成

股东会分为定期会议和临时会议两种。一般每年定期召开一次会议。股东会的首次会议由出资最多的股东召集和主持。之后的会议原则上由董事长、执行董事召集或主持。召开股东会会议，应当于会议召开15日以前通知全体股东。股东会应当对所议事项的决定作成会议记录，出席会议的股东应当在会议记录上签名。

股东会会议由股东按照出资比例行使表决权；但是公司章程另有规定的除外。一般事项由代表半数以上表决权的股东即可通过，这被称为“资本多数决原则”。特殊事项要求则高一些。对股东会会议作出修改公司章程、增加或者减少注册资本，以及公司合并、分立、解散或者变更公司形式等重大事项作出决议时，必须经代表2/3以上表决权的股东通过。股东会会议形成决定文件，由出席会议的股东在决定文件上签章。

（二）董事会

1. 董事会的性质及其组成

董事会是股东会闭会期间的经营决策机构和业务执行机构。有限责任公司根据其经营规模的大小和股东人数的多少，决定是否设立董事会。董事会的成员为3人至13人。股东人数较少或者规模较小的有限责任公司，可以设1名执行董事，不设董事会。董事任期由公司章程规定，每届任期一般不超过3年，可以连选连任。

2. 董事会的职权

我国《公司法》第46条规定，董事会对股东会负责，行使下列职权：（1）召集股东会，并向股东会报告工作；（2）执行股东会的决议；（3）决定公司的经营计划和投资方案；（4）制订公司的年度财务预算方案、决算方案；（5）制订公司的利润分配方案和弥补亏损方案；（6）制订公司增加或者减少注册资本以及发行公司债券的方案；（7）制订公司合并、分立、解散或者变更公司形式的方案；（8）决定公司内部管理机构的设置；（9）决定聘任或者解聘公司经理及其报酬事项，并根据经理的提名，决定聘任或者解聘公司副经理、财务负责人及其报酬事项；（10）制定公司的基本管理制度；（11）公司章程规定的其他职权。

3. 董事会会议

董事会会议原则上由董事长召集和主持。董事会的议事方式和表决程序，除《公司法》另有规定外，由公司章程规定。董事会成员一人一票，以人数为准，过半数则通过决议，这与股东会不同（以表决权为准）。董事会应当对所议事项的决定作成会议记录，出席会议的董事应当在会议记录上签名。会议记录应置备于公司，供股东查阅。会议记录是公司及股东追究董事责任的一项书证。

（三）经理

经理部门是公司内部的经营管理机构，是业务辅助执行机关。经理是自然人，由董事会聘任或者解聘，对董事会负责。经理列席董事会会议，执行董事可以兼任经理。经理可以作为公司的法定代表人。经理的职权主要包括：组织经营权，公司内部规章的拟订、制定权，有限的人事任免权，董事会授予的其他职权。

（四）监事会

1. 监事会的性质及其组成

监事会是公司经营活动的监督机构。监事会对股东会负责，并向其报告工作，在公司中是与董事会并列的机构。它既对公司财务进行监督，也对董事、经理行为的合法性进行监督。监事会的成员不得少于 3 人，股东人数较少或者规模较小的公司，可以不设监事会，设 1 至 2 名监事。监事会成员应当包括股东代表和不低于 1/3 比例的公司职工代表，具体比例由公司章程规定。监事的任期法定，每届 3 年；任期届满，连选可以连任。公司的董事、高级管理人员不得兼任监事。监事会会议与董事会会议一样，实行“人头票”，监事会常会每年至少召开一次，由主席召集和主持。

2. 监事会的职权

见图 3—3—3。

图 3—3—3

资料来源：见 http：//stock. hexun. com/2011－06－23/130800043. html。

监事会行使下列职权：（1）检查公司财务。（2）对董事、高级管理人员执行公司职务的行为进行监督；对违反法律、法规、公司章程或者股东会决议的董事、高级管理人员提出罢免的建议。（3）当董事和高级管理人员的行为损害公司的利益时，要求董事和高级管理人员予以纠正。（4）提议召开临时股东会会议，在董事会不履行《公司法》规定的召集和主持股东会会议职责时召集和主持股东会会议。（5）向股东会会议提出提案。（6）依照《公司法》第 151 条的规定对董事、高级管理人员提起诉讼。（7）公司章程规定的其他职权。另外，监事可以列席董事会会议，并对董事会决议事项提出质询或者建议，还可以对公司的异常经营情况进行调查。

（五）公司董事、监事、高级管理人员的任职资格与义务

这里的“高级管理人员”，是指公司的经理、副经理、财务负责人，上市公司董事会秘书和公司章程规定的其他人员。

1. 公司董事、监事、高级管理人员的任职资格

根据《公司法》规定，有下列情形之一的，不得担任公司的董事、监事、高级管理人员：

（1）无民事行为能力或者限制民事行为能力。

（2）因贪污、贿赂、侵占财产、挪用财产或者破坏社会主义市场经济秩序，被判处刑罚，执行期满未逾5年，或者因犯罪被剥夺政治权利，执行期满未逾5年。

（3）担任破产清算的公司、企业的董事或者厂长、经理，对该公司、企业的破产负有个人责任的，自该公司、企业破产清算完结之日起未逾3年。

（4）担任因违法被吊销营业执照、责令关闭的公司、企业的法定代表人，并负有个人责任的，自该公司、企业被吊销营业执照之日起未逾3年。

（5）个人所负数额较大的债务到期未清偿。

公司违反上述规定的人事选举、委派、聘任均属无效，上述人员在任职期间丧失完全民事行为能力的，公司应当解除其职务。

2. 董事、监事、高级管理人员的义务

主要有：（1）忠实、勤勉义务；（2）不得利用职权收受贿赂或者其他非法收入，不得侵占公司的财产；（3）依照股东会要求列席股东会会议，接受股东的质询；（4）董事、高级管理人员如实向监事会（监事）提供有关情况和资料，不得妨碍其行使职权。上述人员执行职务时违反法律、行政法规或者公司章程的规定，给公司造成损失的，应当承担赔偿责任。情节严重的，还要承担相应的行政责任，甚至刑事责任。

鉴于董事、高级管理人员的行为直接关系到公司和全体股东的利益，《公司法》专门对其作了禁止性规定，具体包括：

（1）挪用公司资金。

（2）将公司资金以其个人名义或者以其他个人名义开立账户存储。

（3）违反公司章程的规定，未经股东会、股东大会或者董事会同意，将公司资金借贷给他人或者以公司资产为他人提供担保。

（4）违反公司章程的规定或者未经股东会、股东大会同意，与本公司订立合同或者进行交易。

（5）未经股东会或者股东大会同意，利用职务之便利为自己或者他人谋取属于公司的商业机会，自营或者为他人经营与所任职公司同类的业务。

（6）接受他人与公司交易的佣金归为己有。

（7）擅自披露公司秘密。

（8）违反对公司忠实义务的其他行为。

董事、高级管理人员违反上述规定所得的收入归公司所有。

需要特别提醒大家的是，“公司董事、监事、高级管理人员的任职资格与义务”这部分内容同样也适用于股份有限公司。

任务小结

公司法最新一次修订，取消了有限责任公司最低出资额的规定，这意味着一元钱就可以成立公司，这对于创业者来说是一个令人振奋的消息。投资无疑是有限责任公司成立的第一步，怎么写投资协议是创业时首先会遇到的问题。因此设置本任务是很有意义的。建议任课教师提供相关资料辅导学生完成此项实训。有限责任公司与其他企业、公司类型不同，有自己的特点，也有自己的设立条件。资本和组织机构是有限责任公司的两大内容，所以股东出资、股权的内容、组织机构是这项任务下的重要知识点，希望大家细细琢磨，直至完全掌握。

能力检测

1. 简述有限责任公司有什么特征？
2. 简要地说一说有限责任公司设立的条件有哪些？
3. 简述股东的股权收购请求权的情形。
4. 简单归纳说明有限责任公司的股东会有什么职权？
5. 简述公司董事、监事、高级管理人员的任职资格。
6. 案例分析：

周某、吴某、郑某、王某、冯某拟共同组建一家有限责任公司。其中周某、吴某打算以货币出资，分别为 20 万元和 60 万元，郑某以实物出资，经评估机构评估为 20 万元，王某、冯某拟以劳务出资。公司不设董事会、监事会，并拟由吴某担任公司执行董事，兼总经理，郑某担任公司的监事，王某、冯某分别担任副总经理。

问题：

（1）在本案中王某、冯某是否可以用劳务出资？

（2）周某、吴某、郑某、王某分别为未来的公司取了一个名称，其中哪个/哪些可以采用？

A. 重庆大地商贸公司

B. 重庆 666 商品贸易有限责任公司

C. 中国重庆商品贸易国际发展有限责任公司

D. 重庆汇同商品贸易有限责任公司

（3）本案中，根据既往履历，什么人不具备在公司中担任董事长的资格？说明理由。

A. 吴某原系国家机关干部，现已下岗分流。

B. 郑某原为某厂厂长兼党委书记，两年前因对该厂的破产负有个人责任被免职，现赋闲在家。

C. 王某为商业博士，但因父亲住院医疗负债 15 万元。

D. 冯某原为个体户，曾因偷税被判刑，一年前已经刑满释放。

（4）公司成立后，陈某打算加入并拟入资 10 万元，则应经过谁的同意？

考核知识点：有限责任公司的出资方式、公司名称、董事的资格、公司增资。

任务四　拟写一份股份有限公司章程

任务导入案例

[案情介绍]

2015 年 4 月，某市经济协作发展公司与长征汽车集团公司（私营）等 3 家公司订立了以募集方式设立某汽车配件股份有限公司的发起人协议，公司注册资本 5 000 万元，募集设立。

同年 5 月 6 日，省有关部门批准同意组建该公司。3 家发起人公司按协议制定章程，认购部分股份，起草招股说明书，签订股票承销协议、代收股款协议，经国务院证券监督管理机构批准，向社会公开募股。由于该汽车配件公司发展前景光明，所以股份募集顺利，发行股份股款缴足后经约定的验资并出具机构验资并出具证明后，发起人认为已完成任务，迟迟不召开创立大会，经股民强烈要求才在两个月后召开创立大会，发起人为图省事，只通知了代表股份总数 1/3 以上的认股人出席，会议决定了一些法定事项。

[问题]

汽车配件公司的募集设立程序中存在什么问题?

[案例解析]

我国《公司法》有下述有关规定：发起股份的股款缴足后，必须经法定的验资机构验资并出具证明，发起人应当在 30 日内召开公司创立大会，创立大会由认股人组成。创立大会应有代表股份总数 1/2 以上的认股人出席，方可举行，本案中，汽车配件公司的发起人在股款缴足并验资后不及时召开创立大会，拖延两个月，损害了股东与公司的利益。同时，创立大会的股东人数低于法定比例，创立大会的组成不合法。

知识平台

一、股份有限公司的法律特征

股份有限公司，有时也简称为股份公司。是指其全部资本分为等额股份，股东以其所持股份为限对公司承担责任，公司以其全部资产对公司的债务承担责任的企业法人。与其他公司、企业相比，股份有限公司主要表现出四个特征。

（一）股份有限公司是开放型的大规模企业

股份有限公司面向社会募集资本，具有广泛的社会性，股份公司能够动员大众资本，使巨大的资本集中于公司，因而通常是大规模企业。《公司法》没有对认股人的数量作限制，仅仅规定了发起人人数的上限和下限（2 人至 200 人）。为了维护广大投资者权益，《公司法》要求股份公司必须公开必要信息，包括公司章程、股东大会决议、财务报告、股票发行转让的信息，这表现了股份公司的开放性。

（二）股份公司是最典型的资合公司

股份公司以其全部资产对公司债务承担责任。公司的对外信用，已经完全脱离了股东本身的信用。公司资本总额多少，具有昭示公司信用度、信用规模的作用。

（三）股份公司的全部资本分为等额股份

股份有限公司将全部资本分割为等额的股份，这有易于发行、易于筹措资金、易于转让的优点，也有利于计算股东的权利。按照股份平等原则，股东权利的大小，与其所拥有的股份数量成正比。

（四）股东以其所持股份为限对公司承担责任

股东对公司的债务仅以其所持股份为限承担责任，公司债权人不能越过具有独立人格的公司，对已经完成出资义务的股东承担责任。公司也不得以章程和股东大会的决议来扩大或加重股东的价值。

二、股份有限公司的设立

根据我国《公司法》第76条的规定，设立条件股份有限公司必须同时具备六个条件。

（一）发起人符合法定人数

发起人，又称为公司创办人，是筹办公司设立事项、参与公司章程的制定，应依法认购 、缴纳出资的人。公司成立后，发起人就是公司的股东。设立股份有限公司，应当有2人以上200人以下的发起人，其中须有半数以上的发起人在中国境内有住所。

（二）有符合公司章程规定的全体发起人认购的股本总额或者募集的实收股本总额

股份有限公司采取发起设立方式设立的，注册资本为在公司登记机关登记的全体发起人认购的股本总额；采取募集方式设立的，注册资本为登记的实收股本总额。以募集设立方式设立股份有公司的，发起人认购的股份不得少于公司股份总数的35％。

但法律、行政法规以及国务院决定对股份有限公司注册资本实缴、注册资本最低限额另有规定的，从其规定。

认股人未按期缴纳所认股份的股款，经公司发起人催缴后在合理期间内仍未缴纳，可以对该股份另行募集。认股人延期缴纳股款给公司造成损失的，应该承担赔偿责任。

案例3－4－1

甲乙丙作为发起人募集设立“宏达海运股份有限公司”，公司拟注册资本为人民币1 000万元。其中甲乙丙三人约定分别出资100万元并在公司成立之日起两年之内缴清，其余部分向社会公开募集。

［问题］发起人的出资是否合法？

［案例解析］有两处不合法。1. 募集设立公司的发起人认购的资本不得少于公司股份总数的35％，而本案发起人只认购了其中30％。2. 募集设立公司的，公司注册资本必须是公司实际收到的资本，甲乙丙三人约定在两年内缴清认购的出资是不合法的。

（三）股份发行、筹办事项符合法律规定

我国公司法和证券法对股份发行有严格的要求，这些要求有实体方面的要求（如股份发行的原则、条件、方式和价格等)，也有程序方面的要求（如向社会募集股份，应当经国务院证券监管机构核准，并公告其招股说明书，制作认股书等)。股份发行涉及社会公众利益，与其有关的规定属于强制性规定，发起人必须遵守。其他筹办事项也要符合法律规定，如为了设立股份有限公司而发行股份以及进行其他的筹办事项时，都必须符合法律规定的条件和程序。

（四）发起人制订公司章程，采用募集方式设立的经创立大会通过

股份有限公司章程由发起人制订。采取募集设立方式设立的股份有限公司，除发起人外，还有其他认股人，章程还应当经由其他认股人参加的创立大会通过。

章程应当载明下列事项：（1）公司名称和住所；（2）公司经营范围；（3）公司设立方式；（4）公司股份总数、每股金额和注册资本；（5）发起人的姓名或者名称、认购的股份数、出资方式和出资时间；（6）董事会的组成、职权、任期和议事规则；（7）公司法定代表人；（8）监事会的组成、职权、任期和议事规则；（9）公司利润分配办法；（10）公司的解散事由与清算办法；（11）公司的通知和公告办法；（12）股东大会会议认为需要规定的其他事项。

（五）有公司名称，建立符合股份有限公司要求的组织机构

股份有限公司必须在其名称中标明“股份有限公司”或者“股份公司”字样。股份有限公司是大企业的组织形式，又是典型的企业法人，法律对其组织机构的建立、人员构成等都作出了严格的规定。

（六）有公司住所

股份有限公司的住所要求与有限责任公司的一样。

三、股份有限公司发起人的出资

股份有限公司发起人的出资形式与有限责任公司相同，股东可以用货币出资，也可以用实物、知识产权、土地使用权等依法作价出资。以非货币财产出资的，依法办理其财产权的转移手续。

发起人应根据发起人协议以及公司章程真实履行出资义务。公司成立后，发起人未按照公司章程的规定缴足出资的，应当补缴；其他发起人承担连带责任。公司成立后，发现作为设立公司出资的非货币财产的实际价额显著低于公司章程所定价额的，应当由交付该出资的发起人补足其差额；其他发起人承担连带责任。

发起人在设立公司的过程中，应当承担下列责任：

（1）公司不能成立时，对设立行为所产生的债务和费用负连带责任；对认股人已缴纳的股款，负责返还并加付同期银行存款利息。

（2）公司因故未成立，债权人可以请求全体或者部分发起人对设立公司行为所产生的费用和债务承担连带清偿责任。因部分发起人的过错导致公司未成立，应当依法承担设立行为所产生的费用和债务。

（3）在公司设立过程中，由于发起人的过失致使公司利益受到损害的，应当对公司承担赔偿责任。

（4）发起人虚假出资，如未交付或者未按期交付作为出资的货币或者非货币财产的，由公司登记机关责令改正，处以虚假出资金额5%以上15%以下的罚款。

（5）发起人在公司成立后抽逃其出资的，由公司登记机关责令其改正，处以所抽逃出资金额5%以上15%以下的罚款。

（6）发起人为设立公司以自己名义对外签订合同，该发起人应向合同相对人承担合同责任，公司成立后有证据证明发起人利用设立中公司的名义为自己的利益与相对人签订合同，由该发起人承担合同责任。

（7）发起人因履行公司设立职责造成他人损害，公司成立后，受害人可以依法请求公司承担侵权赔偿责任；公司未成立，受害人依法请求全体发起人承担连带赔偿责任。公司或者无过错的发起人承担赔偿责任后，可以向有过错的发起人追偿。

四、股份有限公司的股份发行与转让

（一）股份有限公司的股份发行

1. 股份发行的含义

股份有限公司的资本划分为股份，每一股的金额相等。股份发行是股份有限公司依法对外发行股份（股票）的行为。股票是股份的表现形式，是公司签发的证明股东所持股份的凭证。股票采用纸面形式等形式。目前我国上市公司股票的发行、交易均以计算机存储信息等无纸化方式进行。股份有限公司成立后，即向股东正式交付股票，公司成立前不得向股东交付股票。

见图 3—4—1。

图 3—4—1

资料来源：见 http：//finance. hebnews. cn/2012－04/29/content _ 2664473. htm。

股票应当载明下列主要事项：（1）公司名称；（2）公司成立日期；（3）股票种类、票面金额及代表的股份数；（4）股票的编号。股票由法定代表人签名，公司盖章。发起人的股票，应当标明发起人股票字样。

2. 股票发行原则

股份的发行，实行公平、公正的原则，即同次发行的股份，每股的发行条件和价格应当相同。同种股份的股东所享有的权益应当相同。

3. 股票发行价格

股票发行价格可以按票面金额，也可以超过票面金额，但不得低于票面金额。以超过票面金额发行股票所得溢价款，应列入公司资本公积金。低于票面金额发行（折价发行）股票，所募得资金低于公司的注册资本额，出现资本虚增，这违背了公司资本充实原则，会影响到交易安全和危及债权人的利益，因此是被禁止的。

4. 记名股和新股发行的规定

（1）发行记名股。公司发行的股票，可以是记名股票或者无记名股票。记名股票是指在股东名册上登记有持有人的姓名或名称及住址，并在股票上也注明持有人姓名或名称的股票。公司向发起人、法人发行的股票，应当为记名股票。发行记名股票的，应当置备股东名册，记载下列事项：①股东的姓名或者名称及住所；②各股东所持股份数；③各股东所持股票的编号；④各股东取得股份的日期。发行无记名股票的，公司应当记载其股票数量、编号及发行日期。

（2）新股发行。新股发行是指在公司成立后，以增加公司资本或公司资本募足为目的的新股发行。公司发行新股，由股东大会决定新股的种类、数额、价格、发行的起止日期、向原有股东发行新股的种类及数额。

公司经国务院证券监督管理机构核准公开发行新股时，必须公告新股招股说明书和财务会计报告，并制作认股书。公司应当与证券公司、银行分别签订承销协议与代收股款协议。募足股款后，必须向公司登记机关办理变更登记并予公告。

（三）股份有限公司的股份转让

1. 股份转让的含义

股权转让一般是指公司股东将其所持有的公司股份全部或部分转让给他人的法律行为。全部转让的，转让人不再是公司股东，受让人成为公司股东；部分转让的，转让人不再就已转让部分享有股东权益，改由受让人享有。

股份可以自由转让，法律另有限制的除外。转让股份应当在依法设立的证券交易场所进行或者按照国务院规定的其他方式进行。上市公司的股票依照有关法律、行政法规及证券交易所交易规则上市交易。

2. 股份转让的方式

记名股票，由股东以背书方式或者法律、行政法规规定的其他方式转让；转让后由公司将受让人的姓名或者名称及住所记载于股东名册。无记名股票的转让，由股东将该股票交付给受让人后即发生转让的效力。

3. 股份转让的禁止规定

我国《公司法》第 142 条规定，公司不得收购本公司股份。之所以禁止回购本公司的股份，是因为回购会导致公司资本减少，会产生市场操纵和内幕交易，回购本身也容易被大股东利用来控制表决权。

但是有下列情形之一时，允许回购股份：①减少公司注册资本；②与持有本公司股份的其他公司合并；③将股份奖励给本公司职工；④股东因对股东大会作出的公司合并、分立决议持异议，要求公司收购其股份的。

此外，《公司法》第 141 条对发起人，董事，监事，高级管理人员，审计、评估、法律等专业机构及人员（办理公司股票发行或公司上市事务），限制其自由转让股份，目的在于防止资金欺诈、股价操纵，增强管理人员对公司的责任感等。

五、股份有限公司组织机构

（一）股东大会

股份有限公司股东大会由全体股东组成。股东大会是公司的权力机构，依法行使职权，其职权范围与有限责任公司股东会相同。

1. 股东大会会议

股东大会分为年会与临时大会。股东大会年会应当每年召开一次。有下列情形之一的，应当在两个月内召开临时股东大会：（1）董事人数不足《公司法》规定人数或者公司章程所定人数的 2/3 时；（2）公司未弥补的亏损达实收股本总额 1/3 时；（3）单独或者合计持有公司 10%以上股份的股东请求时；（4）董事会认为必要时；（5）监事会提议召开时；（6）公司章程规定的其他情形。

股东大会会议原则上由董事会召集，董事长主持。

2. 股东大会的决议

股东出席股东大会会议，所持每一普通股股份有一表决权。股东大会决议的事项分为普通事项与特别事项两类。对普通事项作出决议，必须经出席会议的股东所持表决权过半数通过。但对修改公司章程、增加或者减少注册资本，以及公司合并、分立、解散或者变更公司形式等特别事项作出决议时，必须经出席会议的股东所持表决权的 2/3 以上通过。股东可以委托代理人出席会议，代理人应当向公司提交股东授权委托书，并在授权范围内行使表决权。

3. 股东的投票制度

股东大会选举董事、监事，可以根据公司章程的规定或者股东大会的决议，实行累积投票制。累积投票制，是指股东大会选举董事或者监事时，每一股份拥有与应选董事或者监事人数相同的表决权，股东拥有的表决权可以集中使用。累积投票制的实施有利于中小股东按照其持股比例选举代表进入公司管理层，参与董事会的活动，保护其利益。

股东大会应当对所议事项的决定作成会议记录，主持人、出席会议的董事应当在会议记录上签名。会议记录应当与出席股东的签名册及代理出席的委托书一并保存。

（二）董事会

1. 董事会的组成

股份有限公司设董事会，其成员为 5 人至 19 人。董事会成员中可以有公司职工代表。董事会中的职工代表由公司职工通过职工代表大会、职工大会或者其他形式民主选举产生。股份有限公司董事的任期、董事会的职权与有限责任公司相同。见图 3—4—2。

图 3—4—2

资料来源：见 http：//news. xinhuanet. com/mrdx/2008－10/28/content _ 10266944. htm。

2. 董事会会议

董事会设董事长一人，可以设副董事长。董事长和副董事长由董事会以全体董事的过半数选举产生。董事长召集和主持董事会会议，检查董事会决议的实施情况。副董事长协助董事长工作，董事长不能履行职务或者不履行职务的，由副董事长履行职务；副董事长不能履行职务或者不履行职务的，由半数以上董事共同推举 1 名董事履行职务。

董事会每年度至少召开两次会议，每次会议应当于会议召开 10 日前通知全体董事和监事。代表 1/10 以上表决权的股东、1/3 以上董事或者监事会，可以提议召开董事会临时会议。董事长应当自接到提议后 10 日内，召集和主持董事会会议。董事会召开临时会议，可以另定召集董事会的通知方式和通知时限。

3. 董事会的决议

董事会会议应有过半数的董事出席方可举行。董事会作出决议必须经全体董事的过半数通过。董事会决议的表决实行一人一票。董事会会议应由董事本人出席，董事因故不能出席，可以书面委托其他董事代为出席，委托书中应载明授权范围。

董事会应当把会议所议事项的决定作成会议记录，出席会议的董事应当在会议记录上签名。

董事应当对董事会的决议承担责任。董事会的决议违反法律、行政法规或者公司章程、股东大会决议，致使公司遭受严重损失的，参与决议的董事对公司负赔偿责任。但经证明在表决时曾表明异议并记载于会议记录的，该董事可以免除责任。

案例 3－4－2

某股份有限公司董事会有董事 9 名。某次会议记录上记载的出席董事为 5 人，实际到会 4 人（其中一人提交了另一名因故不能到会的董事出具的代为行使表决权的委托书），这次会议上，通过了公司适当减少注册资本额的决议。

[问题] 请问上述行为是否合法?

[案例解析] 董事会会议，应由董事本人出席；董事因故不能出席，可以书面委托其他董事代为出席，委托书中应载明授权范围。《公司法》规定，减少注册资本事项必须由股东大会决定，董事会没有这个权力。所以第一个行为合法，第二个行为违法。

（三）经理

经理是对股份有限公司日常经营管理负有全责的高级管理人员，由董事会聘任或解聘，对董事会负责。公司董事会可以决定由董事会成员兼任经理。关于有限责任公司经理职权的规定适用于股份有限公司的经理。

（四）监事会

1. 监事会的组成

股份有限公司设立监事会，其成员不得少于 3 人。监事会应当包括股东代表和适当比例的公司职工代表，其中职工代表的比例不得低于 1/3，具体比例由公司章程规定。监事会中的职工代表由公司职工通过职工代表大会、职工大会或者其他形式民主选举产生。董事、高级管理人员不得兼任监事。

2. 监事会会议

监事会设主席一人，可以设副主席。监事会主席和副主席由全体监事过半数选举产生。监事会主席召集和主持监事会会议；监事会主席不能或者不履行职务的，由监事会副主席召集和主持监事会会议；监事会副主席不能或者不履行职务的，由半数以上监事共同推举一名监事召集和主持监事会会议。

监事会每6个月至少召开一次会议。监事可以提议召开临时监事会会议。监事会的议事方式和表决程序，除法律有规定的外，由公司章程规定。监事会应当对所议事项的决定作成会议记录，出席会议的监事应当在会议记录上签名。

3. 监事的职权与任期

股份有限公司监事的任期、监事会的职权与有限责任公司相同。监事会行使职权所必需的需用，由公司承担。

六、上市公司

我国《公司法》所称上市公司，是指其股票在证券交易所上市交易的股份有限公司。股份有限公司成立后，并不必须取得上市资格。股份有限公司分为上市公司和不上市公司。我国《公司法》对上市公司的特别规定主要有四项。

（一）股东大会特别决议权

上市公司在一年内购买、出售重大资产或者担保金额超过公司资产总额30%的，应当由股东大会作出决议，并经出席会议的股东所持表决权的2/3以上通过。

（二）独立董事制度

独立董事又称为外部董事，是指不在上市公司担任除董事外的其他职务，并与其所受聘的上市公司及其主要股东不存在可能妨碍其进行独立客观判断关系的董事。见图3—4—3。

图3—4—3

资料来源：见http：//blog. sina. com. cn/s/blog _ 48f7f3e80102dyb2. html。

《公司法》第122条规定，上市公司应当设独立董事。独立董事在很大程度上是公司内部监控失灵的产物。建立这一制度实质上主要为了解决企业内部监控无效、管理不科学的问题。独立董事的存在价值在于实现董事会的内部监督，但他不能取代监事的地位。

独立董事对上市公司及全体股东负有诚信与勤勉义务。独立董事应当按照相关法律法规、公司章程的要求，认真履行职责，维护公司整体利益，特别要关注中小股东的合法权益不受损害。独立董事应当独立履行职责，不受上市公司主要股东和实际控制人、或者其他与上市公司存在利害关系的单位或个人影响。独立董事原则上最多在5家上市公司兼任独立董事，并确保有足够的时间和精力有效地履行独立董事的职责。

（三）董事会秘书制度

上市公司设立董事会秘书，董事会秘书属于公司的高级管理人员，对董事会负责。董事会秘书对内负责筹备董事会会议和股东大会，保管会议记录、文件，管理股东的资料，对外负责信息披露事务。

（四）关联关系董事的表决权排除制度

上市公司董事与董事会会议决议事项所涉及的企业有关联关系的，不得对该项决议行使表决权，也不得代理其他董事行使表决权。该董事会会议由过半数的无关联关系董事出席即可举行，会议决议须经无关联关系董事过半数通过。出席董事会的无关联关系董事人数不足3人的，应将该事项提交上市公司股东大会审议。

附：股份有限公司章程（参考范本）

____________________股份有限公司章程

第一章　总　则

第一条　本章程依据《中华人民共和国公司法》（以下简称《公司法》）及有关法律、行政法规、规章的规定制定。

第二条　本章程条款与法律、行政法规、规章不符的，以法律、行政法规、规章的规定为准。

第二章　公司名称和住所

第三条　公司名称：____________________股份有限公司。

第四条　公司住所：______________________；邮政编码：________。

第三章　公司经营范围

第五条　公司经营范围：______________________________________。

（依法须经批准的项目，经相关部门批准后方可开展经营活动。）

（注：参照《国民经济行业分类》（GB/T 4755—2011）具体填写）

第四章　公司设立方式

第六条　公司设立方式：_______________。

第五章　公司股份总数、每股金额和注册资本

第七条　公司股份总数：____________________万股。

第八条　公司股份每股金额：__________________元人民币。

第九条　公司注册资本：________________________万元人民币。

第十条　公司增加或减少注册资本，必须召开股东大会并作出决议。

第六章　发起人的姓名（名称）、认购的股份数、出资方式和出资时间

第十一条　发起人的姓名（名称）、认购的股份数、出资方式和出资时间如下：

发起人姓名（名称）	证件号码	认购的股份数	认缴情况		
			出资额（万元）	出资方式	出资时间（　年　月　日前缴足）

发起人应认足全部股份，即发起人认缴总额应与第九条约定的注册资本数额一致。

（注：股东不得以劳务、信用、自然人姓名、商誉、特许经营权或者设定担保的财产等作价出资。）

发起人以非货币财产出资的，对出资的非货币财产须评估作价，核实财产，不得高估或者低估作价。法律、行政法规对评估作价有规定的，从其规定。（注：公司有以非货币财产出资的，才需在章程中记载此款，若全部以货币出资，则无需加注此款。）

第七章　公司股东大会的组成、职权和议事规则

第十二条　公司股东大会由全体股东组成。股东大会是公司的权力机构，其职权是：

（一）决定公司的经营方针和投资计划；

（二）选举和更换非由职工代表担任的董事、监事，决定有关董事、监事的报酬事项；

（三）审议批准董事会的报告；

（四）审议批准监事会的报告；

（五）审议批准公司的年度财务预算方案、决算方案；

（六）审议批准公司的利润分配方案和弥补亏损方案；

（七）对公司增加或者减少注册资本作出决议；

（八）对发行公司债券作出决议；

（九）对公司合并、分立、解散、清算或者变更公司形式作出决议；

（十）修改公司章程；

（十一）其他职权。（注：由股东自行确定，如无应删除此条）

对上述所列事项，股东以书面形式一致表示同意的，可以不召开股东大会会议，直接作出决定，并由全体股东在决定文件上签名、盖章。

第十三条　股东大会每年________月份召开年会，有下列情形之一的，应当在两个月内召开临时股东大会：

（一）董事人数不足《公司法》规定人数或者公司章程所定人数的三分之二时；

（二）公司未弥补的亏损达实收股本总额三分之一时；

（三）单独或者合计持有公司百分之十以上股份的股东请求时；

（四）董事会认为必要时；

（五）监事会提议召开时；

（六）其他情形。（注：股东可以自行确定，如无应删除此条）

第十四条　股东大会会议由董事会召集，董事长主持；董事长不能履行职务或者不履行职务的，由副董事长主持；副董事长不能履行职务或者不履行职务的，由半数以上董事共同推举一名董事主持。

董事会不能履行或者不履行召集股东大会会议职责的，监事会应当及时召集和主持；监事会不召集和主持的，连续九十日以上单独或者合计持有公司百分之十以上股份的股东可以自行召集和主持。

第十五条　召开股东大会会议，应当将会议召开的时间、地点和审议的事项于会议召开二十日前通知各股东；临时股东大会应当于会议召开十五日前通知各股东；发行无记名股票的，应当于会议召开三十日前公告会议召开的时间、地点和审议的事项。

单独或者合计持有公司百分之三以上股份的股东，可以在股东大会召开十日前提出临时提案并书面提交董事会；董事会应当在收到提案后两日内通知其他股东；并将该临时提案提交股东大会审议。临时提案的内容应当属于股东大会职权范围，并有明确议题和具体决议事项。

股东大会不得对前两款通知中未列明的事项作出决议。

无记名股票持有人出席股东大会会议的，应当于会议召开五日前至股东大会闭会时将股票交存于公司。

第十六条　股东大会作出决议，必须经出席会议的股东所持表决权过半数通过。但是，股东大会作出修改公司章程、增加或者减少注册资本的决议，以及公司合并、分立、解散或者变更公司形式的决议，必须经出席会议的股东所持表决权的三分之二以上通过。（注：其他重大事项的规则由股东自行确定）

第十七条　股东可以委托代理人出席股东大会会议，代理人应当向公司提交股东授权委托书，并在授权范围内行使表决权。

第十八条　股东大会应当对所议事项的决定作成会议记录，主持人、出席会议的董事应当在会议记录上签名。会议记录应当与出席股东的签名册及代理出席的委托书一并保存。

第八章　董事会的组成、职权和议事规则

第十九条　公司设董事会，成员为________人（注：5人至19人），由股东大会选举产生；职工代表董事由公司职工通过职工代表大会（或职工大会或者其他形式）民主选举产生。董事每届任期________年（注：每届任期不得超过3年），任期届满，连选可以连任。

董事任期届满未及时改选，或者董事在任期内辞职导致董事会成员低于法定人数的，在改选出的董事就任前，原董事仍应当依照法律、行政法规和公司章程的规定，履行董事职责。

董事会设董事长一人，副董事长________人，由董事会以全体董事过半数选举产生。

第二十条　董事会行使下列职权：

（一）负责召集股东大会会议，并向股东大会报告工作；

（二）执行股东大会的决议；

（三）决定公司的经营计划和投资方案；

（四）制订公司的年度财务预算方案、决算方案；

（五）制订公司的利润分配方案和弥补亏损方案；

（六）制订公司增加或者减少注册资本以及发行公司债券的方案；

（七）制订公司合并、分立、变更公司形式、解散的方案；

（八）决定公司内部管理机构的设置；

（九）决定聘任或者解聘公司经理及其报酬事项，并根据经理的提名决定聘任或者解聘公司副经理、财务负责人及其报酬事项；

（十）制定公司的基本管理制度；

（十一）其他职权。（注：由股东自行确定，如无应删除此条）

第二十一条　董事会会议由董事长召集和主持；副董事长协助董事长履行职务，董事长不能履行职务或者不履行职务的，由副董事长履行职务；副董事长不能履行职务或者不履行职务的，由半数以上董事共同推举一名董事履行职务。

第二十二条　董事会每年＿＿＿＿＿月份和＿＿＿＿＿月份召开董事会会议（注：董事会每年度至少召开两次会议），每次会议应当于会议召开十日前通知全体董事和监事。

代表十分之一以上表决权的股东、三分之一以上董事或者监事会，可以提议召开董事会临时会议。董事长应当自接到提议后十日内，召集和主持董事会议。

（注：董事会召开临时会议的通知方式和通知时限可由董事会另定）

第二十三条　董事会会议应有过半数的董事出席方可举行。董事会作出决议，必须经全体董事过半数通过。

董事会决议的表决，实行一人一票。

第二十四条　董事会会议应由董事本人出席；董事因故不能出席，可以书面委托其他董事代为出席，委托书中应载明授权范围。

第二十五条　董事会应当对会议所议事项的决定作成会议记录，出席会议的董事应当在会议记录上签名。

董事应当对董事会的决议承担责任。董事会的决议违反法律、行政法规或者公司章程、股东大会决议，致使公司遭受严重损失的，参与决议的董事对公司负赔偿责任。但经证明在表决时曾表明异议并记载于会议记录的，该董事可以免除责任。

第二十六条　公司设经理，由董事会决定聘任或者解聘，任期＿＿＿＿年，连聘可以连任。经理对董事会负责，行使下列职权：

（一）主持公司的生产经营管理工作，组织实施董事会决议；

（二）组织实施公司年度经营计划和投资方案；

（三）拟订公司内部管理机构设置方案；

（四）拟订公司的基本管理制度；

（五）制定公司的具体规章；

（六）提请聘任或者解聘公司副经理、财务负责人；

（七）决定聘任或者解聘除应由董事会决定聘任或者解聘以外的负责管理人员；

（八）其他职权。（注：由股东自行确定，如无应删除此条）

经理列席董事会会议。

第九章 公司的法定代表人

第二十七条 董事长为公司的法定代表人（由发起人依照《公司法》第十三条自行约定），任期三年，由董事会选举产生，任期届满，连选可以连任。

第二十八条 法定代表人代表公司行使法律法规规定的有关职权。

第十章 监事会的组成、职权和议事规则

第二十九条 公司设监事会，成员________人（注：不得少于3人），其中股东代表监事________人，职工代表监事__________人（注：股东代表监事与职工代表监事的比例由股东自行确定，但其中职工代表的比例不得低于三分之一）。监事会中的股东代表监事由股东大会选举产生，职工代表监事由公司职工通过职工代表大会（注：职工大会或者其他形式）民主选举产生。监事的任期每届为三年，任期届满，连选可以连任。

监事会设主席一人，由全体监事过半数选举产生。监事会主席召集和主持监事会会议；监事会主席不能履行职务或者不履行职务的，由监事会副主席召集和主持监事会会议；监事会副主席不能履行职务或者不履行职务的，由半数以上监事共同推举一名监事召集和主持监事会会议。

董事、高级管理人员不得兼任监事。

第三十条 监事会行使下列职权：

（一）检查公司财务；

（二）对董事、高级管理人员执行公司职务的行为进行监督，对违反法律、行政法规、公司章程或者股东大会决议的董事、高级管理人员提出罢免的建议；

（三）当董事、高级管理人员的行为损害公司的利益时，要求董事、高级管理人员予以纠正；

（四）提议召开临时股东大会会议，在董事会不履行公司法规定的召集和主持股东大会会议职责时召集和主持股东大会会议；

（五）向股东大会会议提出提案；

（六）依照《公司法》第一百五十一条的规定，对董事、高级管理人员提起诉讼；

（七）其他职权。（注：由股东自行确定，如无应删除此条）

监事可以列席董事会会议。

第三十一条 监事会每六个月至少召开一次会议，监事可以提议召开临时监事会会议。

第三十二条 监事会决议应当经半数以上监事通过。

监事会应当对所议事项的决定作成会议记录，出席会议的监事应当在会议记录上签名。

第三十三条 监事会的议事方式和表决程序按《公司法》规定执行。（注：除《公司法》有规定外，由股东自行规定）

第十一章 公司利润分配办法

第三十四条 公司分配当年税后利润时，应当提取利润的百分之十列入公司法定公积金。公司法定公积金累计额为公司注册资本的百分之五十以上的，可以不再提取。

公司的法定公积金不足以弥补以前年度亏损的，在依照前款规定提取法定公积金之

前，应当先用当年利润弥补亏损。

第三十五条　公司弥补亏损和提取公积金后所余税后利润，按照股东持有的股份比例分配。

（注：可按股东约定的其他方式分配）

第十二章　公司的解散事由与清算办法

第三十六条　公司有以下情形之一时，解散并进行清算：

（一）公司章程规定的营业期限届满或者公司章程规定的其他解散事由出现；

（二）股东大会决议解散；

（三）因公司合并或者分立需要解散；

（四）依法被吊销营业执照、责令关闭或者被撤销；

（五）人民法院依照《公司法》第一百八十二条的规定予以解散；

（六）其他解散事由出现。（注：由股东自行确定，如无应删除此条）

第三十七条　公司因《公司法》第一百八十条第（一）项规定而解散的，可以经出席股东大会会议的股东所持表决权的三分之二以上通过修改公司章程而存续。

第三十八条　公司因《公司法》第一百八十条第（一）、（二）、（四）、（五）项规定而解散的，应当在解散事由出现之日起十五日内成立清算组，开始清算。（注：清算组的组成由股东大会确定）

第三十九条　清算组在清算期间行使下列职权：

（一）清理公司财产，分别编制资产负债表和财产清单；

（二）通知、公告债权人；

（三）处理与清算有关的公司未了结的业务；

（四）清缴所欠税款以及清算过程中产生的税款；

（五）清理债权、债务；

（六）处理公司清偿债务后的剩余财产；

（七）代表公司参与民事诉讼活动。

第十三章　公司的通知和公告办法

第四十条　公司的通知以下列方式发出：

（一）以专人送出；

（二）以邮件方式送出；

（三）以传真或本章程规定的其他形式。

第四十一条　公司召开股东大会、董事会、监事会的会议通知，以本章程第四十条规定的方式进行。

公司通知以专人送出的，以被送达人在送达回执上签名（或盖章），被送达人签收日期为送达日期；公司通知以邮件方式送出的，自交付邮局之日起第五日为送达日期；公司通知以传真方式送出的，以该传真进入被送达人指定接收系统的日期为送达日期。

因意外遗漏未向某有权得到通知的人送出会议通知或者该等人没有收到会议通知，会议及会议作出的决议并不因此无效。

第十四章　股东大会会议认为需要规定的其他事项

第四十二条　股东持有的公司股份可以依法转让。

第四十三条　股东大会选举董事、监事，可以实行累积投票制。

第四十四条　公司的营业期限____ 年（由股东自行约定或不约定期限），自公司营业执照签发之日起计算。

第四十五条　本章程经股东大会表决通过后，自公司登记机关核准登记/备案之日起效。

第四十六条　本章程未规定的事项，按《公司法》的相关规定执行。

第四十七条　其他事项：　　　　　　　（注：由股东自行确定，如无应删除此条）。

第四十八条　本章程一式　　份，并报公司登记机关两份。

全体发起人签字、盖章：

年　　月　　日

任务小结

股份有限公司是我国《公司法》规定的又一典型公司类型。与有限责任公司不同，股份有限公司是资合公司，通常是开放型的大公司。股份有限公司还可以向社会公开募集资金，人们热衷的炒股活动就是在向公司作投资理财。因为与社会公众利益密切相关，法律对于股份有限公司的设立，尤其是以募集方式设立的条件、程序等有着严格的规定。对于上市公司中的特殊制度，也值得我们了解与掌握。公司章程对于公司的运行起着关键作用，在公司运营管理中，我国《公司法》已经将“公司章程”摆到了与国家现行法律、行政法规几乎同等重要的位置。我们完全有必要熟悉和理解股份公司章程，并掌握公司章程的基本内容和写作方法。

能力检测

1. 简述设立股份有限公司应具备什么条件？
2. 简要地说一说有限责任公司与股份有限公司的区别。
3. 简述股份公司设立过程中，发起人应当承担哪些责任？
4. 简单谈谈独立董事制度。
5. 案例分析：

某股份有限公司（本题下称“股份公司”）是一家于 2014 年 8 月在上海证券交易所上市的上市公司。该公司董事会于 2015 年 3 月 28 日召开会议，该次会议召开的情况以及讨论的有关问题如下：

（1）股份公司董事会由 7 名董事组成。出席该次会议的董事有董事 A、董事 B、董事 C、董事 D；董事 E 因出国考察不能出席会议；董事 F 因参加人民代表大会不能出席会议，电话委托董事 A 代为出席并表决；董事 G 因病不能出席会议，委托董事会秘书 H 代为出席并表决。

（2）根据总经理的提名，出席本次董事会会议的董事讨论并一致同意，聘任张某为公司财务负责人，并决定给予张某年薪 10 万元；董事会会议讨论通过了公司内部机构设置的方案，表决时，除董事 B 反对外，其他均表示同意。

（3）该次董事会会议记录，由出席董事会会议的全体董事和列席会议的监事签名后存档。

问题：

（1）根据本题要点（1）所提示的内容，出席该次董事会会议的董事人数是否符合规定？董事 F 和董事 G 委托他人出席该次董事会会议是否有效？并分别说明理由。

（2）根据本题要点（2）所提示的内容，董事会通过的两项决议是否符合规定？并分别说明理由。

（3）指出本题要点（3）的不规范之处，并说明理由。

考核知识点：董事会的决议。

任务五　拟写一份有限责任公司申请注册实务办理方案

任务导入案例

[案情介绍]

甲有限责任公司等 5 家发起人商定共同投资成立金华服装制造股份有限公司。公司成立后，经董事会决议，变更公司章程，在其营业范围内增加“销售成衣”一项，但未向工商部门办理变更登记手续。不久，该公司与某纺织厂签订了一份购货合同。

[问题]

金华公司变更公司章程的行为的效力如何？为什么？购货合同是否有效？为什么？

[案例解析]

《公司法》第 12 条规定：公司的经营范围由公司章程规定，并依法登记。公司可以修改公司章程，改变经营范围，但是应当办理变更登记。

金华公司的做法在实践中屡见不鲜。如果严格按照上述条文来执行的话，那么很多合同会变得无效，这不利于交易秩序的稳定。因此实践中采取了变通的做法，即一般认可买卖合同的效力，同时要求金华公司到工商机关办理变更登记。

知识平台

一、公司的设立

公司设立是指公司发起人为促成公司成立并取得法人资格，依公司法规定的条件和程序所进行的一系列法律行为的总和。由此可知，公司设立只能由有相应行为能力者为之，无行为能力者不能为法律行为。此外，公司设立不同于公司成立，成立一般是系列设立行为的终点，但是公司设立失败时公司不成立。

（一）公司设立的原则

公司设立的原则指公司设立的基本依据和基本方式，概括来说主要有以下几种：

1. 特许主义

特许主义是指公司的设立必须以国家元首发布特别命令或议会颁发特别法令的形式予以认可。该制度盛行于17—18世纪的英国、荷兰等国。

2. 自由主义

自由主义又称“放任主义”，指公司的设立完全听凭当事人的自由，国家不作任何干预和限制。该主义盛行于公司制度萌芽初期。

3. 核准主义

核准主义又称“许可主义”或者“审批主义”，指公司的设立除具备法律规定的条件之外，还须经过政府主管机关的审核批准。如在我国要成立保险公司，除了符合《公司法》规定的条件和程序之外，尚须经国务院保险监督管理机构批准。

4. 准则主义和严格准则主义

准则主义指设立公司不须经行政主管部门审批，只要具备法律规定的条件即可成立。19世纪末各主要资本主义国家大多采用这一原则。20世纪以后，准则主义进一步发展为“严格准则主义”，即在准则主义基础上增加了两项内容：一是准则主义与公司设立登记制度相结合，符合法定设立条件的公司必须经设立登记，取得营业执照方能成立；二是加强公司设立人的责任，以防止发起人利用公司损害他人利益。

我国目前原则上采用严格准则主义，对特种行业须经审批的实行核准主义。

（二）公司设立方式

有限责任公司由设立人认购公司全部注册资本并在章程上签名盖章成立。

股份有限公司的设立，可以采取发起设立或者募集设立的方式。发起设立指由发起人认购公司应发行的全部股份而设立公司。募集设立指由发起人认购公司应发行股份的一部分，其余股份向社会公开募集或者向特定对象募集而设立公司。

二、有限责任公司设立登记的一般程序

设立有限责任公司，设立人应依照我国《公司法》规定的设立条件与程序向公司登记机关提出设立申请，并提交法定登记事项文件，经公司登记机关审核后对符合法律规定者准予登记，并发给《企业法人营业执照》的活动。有限责任公司设立登记时应当按下列程序进行。

（一）公司名称预先核准

有限责任公司申请名称预先核准，应当由全体股东指定的代表或者共同委托的代理人向公司登记机关提出申请。申请提交的资料包括：全体股东签署的公司名称预先核准申请书，全体股东指定代表或者共同委托代理人的证明以及国家工商行政管理总局规定要求提交的其他文件。

经审核，公司登记机关予以核准的，应当出具《企业名称预先核准通知书》；不予核准的，应当出具《企业名称驳回通知书》，说明不予核准的理由，并告知申请人享有依法申请行政复议或者提起行政诉讼的权利。

预先核准的公司名称保留期为6个月。在保留期内，预先核准的公司名称不得用于从事经营活动，也不得转让。

（二）公司设立的申请与登记

1. 申请人

设立有限责任公司，应当由全体股东指定的代表或者共同委托的代理人向公司登记机关申请设立登记。设立国有独资公司，应当由国务院或者地方人民政府授权的本级人民政府国有资产监督管理机构作为申请人，申请设立登记。法律、行政法规或者国务院决定规定设立有限责任公司必须报经批准的，应当自批准之日起 90 日内向公司登记机关申请设立登记；逾期申请设立登记的，申请人应当报批准机关确认原批准文件的效力或者另行报批。

2. 公司设立的申请与登记程序

申请公司登记，申请人可以到公司登记机关现场办理，也可以通过信函、电报、电传、传真、电子数据交换和电子邮件等方式办理。

公司登记机关对当事人的申请应当依法定的不同情况分别作出是否受理的决定。公司登记机关决定予以受理申请的，应当出具《受理通知书》；决定不予受理的，应当出具《不予受理通知书》，说明不予受理的理由，并告知申请人享有依法申请行政复议或者提起行政诉讼的权利。

公司登记机关决定受理后，对申请文件、材料进行核实，自受理之日起 15 日内作出是否准予登记的决定。申请人提交的公司章程中有违反法律、行政法规的内容的，公司登记机关有权要求公司作相应修改。

公司登记机关作出准予公司设立登记决定的，应当出具《准予设立登记通知书》，告知申请人自决定之日起 10 日内，领取营业执照；公司登记机关作出不予登记决定的，应当出具《登记驳回通知书》，说明不予登记的理由，并告知申请人享有依法申请行政复议或者提起行政诉讼的权利。

公司营业执照签发日期为公司成立日期。公司成立后，应凭《企业法人营业执照》刻制印章，依法开立银行账户，申请纳税登记。公司的《企业法人营业执照》、分公司的《营业执照》分为正本和副本，正本和副本具有同等法律效力。《企业法人营业执照》正本或者《营业执照》正本应当置于公司住所或者分公司营业场所的醒目位置。公司可以根据业务需要向公司登记机关申请核发营业执照若干副本。任何单位和个人不得伪造、涂改、出租、出借、转让营业执照。见图 3—5—1。

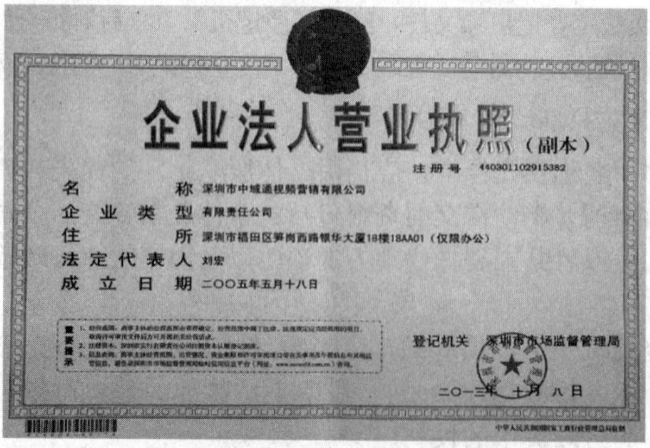
企业法人营业执照（副本）
注册号 440301102915382
名称 深圳市中域通视频营销有限公司
企业类型 有限责任公司
住所 深圳市福田区笋岗西路银华大厦18楼18AA01（仅限办公）
法定代表人 刘宏
成立日期 二〇〇五年五月十八日
登记机关 深圳市市场监督管理局
二〇一三年 十月 八日

图 3—5—1

资料来源：见 http：//www. cd-vcd. com/about/A001. htm。

三、有限责任公司申请注册应提交的文件资料

根据我国《公司登记管理条例》的规定，申请设立有限责任公司，应当向公司登记机关提交下列文件。

（一）公司法定代表人签署的设立登记申请书

见表 3—5—1。

表 3—5—1　　公司设立登记申请书

<table>
<tr><td>名　称</td><td colspan="4">××物流有限公司</td></tr>
<tr><td>名称预先核准通知书文号</td><td colspan="2">（　　）登记内名预核字 2×××第××号</td><td>联系电话</td><td>139××××</td></tr>
<tr><td>住　所</td><td colspan="2">××省××市××区××街××号</td><td>邮政编码</td><td>40××</td></tr>
<tr><td>法定代表人姓名</td><td colspan="2">×××</td><td>职务</td><td>执行董事</td></tr>
<tr><td>注册资本</td><td>××（万元）</td><td>公司类型</td><td colspan="2">有限责任公司</td></tr>
<tr><td>经营范围</td><td colspan="4">许可经营项目：××××
一般经营项目：××××、××××、××××</td></tr>
<tr><td>营业期限</td><td colspan="2">长期/××　年</td><td>申请副本数量</td><td>××个</td></tr>
<tr><td colspan="5">本公司依照《公司法》、《公司登记管理条例》设立，提交材料真实有效。谨此对真实性承担责任。
法定代表人签字：××
××年××月××日</td></tr>
</table>

注意事项：

1. “联系电话”、“邮政编码”等应据实填写，且为必填项。

2. 填写住所（经营场所）时要具体表述所在位置，明确到门牌号或房间号。如无门牌号或房间号的，要明确参照物。

3. “法定代表人”指代表企业法人行使职权的主要负责人，公司的法定代表人为依据章程确定的董事长（执行董事或经理）。

4. “注册资本”为在公司登记机关登记的全体股东认缴的出资额。

5. 公司类型应当填写。若为国有独资公司应当填写“有限责任公司（国有独资）”；一人有限责任公司应当注明“有限责任公司（自然人独资）”或“有限责任公司（法人独资）”。

6. “申请副本数量”指公司根据业务需要向登记机关申请核发的若干执照副本。

（二）全体股东指定代表或者共同委托代理人的证明

见表 3—5—2。

表 3—5—2

指定委托书
兹指定（委托）________（代表或代理人姓名）向工商行政管理机关办理__________（单位名称）的登记注册（备案）手续。 委托期限自　年　月　日至　年　月　日。 委托事项：（请在以下选项口画“√”） 口报送登记文件　口领取营业执照和有关文书　口其他事项 请确认代表或代理人更正下列内容的权限：（请在以下选项口内画“√”） 1. 修改文件材料的文字错误：　同意口　不同意口 2. 修改表格的填写错误：　同意口　不同意口 指定（委托）人签字或加盖公章：__________________ 代表或代理人郑重承诺：本人了解办理工商登记的相关法律、政策及规定，确认本次申请中所提交申请材料真实，有关证件、签字、盖章属实，不存在协助申请人伪造或出具虚假文件、证件，提供非法垫资等违法行为，否则将依法承担相应责任。 代表或代理人签字：__________________ 年　月　日
代表或代理人身份证复印件（正、反面）粘贴处 （外国企业常驻代表机构登记注册手续的代表或代理人应粘贴本人代表证或在有效期内的雇员证复印件）

注意事项：

1. 代表或代理人是指受企业委托或者投资人指定（委托）到工商机关办理企业登记注册手续的自然人。

2. 办理设立登记时，代表或代理人应属以下人员之一：(1) 自然人股东；(2) 非自然人股东（或投资单位）的职工；(3) 拟任董事、经理、监事；(4) 设立分支机构的，应是分支机构或所从属企业的员工。

3. “指定（委托）人签字或加盖公章”处应按以下要求填写：(1) 办理内资企业设立登记的，由全体股东签字或盖章，其中自然人股东由本人签字；法人股东（法人投资者）加盖本单位公章。(2) 办理外商投资企业设立时，按以下要求填写：办理合资、合作企业设立的，中方投资者加盖单位公章，外方法人投资者由其法定代表人签字，自然人投资者由本人签字。(3) 办理独资企业设立的，自然人投资者由本人签字，法人投资者由其法定代表人签字。

4. 委托登记注册代理机构办理登记注册的，不使用本委托书，应提交专门的委托文件。

（三）公司章程

参考本项目任务四的“股份有限公司章程（参考范本）”。

（四）股东的主体资格证明或者自然人身份证明

见表 3—5—3。

表 3—5—3　××有限责任公司股东名册

出资证明书编号	股东姓名或名称	证件类型	证件号码	出资数额	出资形式	股权比例	联系地址	联系电话	股东签名

（五）载明公司董事、监事、经理的姓名、住所的文件以及有关委派、选举或者聘用的证明

见表 3—5—4。

表 3—5—4　　董事会成员、经理、监事任职证明

姓名	亲笔签字	性别	国籍	职务	任职期限	证件名称及号码	户籍登记住址	产生方式

注意事项：

1. “亲笔签字”栏内应由各成员本人签字，如不能在表中签字的，应另提交记载新任职人员签字的有关文件。
2. “职务”系指董事、经理、监事会召集人、监事。
3. “任职期限”按照章程规定填写。
4. “产生方式”按照章程规定，董事、监事填写“选举”或“委派”；经理填写“聘任”。
5. 新任董事、经理应提交身份证复印件并粘贴。

（六）公司法定代表人任职文件和身份证明

见表 3—5—5、表 3—5—6。

表 3—5—5　　法定代表人登记表

<table>
<tr><td colspan="2">姓名</td><td></td><td>性别</td><td></td><td rowspan="5">一寸免冠照片
粘贴处</td></tr>
<tr><td colspan="2">出生日期</td><td></td><td>国别（地区）</td><td></td></tr>
<tr><td colspan="2">产生方式</td><td></td><td>电话</td><td></td></tr>
<tr><td colspan="2">住址或在华居住住址</td><td colspan="3"></td></tr>
<tr><td colspan="2">派出单位</td><td colspan="3"></td></tr>
<tr><td rowspan="7">工作简历</td><td>起止年月</td><td colspan="3">工作单位和部门</td><td>职务</td></tr>
<tr><td></td><td colspan="3"></td><td></td></tr>
<tr><td></td><td colspan="3"></td><td></td></tr>
<tr><td></td><td colspan="3"></td><td></td></tr>
<tr><td></td><td colspan="3"></td><td></td></tr>
<tr><td></td><td colspan="3"></td><td></td></tr>
<tr><td></td><td colspan="3"></td><td></td></tr>
<tr><td colspan="3">（身份证复印件粘贴处）</td><td colspan="3">谨此确认，本表所填内容不含虚假成分。

法人代表人

签字

年　月　日</td></tr>
</table>

表 3—5—6　　法定代表人审查意见

经审查，法定代表人符合有关法律、法规规定的任职资格，不存在以下情况： 1. 无民事行为能力或者限制民事行为能力的； 2. 在被执行刑罚或者正在被执行刑事强制措施的； 3. 正在被公安机关或者国家安全机关通缉的； 4. 因犯有贪污贿赂罪、侵犯财产罪或者破坏社会主义市场经济秩序罪，被判处刑罚，执行期满未逾五年的；因犯有其他罪，被判处刑罚，执行期满未逾三年的；或者因犯罪被判处剥夺政治权利，执行期满未逾五年的； 5. 担任因经营不善破产清算的企业的法定代表人或者董事、经理，并对该企业的破产负有个人责任，自该企业破产清算完结之日起未逾三年的； 6. 担任因违法被吊销营业执照的企业的法定代表人，并对该企业违法行为负有个人责任，自该企业被吊销营业执照之日起未逾三年的； 7. 个人负债数额较大，到期未清偿的； 8. 有法律规定和国务院规定不得担任法定代表人的其他情形。 审查人盖章（签字）： 年　月　日

注："审查人"指选举、委派、指定、任命法定代表人的董事会、股东会、股东（发起人）等。

（七）企业名称预先核准通知书

见表 3—5—7。

表 3—5—7

企业名称预先核准通知 （　）名称预核字〔　〕第　号 根据《企业名称登记管理规定》和《企业名称登记管理实施办法》，同意预先核准下列＿＿＿＿个投资人出资，注册资本（金）＿＿＿＿万元（人民币），住所设在＿＿＿＿的企业名称为：＿＿＿＿。 投资人、投资额和投资比例：＿＿＿＿＿＿＿＿。 该预先核准的企业名称保留至＿＿＿＿。在保留期内，不得用于经营活动，不得转让。经企业登记机关设立登记，颁发营业执照后企业名称正式生效。 核准日期　年　月　日

注意事项：

1. 本通知书在保留期满后自动失效。有正当理由，在保留期内未完成企业设立登记，需延长保留期的，全体投资人应在保留期届满前 1 个月内申请延期。延长的保留期不超过 6 个月。

2. 企业设立登记时，应将本通知书提交登记机关，存入企业档案。

3. 企业设立登记时，有关事项与本通知书不一致的，登记机关不得以本通知书预先核准的企业名称登记注册。

4. 企业名称涉及法律、行政法规规定必须报经审批，未能提交审批文件的，登记机关不得以本通知书预先核准的企业名称登记注册。

5. 企业名称核准与企业登记注册不在同一机关办理的，登记机关应当自企业登记注册之日起 30 日内，将加盖登记机关印章的该营业执照复印件，报送名称预先核准机关备案。未备案的，企业名称不受保护。

（八）公司住所证明，即能够证明公司对其住所享有使用权的文件

公司住所的使用证明一般包括：自有房产提交产权证复印件；租赁房屋提交租赁协议原件或加盖鲜章的租赁协议复印件和出租方产权证复印件；不能提供产权证复印件的，提交房屋产权的其他证明。见表3—5—8。

表3—5—8

公司住所证明

__________工商行政管理局：

拟申请设立的________________有限责任公司，住所设在______________区（市）______________路（街）__________号，共有使用面积_______平方米，此房属____________所有，现同意__________承租，享有________年使用权。

特此证明

附件1：产权证明

附件2：租房协议书

出租单位：	使用单位：
（签章）	（签章）
年　月　日	年　月　日

（九）国家工商行政管理总局规定要求提交的其他文件

法律、行政法规或者国务院决定规定设立有限责任公司必须报经批准的，还应当提交有关批准文件。

四、股份有限公司的设立程序

股份有限公司的设立，可以采取发起设立或者募集设立的方式。具体采用哪种程序，由发起人根据实际情况进行选择。

（一）发起设立的程序

发起设立，是指由发起人认购公司应发行的全部股份而设立公司。具体程序如下：

（1）发起人发起。发起人提出设立股份有限公司的倡议，并订立发起人协议，规定公司的组建方案、发起人之间的职责分工等。

（2）发起人共同制定公司章程。

（3）发起人认购股份。每个发起人都应当书面认足公司章程规定其认购的股份。

（4）发起人缴清出资。发起人在认购股份后，如规定其一次缴纳的，应即缴纳全部出资；分期缴纳的，应缴纳足首期出资。发起人以实物、工业产权、非专利技术或者土地使用权等出资的，应当依法估价，并办理财产权转移手续。

（5）选举董事会和监事会成员。发起人缴纳规定的出资后，应当选举董事会和监事会。

（6）申请设立登记。董事会设立后，由董事会向公司登记机关（工商行政管理机构）报送设立公司的批准文件、公司章程、验资证明等文件，申请设立登记。

（7）核准登记、发照和公告。

公司登记机关对申请予以核准的，颁发《企业法人营业执照》。营业执照的签发日期，即为公司成立的日期。公司应在被核准的30日内发布设立登记公告。

案例3—5—1

某股份有限公司依照法定程序设立，根据法律规定，该公司取得民事主体资格的日期应以下列哪一个为准，公司成立公告发布之日？还是公司创立大会召开之日？或者是公司营业执照签发之日？

［**案例解析**］公司成立的日期就是营业执照签发之日。

（二）募集设立的程序

募集设立，是指由发起人认购公司应发行股份的一部分，其余股份向社会公开募集或者向特定对象募集而设立公司。以募集方式设立股份有限公司，应遵循以下程序：

（1）发起人签订发起协议。

（2）发起人制定公司章程。章程制定后经创立大会讨论通过。

（3）发起人认购部分股份。以募集方式设立股份有限公司的，发起人认购的股份不得少于公司应发行股份总数的35%；法律、行政法规对此另有规定的，从其规定。

（4）公开募集股份。发起人向社会公开募集股份，必须公告招股说明书，并制作认股书。招股说明书应当附有发起人制订的公司章程，并载明下列事项：①发起人认购的股份数；②每股的票面金额和发行价格；③无记名股票的发行总数；④募集资金的用途；⑤认股人的权利与义务；⑥本次募股的起止期限及逾期未募足时认股人可撤回所认股份的说明。

（5）签订承销协议和代收股款协议。发起人就股份承销的方式、数量、起止日期、承销费用的计算与支付等具体事项，与证券公司签订承销协议；发起人就代收和保存股款的具体事宜，与银行签订代收股款协议。

（6）召开创立大会。创立大会通常被认为是股份有限公司募集设立过程中的决议机构。发起人应当在发行股份的股款缴足后30日内主持召开创立大会。创立大会由发起人和认股人组成。

创立大会应有代表股份总数过半数的发起人、认股人出席，方可举行。创立大会的职权包括：①审议发起人关于公司筹办情况的报告；②通过公司章程；③选举董事会成员；④选举监事会成员；⑤对公司的设立费用进行审核；⑥对发起人用于抵作股款的财产的作价进行审核；⑦发生不可抗力或者经营条件发生重大变化直接影响公司设立的，可以作出不设立公司的决议。创立大会对前款所列事项作出决议，必须经出席会议的认股人所持表决权过半数通过。

（7）设立登记并公告。以募集方式设立的公司在创立大会结束后30日内，由董事会向公司登记机关申请设立登记，并按照我国《公司登记管理条例》的规定，提交有关文件，包括：①公司法定代表人签署的设立登记申请书；②董事会指定代表或者共同委托代理人的证明；③公司章程；④发起人的主体资格证明或者自然人身份证明；⑤载明公司董事、监事、经理姓名、住所的文件以及有关委派、选举或者聘用的证明；⑥公司法定代表人任职文件和身份证明；⑦企业名称预先核准通知书；⑧公司住所证明；⑨国家工商行政管理总局规定要求提交的其他文件。以募集方式设立股份有限公司的，还应当提交创立大会的会议记录以及依法设立的验资机构出具的验资证明；以募集方式设立股份有限公司公开发行股票的，还应当提交国务院证券监督管理机构的核准文件。

五、公司的变更及终止

（一）公司的变更

广义的公司变更包括公司登记事项的变更和公司的合并分立，公司登记事项的变更如公司名称、住所、经营范围、法定代表人以及公司组织形式等的变更，公司组织形式的变更并非设立新公司，所以其人格继续存在，公司原来的债权债务当然由变更后的公司继续享有和承担。见图 3—5—2。

图 3—5—2

资料来源：见 http：//news. sina. com. cn/c/2014－10－28/011931053237. shtml。

公司合并指两个以上独立的公司合并为一个公司的法律行为。

公司合并可分为吸收合并与新设合并两种，前者指一个公司吸收其他公司，被吸收公司解散；后者是指两个以上的公司合并设立为一个新的公司，合并各方解散。吸收合并中，被吸收的公司消灭，存续的公司变更；新设合并中，合并各方消灭，成立新的公司。合并之后，各方的债权债务等财产关系、股东关系由合并后存续的公司或者新设的公司概括承继。

公司分立指一个独立的公司分立为两个以上的公司的法律行为。分立前的公司债务由分立后的公司承担连带责任，但是与债权人就债务清偿达成的书面协议另有约定的除外。

公司分立的种类有新设分立和派生分立两种。新设分立是将公司打散，分解成两个公司，原公司解散、注销。派生分立是公司法人资格保持，划出一部分成立新的公司。

案例 3—5—2

某区政府工业主管部门做出决定，把所属的 A 公司的两个业务部门分离出去再设立 B 公司和 C 公司，并在决定中明确该公司以前所负的债务由新设的 B 公司承担。A 公司原欠李某货款 5 万元，现李某要求 A 偿还。

［问题］你认为该债务应当如何处理？

[**案例解析**] B和C为A的新设公司，本案中发生了公司的派生分立，原公司的债务应该由分立后的A、B、C承担连带责任。

所谓“该公司以前所负的债务由新设的B公司承担”是上级机关的内部决定，并非债务人A与债权人李某之间的协议，所以这个决定对李某无效。

李某依法可以选择向A、B、C中的任何一家公司，或者任何两家公司要求偿还，也可以同时要求A、B、C偿还（按比例）。

（二）公司的终止

公司终止是指公司根据法定程序彻底结束经营活动并使公司的法人资格归于消灭的事实状态和法律结果。根据我国立法及实践，公司可能因被宣告破产或者因解散而终止。见图3—5—3。

图3—5—3

资料来源：见 http：//news. dichan. sina. com. cn/2012/04/11/471342. html。

公司破产是指当公司债务人不能清偿到期债务时，在法院介入和主持下以债务人的所有财产公平清偿给全体债权人的一种概括性执行程序。破产的结果是公司所有财产被法院用于清偿所有债权人，公司不再具备有“独立财产”的人格要素，故公司被注销，人格终止。

公司不能清偿到期债务可能会因此被宣告破产并导致人格终止，公司在有能力清偿到期债务时也可能因各种原因解散而终止。

公司解散的原因主要有：（1）营业期限届满；（2）公司章程规定的其他解散事由出现；（3）股东（大）会决议解散；（4）因公司合并或者分立需要解散；（5）司法解散；（6）被吊销营业执照、被责令关闭或者被撤销工商登记。除了公司因分立合并而解散外，其他情形的解散必须经过清算程序，以便了结公司债权债务，分配剩余财产给各股东，注销公司终止其人格。

公司在设立、变更、终止时，应当分别向工商行政管理机关申请办理设立登记、变更登记和注销登记的相关手续。

任务小结

公司在设立、变更、终止时，应当分别向工商行政管理机关办理设立登记、变更登记和注销登记的相关手续。《公司法》对公司的设立程序有严格的规定。申请设立有限责任公司需要经过什么程序，提交哪些文件资料？创设股份有限公司因设立方式不同，而有发起设立和募集设立两种程序，这些都值得我们认真学习。教材中提供了详细的申请设立有限责任公司的文件模板，帮助大家对办理注册提交哪些资料有一个直观的认识。

能力检测

1. 简述有限责任公司的设立程序。
2. 简述申请设立有限责任公司时需要提交哪些文件资料。
3. 简要谈谈以募集方式设立股份有限公司要经过什么法律程序。
4. 案例分析：

甲、乙、丙作为发起人募集设立通达汽车商贸股份有限公司，公司拟注册资本为人民币 1 000 万元。三人各出 150 万元，资金按时到位。随后三人向社会发布消息直接公开募股，并宣称公司预期收益巨大。很快，向三人缴纳股款的投资者络绎不绝，不足 1 个月便成功募集到 550 万元。随后三人协商制定了公司章程，组建公司机构，确定甲、乙、丙为公司董事会成员，并决定公司不设立监事会。然后乙、丙委托甲持所需资料向工商机关申请办理注册登记。

问题：该公司设立过程中哪些不符合法律规定？

考核知识点：募集设立股份有限公司的程序、股份有限公司的组织机构。

5. 小组作业：分小组筹建公司，制作筹建公司的法律文书。

项目四　分析市场经济中的劳动关系，保障劳动者合法权益

项目任务

1. 了解劳动与社会保障法基础知识。

2. 掌握劳动法的劳动者与用人单位、工作时间与休息时间制度、工资制度、对女职工和未成年工的特殊保护、社会保险制度。

3. 掌握劳动合同、劳务派遣和非全日制用工、集体合同。

能力描述

1. 能够归纳出劳动合同的编制要点。

2. 能够运用上述知识尽量避免实践中遇到的常见劳动法领域的纠纷。

项目导入案例

[案情介绍]

秦甲和秦乙系兄妹，自幼父亲去世，由母亲抚养长大。2014 年 7 月秦甲大学毕业后进入某广告公司工作，并与公司订立一年劳动合同。考虑到母亲年纪已大、体弱多病，妹妹又即将读大学，秦甲想尽早筹备好妹妹大学期间的费用，减轻母亲的压力。故，在订立劳动合同时主动向公司说明自己身体强壮、精力充沛，要求公司多给自己分配工作任务，并强烈要求公司在劳动合同中将自己的工作时间约定为每天 12 小时，厂方按规定支付加班费。3 个月后，母亲因病住院，需要人照料。秦甲向公司提出不再加班的请求。公司考虑到此时正是公司业务拓展的关键时期，与秦甲签订劳动合同时，根据秦甲要求对工作时间作了约定，因此不同意其请求，要求秦甲按约定履行合同，否则承担违约责任。为此，双方发生争议，秦甲向当地劳动争议仲裁委员会提出申诉。

[问题]

(1) 我国劳动法中对劳动时间是如何规定的？

(2) 秦甲与某广告公司对劳动时间的约定是否有效？

[案例解析]

(1) 本案是一起因工作时间引起的劳动争议。《劳动法》第 41 条规定：用人单位由于

生产经营需要，经与工会和劳动者协商后可以延长工作时间，一般每日不得超过1小时；因特殊原因需要延长工作时间的，在保障劳动者身体健康的条件下延长工作时间每日不得超过3小时，但是每月不得超过36小时。

（2）秦甲与某广告公司对劳动时间的约定无效。国家实行劳动者每日工作时间不超过8小时，平均每周工作时间不超过40小时的工时制度。《劳动法》对劳动时间做出强制规定，意在保护劳动者的身体健康和休息权。秦甲与广告公司每天工作12小时的约定已明显超出法律规定的“延长工作时间一般每日不得超过1小时；特殊原因的每日不得超过3小时，但是每月不得超过36小时”的规定。《劳动法》第18条明确规定，违反法律、行政法规的劳动合同属于无效劳动合同。无效的劳动合同，从订立的时候起，就没有法律约束力。确认劳动合同部分无效的，如果不影响其余部分的效力，其余部分仍然有效。故，秦甲与某广告公司对劳动时间的约定无效。

任务一　剖析企业合法用工基本制度

任务导入案例

[案情介绍]

王某和黄某同在一家服装公司工作，两人相恋后于2011年结婚。2013年5月5日，王某于18：00下班后去黄某所在车间接黄某下班。因黄某同事顾某临时有事，黄某替顾某加班。23：10黄某完成工作后，王某骑摩托车与黄某一起说说笑笑回家。在回家途中，一辆出租车失控与摩托车相撞，致王某左手骨折，黄某将王某紧急送医。

[问题]

王某下班回家途中受伤的行为是否构成工伤？

[案例解析]

《工伤保险条例》第14条规定：在上下班途中，受到非本人主要责任的交通事故或者城市轨道交通、客运轮渡、火车事故伤害的应当认定为工伤。王某认为自己从工厂回家的行为没有过错，属于工伤。而当地劳动和社会保障局认为，王某正常下班时间为18：00，接妻子黄某回家时已过23：10，明显超出正常下班的合理时间，因此其在回家路上受到的伤害不能认定为法律意义上的下班途中受到的交通事故伤害。王某不服，诉至法院。法院认为劳动和社会保障局对被告作出的《工伤认定书》事实清楚，适用法律正确，程序合法，予以维持。

知识平台

一、劳动立法中的劳动者与用人单位

（一）*劳动立法中的劳动者*

劳动法律关系中的劳动者并非人们通常意义上理解的一切提供劳动的自然人。在劳动

立法中的劳动者有其特殊含义，是指依据劳动法律和劳动合同规定，由用人单位录用并在用人单位管理下从事劳动以获取工资收入的法定范围内的自然人。我国对劳动者的国籍没有限制性规定，中国公民、外国公民和无国籍人都可以成为我国的劳动者。当然，作为劳动者，还必须具备法律规定的下列条件：

1. 年满16周岁以上

劳动者以自己的行为行使劳动权利、履行劳动义务受年龄、健康、行为自由等因素影响。我国《劳动法》禁止使用童工，并明确规定：禁止用人单位招用未满16周岁的未成年人。文艺、体育和特种工艺单位招用未满16周岁的未成年人，必须依照国家有关规定，履行审批手续，并保障其接受义务教育的权利。不得安排未成年工从事矿山井下、有毒有害、国家规定的第四级体力劳动强度的劳动和其他禁忌从事的劳动。

2. 具有相应的劳动能力

劳动者要提供脑力、体力完成工作，需要具有相应的劳动能力。有特殊行业要求的，还应满足该特殊条件。如，患有传染病的人不能从事餐饮业。

同时，我国所有劳动者的劳动权利能力是平等的，《就业促进法》第3条规定：“劳动者依法享有平等就业和自主择业的权利。劳动者就业，不因民族、种族、性别、宗教信仰等不同而受歧视。”

（二）劳动立法中的用人单位

用人单位又称雇主，是指依法招用和管理劳动者，并按照法律规定或合同约定向劳动者提供劳动条件、劳动保护及支付劳动报酬的劳动组织。根据我国劳动法的规定，用人单位包括企业、个体经济组织、国家机关、事业组织（事业单位）、社会团体等，但将自然人排除在外。

（1）企业。包括在我国依法核准登记的各种所有制企业、各种组织形式的企业。如，国有企业、集体所有制企业、私营企业等。

（2）个体经济组织。即依法取得营业执照的个体工商户。

（3）国家机关。在法律规定的范围内，可以使用劳动者。

（4）事业组织（事业单位）。包括文化、教育、卫生、科研等单位，在法律规定的权限范围内，可以使用劳动者。

（5）社会团体。包括妇联、协会、研究会、工会等社会团队组织，在法律规定的权限范围内，可以使用劳动者。

（6）其他用人单位。指依法成立的会计师事务所、律师事务所等合伙组织和基金会等组织。

在理解用人单位时，需要特别注意的是：国家机关、事业组织（事业单位）、社会团体仅和与之建立劳动合同关系的劳动者，才适用劳动立法。排除了公务员和比照实行公务员制度的事业组织和社会团队的工作人员，以及家庭保姆、现役军人等。

（三）劳动合同

为了完善劳动合同制度，明确劳动合同双方当事人的权利和义务，保护劳动者的合法权益，构建和发展和谐稳定的劳动关系，2007年我国制定了《劳动合同法》，2012年12月进行了修订。

《劳动合同法》中对劳动合同的订立、履行和变更、解除和终止，集体合同，劳务派遣，非全日制用工，监督检查和法律责任等进行了规定。关于劳动合同的具体内容详见本项目任务二。

二、工作时间和休息时间

（一）工作时间制度

工作时间，是指劳动者在用人单位为履行劳动义务，在法定限度内应当从事劳动或工作的时间。工作时间的范围，不仅包括作业时间，还包括准备工作时间、结束工作时间以及法定非劳动消耗时间（如劳动者自然需要中断时间、工艺需要中断时间、停工待活时间、女职工哺乳婴儿时间等）；不仅包括在岗位上工作的时间，还包括依法或单位行政安排离岗从事其他活动时间。

根据我国《劳动法》和《关于职工工作时间的规定》，工作时间有标准工作时间和非标准工作时间的区分。

1. 标准工作时间

国家实行劳动者每日工作时间不超过 8 小时，平均每周工作时间不超过 40 小时的工时制度。

2. 非标准工作时间

（1）不定时工作时间。企业对符合下列条件之一的职工，可以实行不定时工作时间：①企业中的高级管理人员、外勤人员、推销人员、部分值班人员和其他因工作无法按标准工作时间衡量的职工；②企业中的长途运输人员、出租汽车司机和铁路、港口、仓库的部分装卸人员以及因工作性质特殊，需机动作业的职工；③其他因生产特点、工作特殊需要或职责范围的关系，适合实行不定时工作制的职工。

对于实行不定时工作时间的职工，企业应根据标准工时制度合理确定劳动者的劳动定额或其考核标准，以便安排劳动者休息。

（2）综合计算工作时间。企业对符合下列条件之一的职工，可实行综合计算工作时间，即分别以周、月、季、年等为周期，综合计算工作时间，但其平均日工作时间和平均周工作时间应与法定标准工作时间基本相同。对符合下列条件之一的职工，可实行综合计算工作时间。①交通、铁路、邮电、水运、航空、渔业等行业中因工作性质特殊，需连续作业的职工；②地质及资源勘探、建筑、制盐、制糖、旅游等受季节和自然条件限制的行业的部分职工；③其他适合实行综合计算工时工作制的职工。

（3）缩短工作时间。法律允许特殊情况下劳动者的工作时间少于标准工作时间。这些情形主要包括两类：一是特殊人群：①哺乳期女工：用人单位应当在每天的劳动时间内为哺乳期女职工安排 1 小时哺乳时间；女职工生育多胞胎的，每多哺乳 1 个婴儿每天增加 1 小时哺乳时间。②未成年工和怀孕女工：未成年工应实行少于 8 小时工作日制度；怀孕 7 个月以上的女工，在正常工作时间内安排一定的休息时间。二是特定岗位：①从事特定岗位工作者：从事矿山、井下、高山、有毒有害、特别繁重或过度紧张等作业的特定岗位的。②上夜班者：实行三班制的用人单位，从事夜班工作者的时间比白天减少 1 小时（夜班一般指在当日晚上 10 点至次日早晨 6 点）。

（4）延长工作时间。超过标准工作时间安排工作的，必须符合法律、法规规定。延长工作时间的规定详见“（三）加班加点”部分。

（二）休息休假时间制度

见图 4—1—1。

图 4—1—1

资料来源：见 http：//ceshi. dezhi. com/gpaper/57072。

休息时间，是指法定的劳动者得免于履行劳动给付义务而自行支配的时间。休息时间的范围，包括日常休息时间和休假，前者即工作日内不计入工作时间的间歇时间和计入工作时间的间歇时间（即法定非劳动消耗时间），以及相邻两个工作日之间的休息时间和相邻两个工作周之间的休息时间；后者即劳动者依法享受的各种假日。

1. 法定节假日

全体公民放假的节日：元旦、春节、清明节、劳动节、端午节、中秋节、国庆节及法律、法规规定的其他休假节日。全体公民放假的假日，如果适逢星期六、星期日，应当在工作日补假。

部分公民放假的节日及纪念日：妇女节（3 月 8 日），妇女放假半天；青年节（5 月 4 日），14 周岁以上的青年放假半天；儿童节（6 月 1 日），不满 14 周岁的少年儿童放假 1 天；中国人民解放军建军纪念日（8 月 1 日），现役军人放假半天。部分公民放假的假日，如果适逢星期六、星期日，则不补假。

二七纪念日、五卅纪念日、七七抗战纪念日、九三抗战胜利纪念日、九一八纪念日、教师节、护士节、记者节、植树节等其他节日、纪念日，均不放假。

2. 年休假

职工工作满一定年限，每年可享有带薪连续休息的时间，即年休假。《职工带薪年休假条例》第 2 条规定：“机关、团体、企业、事业单位、民办非企业单位、有雇工的个体工商户等单位的职工连续工作 1 年以上的，享受带薪年休假（以下简称年休假）。单位应当保证职工享受年休假。职工在年休假期间享受与正常工作期间相同的工资收入。”

职工累计工作已满 1 年不满 10 年的，年休假 5 天；已满 10 年不满 20 年的，年休假 10 天；已满 20 年的，年休假 15 天。国家法定休假日、休息日不计入年休假的假期。年休假天数根据职工累计工作时间确定，职工在同一或不同用人单位工作期间，以及依照法律、行政法规或国务院规定视同工作期间，记为累计工作时间。职工依法享受的探亲假、婚丧假、产假等国家规定的假期以及因工伤停工留薪期间不计入年休假假期。

职工有下列情形之一的，不享受当年的年休假：①职工依法享受寒暑假，其休假天数多于年休假天数的；②职工请事假累计 20 天以上且单位按照规定不扣工资的；③累计工作满 1 年不满 10 年的职工，请病假累计 2 个月以上的；④累计工作满 10 年不满 20 年的职工，请病假累计 3 个月以上的；⑤累计工作满 20 年以上的职工，请病假累计 4 个月以上的。

单位根据生产、工作的具体情况，并考虑职工本人意愿，统筹安排职工年休假。年休假在 1 个年度内可以集中安排，也可以分段安排，一般不跨年度安排。单位因生产、工作特点确有必要跨年度安排职工年休假的，可以跨 1 个年度安排。单位确因工作需要不能安排职工休年假的，经职工本人同意，可以不安排职工休年假。对职工应休未休的年休假天数，单位应当按照该职工日工资收入的 300%支付年休假工资报酬。

3. 探亲假

为解决与分居两地的父母、配偶团聚，我国设立了探亲假。《国务院关于职工探亲待遇的规定》第 2 条明确：凡在国家机关、人民团体和全民所有制企业、事业单位工作满一年的固定职工，与配偶不住在一起，又不能在公休假日团聚的，可以享受探望配偶的待遇；与父亲、母亲都不住在一起，又不能在公休假日团聚的，可以享受探望父母的待遇。但是，职工与父亲或与母亲一方能够在公休假日团聚的，则不能享受探望父母的待遇。

（1）时间规定：根据职工是否结婚，探亲假时间长度分别区分如下：①未婚职工：未婚职工探望父母，原则上每年给假一次，假期为 20 天。如果因为工作需要，本单位当年不能给予假期，或者职工自愿 2 年探亲一次的，可以 2 年给假一次，假期为 45 天。②已婚职工：职工探望配偶的，每年给予一方探亲假一次，假期为 30 天；已婚职工探望父母的，每四年给假一次，假期为 20 天。

探亲假期是指职工与配偶、父、母团聚的时间，另外，根据实际需要给予路程假。上述假期均包括公休假日和法定节日在内；凡实行休假制度的职工（例如学校的教职工），应该在休假期间探亲；如果休假期较短，可由本单位适当安排，补足其探亲假的天数。

（2）费用负担：①职工在规定的探亲假期和路程假期内，按照本人的标准工资发给工资。②职工探望配偶和未婚职工探望父母的往返路费，由所在单位负担。③已婚职工探望父母的往返路费，在本人月标准工资 30%以内的，由本人自理，超过部分由所在单位负担。

4. 婚丧假

我国婚丧假执行的是 1980 年 2 月，国家劳动总局、财政部联合发布的《关于国营企业职工请婚丧假和路程假问题的通知》。依据其规定，职工本人结婚或其直系亲属（父母、配偶、子女）死亡时，可以根据具体情况，由本单位行政领导批准，酌情给予 1 至 3 天的婚丧假。由于居住地不一致，可根据路程远近，给予路程假。在批准的婚丧假和路程假期间，职工的工资照发。途中的车船费等，全部由职工自理。

同时，我国鼓励晚婚晚育，符合晚婚条件的（女年满 23 周岁、男年满 25 周岁初婚的为晚婚），一般可享受 15 天晚婚假（含 3 天法定婚假）。再婚的可享受法定婚假，但不能享受晚婚假。

5. 产假

《劳动法》第 62 条规定了女职工产期保护：“女职工生育享受不少于 90 天的产假”。

为进一步加强对女职工劳动的保护，2012 年国务院公布实施的《女职工劳动保护特别规定》第 7 条规定：“女职工生育享受 98 天产假，其中产前可以休假 15 天；难产的，增加产假 15 天；生育多胞胎的，每多生育 1 个婴儿，增加产假 15 天。女职工怀孕未满 4 个月流产的，享受 15 天产假；怀孕满 4 个月流产的，享受 42 天产假。

同时，为了符合现行的人口生育政策，2016 年 1 月 1 日起施行的《中华人民共和国人口与计划生育法》第 25 条规定：“符合法律、法规规定生育子女的夫妻，可以获得延长生育假的奖励或者其他福利待遇。”各省亦制定了不完全一致的人口与计划生育条例。2016 年 4 月 1 日起施行的《重庆市人口与计划生育条例》第 26 条对符合法律法规规定生育的女职工，在国家规定产假的基础上增加产假 30 日。产假期间享受在岗职工同等待遇。经本人申请，单位批准，产假期满后可连续休假至子女 1 周岁止，休假期间的月工资按照不低于休假前本人基本工资的 75％发给，但不得低于当年本市最低工资标准。符合法律法规规定生育的女职工产假期间，男方所在单位应当给予护理假 15 日，护理假期间享受在岗职工同等待遇。

（三）加班加点制度

1. 加班加点的法律规制

根据《劳动法》第 41 条的规定，用人单位由于生产经营需要，经与工会和劳动者协商后可以延长工作时间，一般每日不得超过 1 小时；因特殊原因需要延长工作时间的，在保障劳动者身体健康的条件下延长工作时间每日不得超过 3 小时，但是每月不得超过 36 小时。

有下列情形之一的，延长工作时间不受上述第 41 条规定的限制：（1）发生自然灾害、事故或者因其他原因，威胁劳动者生命健康和财产安全，需要紧急处理的；（2）生产设备、交通运输线路、公共设施发生故障，影响生产和公众利益，必须及时抢修的；（3）法律、行政法规规定的其他情形。

2. 加班加点工资

有下列情形之一的，用人单位应当按照下列标准支付高于劳动者正常工作时间工资的工资报酬：（1）安排劳动者延长工作时间的，支付不低于工资 150％的工资报酬；（2）休息日安排劳动者工作又不能安排补休的，支付不低于工资 200％的工资报酬；（3）法定休假日安排劳动者工作的，支付不低于工资 300％的工资报酬。

案例 4—1—1

［**问题**］在法定休假日加班，如何计算加班工资？

张××每月工资 3 000 元，因工作需要单位安排其 5 月 1 日加班 1 天，问加班工资应为多少？

［**案例解析**］实行月工资的用人单位，日工资以月计薪天数 21.75 天折算，小时工资在日工资基础上除以 8 小时折算。

张××月工资 3 000 元，除以计薪天数 21.75 天，得到日工资，5 月 1 日加班属于法定假日，根据法律规定法定休假日安排劳动者工作的，支付不低于工资 300％的工资报酬。故，张××加班工资应为：3 000÷21.75×300％×1＝413.79 元。

三、工资制度

（一）工资的概念

工资，又称薪金，是指劳动关系中，职工因履行劳动义务而获得的，由用人单位以法定形式支付的各种形式的物质补偿。

工资包括基本工资和奖金、津贴和补贴等辅助工资。

（二）我国的工资制度

1. 同工同酬制度

工资分配应当遵循按劳分配原则，实行同工同酬。

2. 最低工资制度

国家实行最低工资保障制度。最低工资的具体标准由省、自治区、直辖市人民政府规定，报国务院备案（部分地区2015年最低工资标准见下表）。用人单位支付劳动者的工资不得低于当地最低工资标准。见表4—1—1。

表4—1—1 单位：元

2015年各地最低工资标准			
地区	月最低工资标准	小时最低工资标准	实施时间
深圳	2 030	18.5	2015年3月1日
上海	2 020	18	2015年4月1日
广东	1 895	18.3	2015年5月1日
天津	1 850	18.5	2015年4月1日
北京	1 720	18.7	2015年4月1日
内蒙古	1 640	13.3	2015年7月1日
山西	1 620	17.7	2015年5月1日
山东	1 600	16	2015年3月1日
四川	1 500	15.7	2015年7月1日
陕西	1 480	14.8	2015年5月1日
甘肃	1 470	15.5	2015年4月1日
西藏	1 400	13	2015年1月1日
湖南	1 390	13.5	2015年1月1日
海南	1 270	11.2	2015年1月1日
制表人：李金磊			

注：数据来源：见 http：//sc. sina. com. cn/news/m/2015－07－03/detail-ifxesfuc3508761. shtml。

劳动者在试用期的工资应满足《劳动合同法》第20条明确的两个不低于规定，即：劳动者在试用期的工资不得低于本单位相同岗位最低档工资或者劳动合同约定工资的80%，并不得低于用人单位所在地的最低工资标准。以此避免了将试用期演变成为“白干期”、“廉价期”。

3. 工资支付制度

工资应当以货币形式、按月支付给劳动者本人。不得克扣或者无故拖欠劳动者的工资。

用人单位破产时，劳动者工资排在清偿顺序之首。同时，在劳动者遇有紧急情况、生活难以为继时，用人单位必须向该劳动者预支其可得工资的相当部分。

四、女职工和未成年工特殊保护

针对特殊的劳动群体，劳动法上规定了对其的保护。这些特殊劳动者主要指女职工和未成年人。

（一）女职工特殊保护制度

女性职工由于身体结构、生理状况、抚育子女的需求等有别于男职工，给予女职工特殊保护是劳动保护制度中的重要内容之一。

1. 女职工禁止从事的工作

《劳动法》规定：禁止安排女职工从事矿山井下、国家规定的第四级体力劳动强度的劳动和其他禁忌从事的劳动。2012 年 4 月国务院公布实施的《女职工劳动保护特别规定》在此基础上，对女职工禁忌从事的劳动范围作了更明确的规定。具体如下：（1）矿山井下作业；（2）体力劳动强度分级标准中规定的第四级体力劳动强度的作业；（3）每小时负重 6 次以上、每次负重超过 20 公斤的作业，或者间断负重、每次负重超过 25 公斤的作业。

2. 女职工“四期”保护制度

女职工在“经期、孕期、产期、哺乳期”四期时，禁止从事以下工作。

（1）经期保护。

①冷水作业分级标准中规定的第二级、第三级、第四级冷水作业；②低温作业分级标准中规定的第二级、第三级、第四级低温作业；③体力劳动强度分级标准中规定的第三级、第四级体力劳动强度的作业；④高处作业分级标准中规定的第三级、第四级高处作业。

（2）孕期保护。

女职工在孕期不能适应原劳动的，根据医疗机构的证明，用人单位应当减轻劳动量或安排其他能够适应的劳动。女职工怀孕 7 个月以上，用人单位不得延长其劳动时间或安排其夜班劳动。怀孕女职工在劳动时间内的产前检查时间算作劳动时间。

女职工在孕期禁忌从事的劳动范围有：①作业场所空气中铅及其化合物、汞及其化合物、苯、镉、铍、砷、氰化物、氮氧化物、一氧化碳、二硫化碳、氯、己内酰胺、氯丁二烯、氯乙烯、环氧乙烷、苯胺、甲醛等有毒物质浓度超过国家职业卫生标准的作业；②从事抗癌药物、己烯雌酚生产，接触麻醉剂气体等的作业；③非密封源放射性物质的操作，核事故与放射事故的应急处置；④高处作业分级标准中规定的高处作业；⑤冷水作业分级标准中规定的冷水作业；⑥低温作业分级标准中规定的低温作业；⑦高温作业分级标准中规定的第三级、第四级的作业；⑧噪声作业分级标准中规定的第三级、第四级的作业；⑨体力劳动强度分级标准中规定的第三级、第四级体力劳动强度的作业；⑩在密闭空间、高压室作业或者潜水作业，伴有强烈振动的作业，或者需要频繁弯腰、攀高、下蹲的作业。

（3）产期保护。

产期保护见本任务二之（二）“5. 产假”。

（4）哺乳期保护。

①孕期禁忌从事上述孕期保护中的“①③⑨”项；②作业场所空气中锰、氟、溴、甲醇、有机磷化合物、有机氯化合物等有毒物质浓度超过国家职业卫生标准的作业。③不得安排女职工在哺乳未满一周岁的婴儿期间从事国家规定的第三级体力劳动强度的劳动和哺乳期禁忌从事的其他劳动，不得安排其延长工作时间和夜班劳动。

（二）未成年工特殊保护制度

未成年工是指年满 16 周岁未满 18 周岁的劳动者。为保护这部分劳动者的身心健康和特殊权益，我国通过《劳动法》《未成年人保护法》《未成年工特殊保护规定》等，制定了未成年人用工保护制度。

1. 禁止使用童工

（1）禁止用人单位招用未满 16 周岁的未成年人。（2）文艺、体育和特种工艺单位招用未满 16 周岁的未成年人，必须依照国家有关规定，履行审批手续，并保障其接受义务教育的权利。

2. 未成年工劳动禁忌的规定

《劳动法》第 64 条规定，不得安排未成年工从事矿山井下、有毒有害、国家规定的第四级体力劳动强度的劳动和其他禁忌从事的劳动。《未成年人保护法》第 38 条规定，任何组织或者个人不得招用未满 16 周岁的未成年人，国家另有规定的除外。任何组织或者个人按照国家有关规定招用已满 16 周岁未满 18 周岁的未成年人的，应当执行国家在工种、劳动时间、劳动强度和保护措施等方面的规定，不得安排其从事过重、有毒、有害等危害未成年人身心健康的劳动或者危险作业。

未成年工患有某种疾病或具有某些生理缺陷（非残疾型）时，用人单位不得安排其从事以下范围的劳动：（1）《高处作业分级》国家标准中第一级以上的高处作业；（2）《低温作业分级》国家标准中第二级以上的低温作业；（3）《高温作业分级》国家标准中第二级以上的高温作业；（4）《体力劳动强度分级》国家标准中第三级以上体力劳动强度的作业；（5）接触铅、苯、汞、甲醛、二硫化碳等易引起过敏反应的作业。

3. 对未成年工定期进行健康检查

用人单位应当对未成年工定期进行健康检查。（1）检查期：①安排工作岗位之前；②工作满 1 年；③年满 18 周岁，距前一次的体检时间已超过半年。（2）检查项目：按《未成年工特殊保护规定》中《未成年工健康检查表》列出的项目进行。（3）检查结果对安排未成年工劳动的影响：用人单位应根据未成年工的健康检查结果安排其从事适合的劳动，对不能胜任原劳动岗位的，应根据医务部门的证明，予以减轻劳动量或安排其他劳动。

4. 未成年工登记制度

对未成年工的使用和特殊保护实行登记制度。（1）用人单位招收使用未成年工，除符合一般用工要求外，还须向所在地的县级以上劳动行政部门办理登记。劳动行政部门根据《未成年工健康检查表》、《未成年工登记表》，核发《未成年工登记证》。（2）各级劳动行政部门须按规定审核体检情况和拟安排的劳动范围。（3）未成年工须持国务院劳动行政部门统一印制的《未成年工登记证》上岗。

未成年工上岗前用人单位应对其进行有关的职业安全卫生教育、培训；未成年工体检和登记，由用人单位统一办理和承担费用。

五、社会保险制度

劳动者基于某种原因无法继续劳动时，社会保险通过事先设定的互助机制以帮助特殊情况下的劳动者。这既有助于维护劳动者权益，又有助于社会和谐稳定。根据《社会保险法》的规定，我国的社会保险主要包括：基本养老保险、基本医疗保险、工伤保险、失业保险、生育保险。

（一）基本养老保险

基本养老保险，是指国家强制建立的，保障劳动者年老退休后给予基本生活保障的社会保险制度。养老保险制度的建立能使劳动者安心工作，实现老有所养，并具有调节收入分配、促进社会和谐等作用。

1. 养老保险基金的负担

养老保险制度是世界各国广泛建立的一项制度，大部分国家实行国家、雇主、劳动者三方共同出资的方式，并以企业和个人出资为主。我国《社会保险法》中亦确立基本养老保险基金由用人单位和个人缴费以及政府补贴等组成。

（1）用人单位缴费。国务院在《关于企业职工养老保险制度改革的决定》中明确规定："企业缴纳的基本养老保险费，按本企业职工工资总额和当地政府规定的比例在税前提取，由企业开户银行按月代为扣缴。企业逾期不缴，要按规定加收滞纳金，滞纳金并入基本养老保险基金。"按照我国现行政策，用人单位缴费的比例一般不超过工资总额的20%。

（2）劳动者缴费。我国的养老保险制度经历了由个人不缴费到缴费的转变。根据《社会保险法》第10条的规定：职工应当参加基本养老保险，由用人单位和职工共同缴纳基本养老保险费。无雇工的个体工商户、未在用人单位参加基本养老保险的非全日制从业人员以及其他灵活就业人员可以参加基本养老保险，由个人缴纳基本养老保险费。公务员和参照公务员法管理的工作人员养老保险的办法由国务院规定。

2011年6月，在人社部发布的《实施〈中华人民共和国社会保险法〉若干规定》中，进一步明确：参加职工基本养老保险的个人达到法定退休年龄时，累计缴费不足15年的，可以延长缴费至满15年。社会保险法实施前参保、延长缴费5年后仍不足15年的，可以一次性缴费至满15年。

为统筹城乡社会保障体系建设，建立更加公平、可持续的养老保险制度，2015年1月国务院发布《机关事业单位工作人员养老保险制度改革的决定》将按照公务员法管理的单位、参照公务员法管理的机关（单位）、事业单位及其编制内的工作人员的养老保险纳入适用范围。根据其规定，单位缴纳基本养老保险费（以下简称单位缴费）的比例为本单位工资总额的20%，个人缴纳基本养老保险费（以下简称个人缴费）的比例为本人缴费工资的8%，由单位代扣。按本人缴费工资8%的数额建立基本养老保险个人账户，全部由个人缴费形成。个人工资超过当地上年度在岗职工平均工资300%以上的部分，不计入个人缴费工资基数；低于当地上年度在岗职工平均工资60%的，按当地在岗职工平均工资的

60%计算个人缴费工资基数。

(3) 国家财政补贴。国家从财政收入中通过让税、让利、补贴等方式保障养老保险基金的正常运转。

2. 养老保险金的发放

劳动者在满足年龄、工龄、缴费年限等相关条件时可领取养老保险金。

(1) 领取条件。《社会保险法》规定，参加基本养老保险的个人，达到法定退休年龄时累计缴费满 15 年的，按月领取基本养老金。参加基本养老保险的个人，达到法定退休年龄时累计缴费不足 15 年的，可以缴费至满 15 年，按月领取基本养老金；也可以转入新型农村社会养老保险或者城镇居民社会养老保险，按照国务院规定享受相应的养老保险待遇。

(2) 关系续转。2011 年 6 月，人力资源部和社会保障部在《实施〈中华人民共和国社会保险法〉若干规定》中明确，参加职工基本养老保险的个人跨省流动就业，符合按月领取基本养老金条件时，基本养老金分段计算、统一支付的具体办法，按照《国务院办公厅关于转发人力资源社会保障部财政部城镇企业职工基本养老保险关系转移接续暂行办法的通知》(国办发〔2009〕66 号) 执行。通知中对续转流程、资金转移办法等进行了规定。

3. 新型农村社会养老保险制度

国家建立和完善新型农村社会养老保险制度。新型农村社会养老保险实行个人缴费、集体补助和政府补贴相结合。

养老金领取条件为：年满 60 周岁、未享受城镇职工基本养老保险待遇的农村有户籍的老年人，可以按月领取养老金。新农保制度实施时，已满 60 周岁、未享受城镇职工基本养老保险待遇的，不用缴费，可以按月领取基础养老金，但其符合参保条件的子女应当参保缴费；距领取年龄不足 15 年的，应按年缴费，也允许补缴，累计缴费不超过 15 年；距领取年龄超过 15 年的，应按年缴费，累计缴费不少于 15 年。

(二) 基本医疗保险

我国的基本医疗保险包括城镇职工基本医疗保险、城镇居民基本医疗保险、新型农村合作医疗。公务员和参照公务员管理的工作人员沿袭公费医疗制度，由国家财政承担医疗费用。

1. 城镇职工基本医疗保险

职工应当参加职工基本医疗保险，由用人单位和职工按照国家规定共同缴纳基本医疗保险费。用人单位缴费率控制在职工工资总额的 6%左右，职工缴费率一般为本人工资收入的 2%，具体缴费比例由统筹地区根据实际情况确定。职工个人缴费的全部及用人单位缴费的 30%左右，划入个人账户，用人单位缴费的其余部分用于建立统筹基金。

无雇工的个体工商户、未在用人单位参加职工基本医疗保险的非全日制从业人员以及其他灵活就业人员可以参加职工基本医疗保险，由个人按照国家规定缴纳基本医疗保险费。

2. 城镇居民基本医疗保险

没有参加工作的其他城镇居民可参与城镇居民医疗保险。如，在校学生、其他非从业的城镇居民。城镇居民基本医疗保险实行个人缴费和政府补贴相结合。享受最低生活保障的人、丧失劳动能力的残疾人、低收入家庭 60 周岁以上的老年人和未成年人等所需个人缴费部分，由政府给予补贴。

3. 新型农村合作医疗

新型农村合作医疗制度，是由政府组织、引导、支持，农民自愿参加，个人、集体和政府多方筹资，以大病统筹为主的农民医疗互助共济制度。2009 年，确立“新农合”作为农村基本医疗保障制度的地位。近来政府对“新农合”的补贴逐年增加。

（三）工伤保险

工伤保险是职工因工而致伤、残、病、死亡，依法获得经济赔偿和物质帮助的一种社会保险制度。我国《工伤保险条例》于 2004 年 1 月 1 日生效实施，并与 2010 年 12 月进行了修订，修订后于 2011 年 1 月 1 日起实施。

1. 工伤保险基金的筹集

我国境内的企业、事业单位、社会团体、民办非企业单位、基金会、律师事务所、会计师事务所等组织的职工和个体工商户的雇工，均有依照本条例的规定享受工伤保险待遇的权利。用人单位应当按时缴纳工伤保险费。职工个人不缴纳工伤保险费。

国家根据不同行业的工伤风险程度确定行业的差别费率，并根据工伤保险费使用、工伤发生率等情况在每个行业内确定若干费率档次。

2. 工伤事故的界定

（1）职工有下列情形之一的，应当认定为工伤：①在工作时间和工作场所内，因工作原因受到事故伤害的；②工作时间前后在工作场所内，从事与工作有关的预备性或者收尾性工作受到事故伤害的；③在工作时间和工作场所内，因履行工作职责受到暴力等意外伤害的；④患职业病的；⑤因工外出期间，由于工作原因受到伤害或者发生事故下落不明的；⑥在上下班途中，受到非本人主要责任的交通事故或者城市轨道交通、客运轮渡、火车事故伤害的；⑦法律、行政法规规定应当认定为工伤的其他情形。

（2）职工有下列情形之一的，视同工伤：①在工作时间和工作岗位，突发疾病死亡或者在 48 小时之内经抢救无效死亡的；②在抢险救灾等维护国家利益、公共利益活动中受到伤害的；③职工原在军队服役，因战、因公负伤致残，已取得革命伤残军人证，到用人单位后旧伤复发的。

（3）职工有下列情形之一的，不得认定为工伤或者视同工伤：①故意犯罪的；②醉酒或者吸毒的；③自残或者自杀的。

3. 工作事故提出认定的时间

（1）职工发生事故伤害或者按照职业病防治法规定被诊断、鉴定为职业病，所在单位应当自事故伤害发生之日或者被诊断、鉴定为职业病之日起 30 日内，向统筹地区社会保险行政部门提出工伤认定申请。遇有特殊情况，经报社会保险行政部门同意，申请时限可以适当延长。

（2）用人单位未按前款规定提出工伤认定申请的，工伤职工或者其近亲属、工会组织在事故伤害发生之日或者被诊断、鉴定为职业病之日起 1 年内，可以直接向用人单位所在地统筹地区社会保险行政部门提出工伤认定申请。

4. 工伤保险待遇

（1）根据工伤事故所导致的后果不同，分别可以根据《工伤保险条例》的规定享受工伤医疗期待遇、工伤致残待遇、配置辅助器具待遇、因工死亡待遇、特殊情形下的工伤保险待遇等。

（2）工伤职工有下列情形之一的，停止享受工伤保险待遇：①丧失享受待遇条件的；②拒不接受劳动能力鉴定的；③拒绝治疗的。

5. 工伤保险先行支付制度

《社会保险法》第41条、42条规定了工伤保险待遇先行支付制度。（1）职工所在用人单位未依法缴纳工伤保险费，发生工伤事故的，由用人单位支付工伤保险待遇。用人单位不支付的，从工伤保险基金中先行支付。从工伤保险基金中先行支付的工伤保险待遇应当由用人单位偿还。用人单位不偿还的，社会保险经办机构可以依照本法第六十三条的规定追偿。（2）由于第三人的原因造成工伤，第三人不支付工伤医疗费用或者无法确定第三人的，由工伤保险基金先行支付。工伤保险基金先行支付后，有权向第三人追偿。

（四）失业保险

失业保险，是指劳动者在失业期间，由国家和社会给予一定物质帮助，以保障其基本生活并促进其再就业的一种社会保险制度。我国对失业保险的规定主要体现在1999年国务院颁布的《失业保险条例》和2010年颁布的《社会保险法》。

1. 失业保险基金的筹集

城镇企业事业单位按照本单位工资总额的2%缴纳失业保险费。城镇企业事业单位职工按照本人工资的1%缴纳失业保险费。城镇企业事业单位招用的农民合同制工人本人不缴纳失业保险费。

2. 失业保险待遇

职工失业后，符合享受失业保险待遇条件的，可以依规定享受失业保险金、医疗补助金、丧葬补助金和抚恤金、接受职业培训和职业介绍的补贴、农民合同工一次性生活补助、国务院规定或者批准的与失业保险有关的其他费用。

3. 享受失业保险待遇的条件

（1）具备下列条件的失业人员，可以领取失业保险金：①按照规定参加失业保险，所在单位和本人已按照规定履行缴费义务满1年的；②非因本人意愿中断就业的；③已进行失业登记，并有求职要求的。

失业保险金的标准，由省、自治区、直辖市人民政府确定，不得低于城市居民最低生活保障标准。

（2）失业人员在领取失业保险金期间有下列情形之一的，停止领取失业保险金，并同时停止享受其他失业保险待遇：①重新就业的；②应征服兵役的；③移居境外的；④享受基本养老保险待遇的；⑤无正当理由，拒不接受当地人民政府指定的部门或者机构介绍的适当工作或者提供培训的。

4. 失业保险金领取时间

失业人员失业前所在单位和本人按照规定累计缴费时间满1年不足5年的，领取失业保险金的期限最长为12个月；累计缴费时间满5年不足10年的，领取失业保险金的期限最长为18个月；累计缴费时间10年以上的，领取失业保险金的期限最长为24个月。重新就业后，再次失业的，缴费时间重新计算，领取失业保险金的期限可以与前次失业应领取而尚未领取的失业保险金的期限合并计算，但是最长不得超过24个月。

（五）生育保险

生育保险是保障女职工因怀孕和分娩而从社会上获得物质帮助的一种社会保险制度。

《社会保险法》第54条规定："用人单位已经缴纳生育保险费的，其职工享受生育保险待遇；职工未就业配偶按照国家规定享受生育医疗费用待遇。所需资金从生育保险基金中支付。"

1. 生育保险待遇

生育保险待遇包括生育医疗费用和生育津贴。

（1）生育医疗费用。生育医疗费用包括生育的医疗费用；计划生育的医疗费用；法律、法规规定的其他项目费用。

（2）生育津贴。生育津贴是职工按照国家规定享受产假或者计划生育手术休假期间获得的工资性补偿。生育津贴按照职工所在用人单位上年度职工月平均工资计发。职工享受生育津贴的情形：女职工生育享受产假；享受计划生育手术休假；法律、法规规定的其他情形。

2012年国务院公布实施的《女职工劳动保护特别规定》第8条进一步明确对未参加生育保险的，按照女职工产假前工资的标准由用人单位支付。

2. 生育保险基金的筹集

职工应当参加生育保险，由用人单位按照国家规定缴纳生育保险费，职工不缴纳生育保险费。生育保险费的提取比例由当地人民政府根据计划内生育人数和生育津贴、生育医疗费等项费用确定，并可根据费用支出情况适时调整，但最高不得超过工资总额的1%。见表4—1—2。

表4—1—2　　"五险"缴纳比例参考表

项目	单位缴纳比例	个人缴纳比例
基本养老保险	20%	8%
基本医疗保险	6%	2%
工伤保险	0.5%～2%	0
失业保险	2%	1%
生育保险	1%	0

任务小结

劳动法，是调整劳动关系以及与劳动关系密切联系的其他社会关系的法律规范的总称。劳动法是我国法律体系中最为重要的部门法之一，是调整社会主义市场经济的基本法律。

本任务要求学生了解和掌握企业合法用工制度中，劳动法学和社会保障法学的基本知识和基本体系，树立劳动法的法律意识，能够运用劳动法规范处理劳动争议案件，具备一定的劳动法实务操作能力。

能力检测

1. 未成年人能否成为劳动法上的劳动者？
2. 在我国劳动立法上对女职工有哪些特殊保护？

3. 2013 年 9 月，50 岁的张某通过中介公司到吴某家当保姆，主要工作任务是带小孩。2014 年 2 月，张某抱着 9 个月的孩子在小区玩耍时不小心滑倒，导致脚部骨折，产生医疗费用 1 万余元。

问题：(1) 保姆与雇主之间是否构成劳动关系？

(2) 保姆与中介公司之间是否属于劳动关系？

考核知识点：劳动关系与劳务关系的区别。

任务二　如何编制规范的劳动合同

任务导入案例

[案情介绍]

小张大学毕业后，应聘到一家建筑公司工作，协议中约定合同期限为 2015 年 8 月 1 日至 2017 年 7 月 30 日，试用期 2015 年 8 月 1 日—2015 年 10 月 30 日。试用期将结束时，公司组织对小张进行考察。考察中发现小张工作能力较强，但劳动纪律较差，多次迟到早退，于是公司向小张提出，再次延长试用期 1 个月，小张为留住工作，勉强同意，但内心十分不满。

[问题]

该劳动合同中有关试用期的约定是否合法？

[案例解析]

(1) 本案是一起有关试用期的劳动争议。根据我国《劳动合同法》规定，用人单位与劳动者可以约定试用期。其第 19 条第 1 款、第 2 款规定：劳动合同期限 3 个月以上不满 1 年的，试用期不得超过 1 个月；劳动合同期限 1 年以上不满 3 年的，试用期不得超过 2 个月；3 年以上固定期限和无固定期限的劳动合同，试用期不得超过 6 个月。同一用人单位与同一劳动者只能约定一次试用期。

(2) 本案劳动合同中有关试用期的约定有两处违法。其一，在两年劳动合同期中，约定 3 个月的试用期违法。小张与建筑公司签订的劳动合同期限为 2015 年 8 月 1 日至 2017 年 7 月 30 日，合同期 2 年，试用期 2015 年 8 月 1 日—2015 年 10 月 30 日，试用期已达 3 个月，超过了《劳动合同法》中关于“劳动合同期限 1 年以上不满 3 年的，试用期不得超过 2 个月”的禁止性规定。其二，公司再次提出，延长试用期 1 个月违法。《劳动合同法》中明确规定，同一用人单位与同一劳动者只能约定一次试用期。建筑公司已与小张约定了 1 次试用期，再次约定延长试用期，系第二次违法。故，小张可以依法申请劳动仲裁。

知识平台

一、劳动合同的订立

劳动合同是劳动者与用人单位之间建立劳动关系，明确双方权利义务关系的协议。我国制定了《劳动合同法》及其实施条例，用以明确双方权利义务，构建和谐劳动关系，并于2012年12月对《劳动合同法》进行了修订。

（一）劳动合同订立的条件

1. 主体条件

（1）劳动者条件。劳动者作为劳动合同的当事人必须达到法定最低就业年龄、具备相应劳动能力、具备特定就业资格。

（2）用人单位条件。用人单位为依法在我国境内设立的企业、取得经营资格的个体经济组织、民办非企业单位等组织；依法成立的律师事务所、会计师事务所、基金会等组织属于劳动合同法规定的用人单位；国家机关、事业单位、社会团体招用工勤人员的，适用《劳动合同法》，视为用人单位。

用人单位设立的分支机构，依法取得营业执照或者登记证书的，可以作为用人单位与劳动者订立劳动合同；未依法取得营业执照或者登记证书的，受用人单位委托可以与劳动者订立劳动合同。

2. 形式要求

（1）书面形式为原则，口头形式为例外。根据《劳动法》的规定：建立劳动关系，应当订立书面劳动合同；非全日制用工双方当事人可以订立口头协议。由此可见，在我国劳动合同的订立以书面形式为原则，以口头形式为例外。

（2）不签订书面劳动合同的法律后果。

一是用人单位不签订劳动合同的：①用人单位自用工之日起超过1个月不满1年未与劳动者订立书面劳动合同的，应当向劳动者每月支付2倍的工资，并与劳动者补订书面劳动合同；用人单位向劳动者每月支付2倍工资的起算时间为用工之日起满1个月的次日，截止时间为补签书面劳动合同的前1日。②用人单位自用工之日起满1年未与劳动者订立书面劳动合同的，自用工之日起满1个月的次日至满1年的前1日应当向劳动者每月支付2倍的工资，并视为自用工之日起满1年的当日已经与劳动者订立无固定期限劳动合同，应当立即与劳动者补订书面劳动合同。③用人单位违反《劳动合同法》规定不与劳动者订立无固定期限劳动合同的，自应当订立无固定期限劳动合同之日起向劳动者每月支付2倍的工资。即，用人单位自用工之日起满1年未与劳动者订立书面劳动合同的，则满1年后的第1天为应当订立无固定期限劳动合同之日。同时根据《劳动合同法》第14条，对出现用人单位不与劳动者订立无固定期限劳动合同的3种情形时，用人单位也应自订立无固定期限劳动合同之日起向劳动者每月支付2倍的工资。

二是劳动者不与用人单位订立书面劳动合同的：①自用工之日起1个月内，经用人单位书面通知后，劳动者不与用人单位订立书面劳动合同的，用人单位应当书面通知劳动者终止劳动关系，无须向劳动者支付经济补偿，但是应当依法向劳动者支付其实际工作时间的劳动报酬。②自用工之日起超过1个月不满1年，劳动者不与用人单位订立书面劳动合同的，用人单位应当书面通知劳动者终止劳动关系，并依照劳动合同法第47条的规定支付经济补偿。

3. 程序条件

劳动合同草案一般由用人单位提出，征求应聘者意见，也可以由应聘者与用人单位的代表等协调起草。在订立合同时双方都有如实告知义务。用人单位招用劳动者时，应当如实告知用人单位基本情况、劳动者工作内容、工作条件、工作地点、职业危害、安全生产状况、劳动报酬，以及劳动者要求了解的其他情况。用人单位有权了解劳动者与劳动合同直接相关的基本情况，劳动者应当如实说明。非经劳动者同意，用人单位应当对劳动者的个人资料予以保密。

用人单位招用劳动者，不得扣押劳动者的居民身份证和其他证件；不得要求劳动者提供担保或者以其他名义向劳动者收取财物；不得扣押劳动者档案或其他物品；不得招用与其他用人单位尚未解除或终止劳动合同的劳动者。

（二）劳动合同内容

1. 必备条款

根据《劳动合同法》的规定，劳动合同应当具备以下条款：

（1）用人单位的名称、住所和法定代表人或者主要负责人。（2）劳动者的姓名、住址和居民身份证或者其他有效身份证件号码。（3）劳动合同期限。合同期限包括固定期限、无固定期限和以完成一定工作任务为期限 3 种，除了法律规定必须签订无固定期限劳动合同外，双方可以协商约定劳动合同的起点和终点。（4）工作内容和工作地点。劳动者所从事的工作岗位、具体职责及劳动地点是实践中容易出现争议的地方，应在合同中约定清楚。（5）工作时间和休息休假。需要注意的是双方对工作时间和休息休假的约定不得违反劳动法的规定，否则约定无效。（6）劳动报酬。劳动报酬以货币形式支付给劳动者，包括工资、奖金、津贴等，并不得低于当地政府规定的最低工资标准。（7）社会保险。（8）劳动保护、劳动条件和职业危害防护。（9）法律、法规规定应当纳入劳动合同的其他事项。

2. 约定条款

劳动合同除前款规定的必备条款外，用人单位与劳动者可以约定试用期、培训、保守秘密、补充保险和福利待遇等其他事项。

（1）试用期条款。①试用期期限限制。劳动合同期限与试用期对照要求见下表。②试用期工资。劳动者在试用期的工资不得低于本单位相同岗位最低档工资的 80%或者劳动合同约定工资的 80%，并不得低于用人单位所在地的最低工资标准。见表 4—2—1。

表 4—2—1　　劳动合同期限与试用期对照表

劳动合同期限	试用期
3 个月以上不满 1 年	不得超过 1 个月
1 年以上不满 3 年	不得超过 2 个月
3 年以上和无固定期限的	不得超过 6 个月
以完成一定工作任务为期限或者劳动合同期限不满 3 个月的	不得约定试用期
注：1. 同一用人单位与同一劳动者只能约定一次试用期。 2. 劳动合同仅约定试用期的，试用期不成立，该期限为劳动合同期限。	

（2）培训与服务期条款。①用人单位为劳动者提供专项培训费用，对其进行专业技术培训的，可以与该劳动者订立协议，约定服务期。劳动合同期满，服务期尚未到期的，劳动合同应当续延至服务期满；双方另有约定的，从其约定。②劳动者违反服务期约定的，应当按照约定向用人单位支付违约金。违约金的数额不得超过用人单位提供的培训费用。用人单位要求劳动者支付的违约金不得超过服务期尚未履行部分所应分摊的培训费用。③用人单位与劳动者约定服务期的，不影响按照正常的工资调整机制提高劳动者在服务期期间的劳动报酬。

图片来源：潍坊晚报，戴继斌作品。

（3）保密条款、竞业限制条款。①保密及竞业限制事项的约定。用人单位与劳动者可以在劳动合同中约定保守用人单位的商业秘密和与知识产权相关的保密事项。对负有保密义务的劳动者，用人单位可以在劳动合同或者保密协议中与劳动者约定竞业限制条款，并约定在解除或者终止劳动合同后，在竞业限制期限内按月给予劳动者经济补偿。劳动者违反竞业限制约定的，应当按照约定向用人单位支付违约金。②竞业限制的范围和时限。竞业限制的人员限于用人单位的高级管理人员、高级技术人员和其他负有保密义务的人员。竞业限制的范围、地域、期限由用人单位与劳动者约定，竞业限制的约定不得违反法律、法规的规定。在解除或者终止劳动合同后，前款规定的人员到与本单位生产或者经营同类产品、从事同类业务的有竞争关系的其他用人单位，或者自己开业生产或者经营同类产品、从事同类业务的竞业限制期限，不得超过 2 年。

（4）违约金条款。与合同法中双方对等的违约责任不同，《劳动合同法》规定不得随意约定由劳动者向用人单位承担违约金责任，仅能在涉及服务期、竞业限制、保密事项时，用人单位才能与劳动者约定劳动者的违约责任。

（三）劳动合同订立类型

劳动合同按就业方式、合同期限进行划分，有不同合同类型。具体如表 4—2—2。

表 4—2—2　　劳动合同类型

分类标准	劳动合同类型	分类标准	劳动合同类型
按就业方式分	全日制劳动合同	按合同期限分	有固定期限劳动合同
	非全日制劳动合同		无固定期限劳动合同
	劳务派遣合同		完成工作为期限劳动合同

（四）劳动合同效力

1. 劳动合同生效

通常情况下，劳动合同依法成立时生效。劳动合同生效后对双方当事人产生法律效力。

2. 劳动合同无效

（1）下列劳动合同无效或者部分无效：①以欺诈、胁迫手段或者乘人之危，使对方在违背真实意思的情况下订立或者变更劳动合同的；②用人单位免除自己的法定责任、排除劳动者权利的；③违反法律、行政法规强制性规定的。

（2）劳动合同部分无效，不影响其他部分效力的，其他部分仍然有效。

（3）劳动合同被确认无效，劳动者已付出劳动的，用人单位应当向劳动者支付劳动报酬。劳动报酬的数额，参照本单位相同或者相近岗位劳动者的劳动报酬确定。

二、劳动合同的履行、变更和中止

（一）劳动合同的履行

1. 履行的一般规定

用人单位与劳动者应当按照劳动合同的约定，全面履行各自的义务。履行中强调全面履行、亲自履行、协作履行等。

2. 履行中对劳动者的特殊保护

劳动合同履行中对劳动者权益进行特殊保护，主要表现为：（1）用人单位应当按照劳动合同约定和国家规定，向劳动者及时足额支付劳动报酬。用人单位拖欠或者未足额支付劳动报酬的，劳动者可以依法向当地人民法院申请支付令，人民法院应当依法发出支付令。（2）用人单位应当严格执行劳动定额标准，不得强迫或者变相强迫劳动者加班。用人单位安排加班的，应当按照国家有关规定向劳动者支付加班费。（3）劳动者拒绝用人单位管理人员违章指挥、强令冒险作业的，不视为违反劳动合同。劳动者对危害生命安全和身体健康的劳动条件，有权对用人单位提出批评、检举和控告。（4）劳动合同履行地与用人单位注册地不一致的，有关劳动者的最低工资标准、劳动保护、劳动条件、职业危害防护和本地区上年度职工月平均工资标准等事项，按照劳动合同履行地的有关规定执行；用人单位注册地的有关标准高于劳动合同履行地的有关标准，且用人单位与劳动者约定按照用人单位注册地的有关规定执行的，从其约定。

（二）劳动合同的变更

用人单位与劳动者协商一致，可以变更劳动合同约定的内容。

用人单位发生合并或者分立等情况，原劳动合同继续有效，劳动合同由承继其权利和义务的用人单位继续履行。用人单位变更名称、法定代表人、主要负责人或者投资人等事项，不影响劳动合同的履行。

（三）劳动合同的中止

劳动合同中止是指劳动合同履行过程中，因约定或法定原因不能继续履行，使劳动合同效力暂停的状态。除法律、法规、规章另有规定外，在特定原因消除后，劳动合同继续履行。

三、劳动合同的解除和终止

（一）劳动合同的解除

见图 4—2—1。

图 4—2—1

资料来源：见 http：//www.manfen5.com/gz _ sw-SYS201301132158578865685682.html。

劳动合同的解除可以分为协议解除、用人单位单方解除、劳动者单方解除 3 种情形。解除劳动合同应依法进行。

1. 协议解除

用人单位与劳动者协商一致，可以解除劳动合同。

2. 用人单位单方解除劳动合同

（1）过错性辞退。劳动者有下列情形之一的，用人单位可以即时解除劳动合同，无须提前通知劳动者：①在试用期间被证明不符合录用条件的；②严重违反用人单位的规章制度的；③严重失职，营私舞弊，给用人单位造成重大损害的；④劳动者同时与其他用人单位建立劳动关系，对完成本单位的工作任务造成严重影响，或者经用人单位提出，拒不改正的；⑤以欺诈、胁迫的手段或者乘人之危，用人单位在违背真实意思的情况下订立或者变更劳动合同，使劳动合同无效的；⑥被依法追究刑事责任的。

（2）无过错性解除。有下列情形之一的，用人单位可以提前 30 日以书面形式通知劳动者本人或者额外支付劳动者 1 个月工资后，解除劳动合同：①劳动者患病或者非因工负伤，在规定的医疗期满后不能从事原工作，也不能从事由用人单位另行安排的工作的；②劳动者不能胜任工作，经过培训或者调整工作岗位，仍不能胜任工作的；③劳动合同订立时所依据的客观情况发生重大变化，致使劳动合同无法履行，经用人单位与劳动者协商，未能就变更劳动合同内容达成协议的。

（3）经济性裁员。有下列情形之一，需要裁减人员 20 人以上或者裁减不足 20 人但占企业职工总数 10%以上的，用人单位提前 30 日向工会或者全体职工说明情况，听取工会或者职工的意见后，裁减人员方案经向劳动行政部门报告，可以裁减人员：①依照企业破产法规定进行重整的；②生产经营发生严重困难的；③企业转产、重大技术革新或者经营方式调整，经变更劳动合同后，仍需裁减人员的；④其他因劳动合同订立时所依据的客观经济情况发生重大变化，致使劳动合同无法履行的。

(4) 禁止裁员的情形。劳动者有下列情形之一的，用人单位不得依照《劳动合同法》第 40 条、第 41 条的规定解除劳动合同：①从事接触职业病危害作业的劳动者未进行离岗前职业健康检查，或者疑似职业病病人在诊断或者医学观察期间的；②在本单位患职业病或者因工负伤并被确认丧失或者部分丧失劳动能力的；③患病或者非因工负伤，在规定的医疗期内的；④女职工在孕期、产期、哺乳期的；⑤在本单位连续工作满 15 年，且距法定退休年龄不足 5 年的；⑥法律、行政法规规定的其他情形。

3. 劳动者单方解除劳动合同

(1) 预告解除。劳动者提前 30 日以书面形式通知用人单位，可以解除劳动合同。劳动者在试用期内提前 3 日通知用人单位，可以解除劳动合同。劳动者提前通知，便于用人单位做好准备。

(2) 劳动者即时解除。用人单位有下列情形之一的，劳动者可以即时解除劳动合同，无须提前向用人单位预告：①未按照劳动合同约定提供劳动保护或者劳动条件的；②未及时足额支付劳动报酬的；③未依法为劳动者缴纳社会保险费的；④用人单位的规章制度违反法律、法规的规定，损害劳动者权益的；⑤用人单位以欺诈、胁迫的手段或乘人之危，使劳动者在违背真实意思的情况下订立或变更劳动合同，致使其无效的；⑥用人单位以暴力、威胁或者非法限制人身自由的手段强迫劳动者劳动的，或者用人单位违章指挥、强令冒险作业危及劳动者人身安全的；⑦用人单位免除自己的法定责任、排除劳动者权利，致使劳动合同无效的；⑧法律、行政法规规定劳动者可以解除劳动合同的其他情形。

(二) 劳动合同的终止

1. 终止的法定情形

劳动合同终止只能因法定情形下而产生，双方自行约定无效。有下列情形之一的，劳动合同终止：(1) 劳动合同期满的；(2) 劳动者开始依法享受基本养老保险待遇的；(3) 劳动者死亡，或者被人民法院宣告死亡或者宣告失踪的；(4) 用人单位被依法宣告破产、吊销营业执照、责令关闭、撤销或者用人单位决定提前解散的；(5) 法律、行政法规规定的其他情形。

2. 终止的限制

《劳动合同法》第 45 条规定，如有本法第 42 条规定的 6 种情形之一出现，劳动合同应当续延至相应的情形消失时终止。(1) 从事接触职业病危害作业的劳动者未进行离岗前职业健康检查，或者疑似职业病病人在诊断或者医学观察期间的；(2) 在本单位患职业病或者因工负伤并被确认丧失或者部分丧失劳动能力的；(3) 患病或者非因工负伤，在规定的医疗期内的；(4) 女职工在孕期、产期、哺乳期的；(5) 在本单位连续工作满 15 年，且距法定退休年龄不足 5 年的；(6) 法律、行政法规规定的其他情形。

(三) 经济补偿

用人单位与劳动者解除或终止劳动合同时，向劳动者支付一定费用，补偿劳动者因失业而带来的生活困难。

1. 支付的条件

(1) 属于劳动者单方即时解除劳动合同的情形时，用人单位应支付经济补偿。

（2）双方协商一致解除劳动合同，如果解除意向是由用人单位主动提出的，则应支付经济补偿；如果是由劳动者主动提出的，则用人单位无须支付。

（3）用人单位采用无过错性解除或经济性裁员的方式解除劳动合同的，应支付经济补偿。

（4）劳动合同期满，用人单位终止固定期限劳动合同的，应支付经济补偿。如果用人单位维持或者提高劳动合同约定条件续订劳动合同，劳动者不同意续订的，用人单位不支付经济补偿。以完成一定工作任务为期限的劳动合同因任务完成而终止的，用人单位应支付经济补偿。

（5）用人单位主体资格消灭，劳动合同终止，用人单位应支付经济补偿。

（6）用人单位依法终止工伤职工的劳动合同的，除支付经济补偿外，还应当依照国家有关工伤保险的规定支付一次性工伤医疗补助金和伤残就业补助金。

（7）法律、行政法规规定的其他情形。

2. 支付的标准

（1）经济补偿按劳动者在本单位工作的年限，每满 1 年支付 1 个月工资的标准向劳动者支付。6 个月以上不满 1 年的，按 1 年计算；不满 6 个月的，向劳动者支付半个月工资的经济补偿。

（2）劳动者月工资高于用人单位所在直辖市、设区的市级人民政府公布的本地区上年度职工月平均工资 3 倍的，向其支付经济补偿的标准按职工月平均工资 3 倍的数额支付，向其支付经济补偿的年限最高不超过 12 年。

这里所称月工资，是指劳动者在劳动合同解除或者终止前 12 个月的平均工资。低于当地最低工资标准的，按照当地最低工资标准计算。劳动者工作不满 12 个月的，按照实际工作的月数计算平均工资。

3. 经济补偿与赔偿的关系

赔偿金和经济补偿金不能并用。用人单位因违法解除或者终止劳动合同的，如果已支付了赔偿金，则不必再支付经济补偿金。

四、劳务派遣

（一）劳务派遣概要

劳务派遣，是指劳务派遣机构与接受劳务派遣单位签订劳务派遣协议，将劳动者派至接受劳务派遣单位工作并支付劳务报酬的法律行为。

在劳务派遣法律关系中涉及三方主体，一是劳务派遣机构，也称用人单位、派遣单位；二是接受劳务派遣形式用工的单位，也称用工单位、派入单位；三是被派遣的劳动者。三方之间形成三个双边法律关系。在劳务派遣法律关系中，被派遣的劳动者报酬由派遣单位支付，派遣单位从派入单位获取派遣费，而被派遣的劳动者为派入单位提供劳动。

劳务派遣是《劳动合同法》中确立的一种新型用工方式。为避免这种用工方式的滥用，侵犯被派遣劳动者的权益，在 2012 年《劳动合同法》修订时，进一步规范为：劳动合同用工是我国企业的基本用工形式。劳务派遣用工是补充形式，只能在临时性、辅助性或者替代性的工作岗位上实施。临时性工作岗位是指存续时间不超过 6 个月的岗位；辅助性工作岗位是指为主营业务岗位提供服务的非主营业务岗位；替代性工作岗位是指用工单位的劳动者因脱产学习、休假等原因无法工作的一定期间内，可以由其他劳动者替代工作的岗位。

（二）派遣单位

1. 劳务派遣单位设立

（1）设立条件。经营劳务派遣业务，应当向劳动行政部门依法申请行政许可；经许可的，依法办理相应的公司登记。未经许可，任何单位和个人不得经营劳务派遣业务。经营劳务派遣业务应当具备下列条件：①注册资本不得少于人民币200万元；②有与开展业务相适应的固定的经营场所和设施；③有符合法律、行政法规规定的劳务派遣管理制度；④法律、行政法规规定的其他条件。

（2）禁止条件。用人单位不得设立劳务派遣单位向本单位或者所属单位派遣劳动者。用人单位或其所属单位出资或者合伙设立的劳务派遣单位，向本单位或者所属单位派遣劳动者的，劳务派遣合同无效，劳动者劳动关系的相对方仍是该实际用工单位。

2. 劳务派遣单位义务

劳务派遣单位是劳动法上的用人单位，应当履行用人单位对劳动者的义务，并不因劳动者被派往用工单位而改变。劳务派遣单位的主要义务有：

（1）劳动合同条款。除一般条款事项外，劳务派遣单位与被派遣劳动者订立的劳动合同，还应当载明被派遣劳动者的用工单位以及派遣期限、工作岗位等情况。

（2）劳动合同期限。劳务派遣单位不得以非全日制用工形式招用被派遣劳动者，并应当与被派遣劳动者订立2年以上的固定期限劳动合同。

（3）劳动报酬。劳动派遣单位按月支付劳动报酬；被派遣劳动者在无工作期间，劳务派遣单位应当按照所在地人民政府规定的最低工资标准，向其按月支付报酬。跨地区派遣劳动者的，被派遣劳动者享有的劳动报酬和劳动条件，按照用工单位所在地的标准执行。

（4）告知义务。劳务派遣单位应当将劳务派遣协议的内容告知被派遣劳动者。

（5）收费禁止。劳务派遣单位和用工单位不得向被派遣劳动者收取费用；劳务派遣单位不得克扣用工单位按照劳务派遣协议支付给被派遣劳动者的劳动报酬。

（三）用工单位

受派遣的劳动者在用工单位提供劳动，接受用工单位的指挥和命令，二者间具有实质上的劳动关系。

1. 用工单位义务

《劳动合同法》规定用工单位应当履行下列义务：（1）执行劳动基准的义务。执行国家劳动标准，提供相应的劳动条件和劳动保护。（2）告知义务。告知被派遣劳动者的工作要求和劳动报酬。（3）支付劳动报酬义务。用工单位应当按照同工同酬原则，对被派遣劳动者与本单位同类岗位的劳动者实行相同的劳动报酬分配办法。用工单位无同类岗位劳动者的，参照用工单位所在地相同或者相近岗位劳动者的劳动报酬确定。劳务派遣单位与被派遣劳动者订立的劳动合同和与用工单位订立的劳务派遣协议，载明或者约定的向被派遣劳动者支付的劳动报酬应当符合前款规定。同时，用工单位还需向被派遣劳动者另行支付加班费、奖金及福利待遇等。(4) 培训义务。对在岗被派遣劳动者进行工作岗位所必需的培训。(5) 正常调薪义务。连续用工的，实行正常的工资调整机制。(6) 禁止收费义务。劳务派遣单位和用工单位不得向被派遣劳动者收取费用。(7) 不得转派遣。用工单位不得将被派遣劳动者再派遣到其他用人单位。

2. 用工单位连带责任

劳务派遣单位违反劳动合同法规定，给被派遣劳动者造成损害的，劳务派遣单位与用工单位承担连带赔偿责任。

(四) 被派遣劳动者的权利

被派遣劳动者既与派遣单位存在法律关系，也与用工单位存在法律关系。其主要权利有：(1) 依法与派遣单位订立与劳务派遣相关的劳动合同。(2) 知悉劳务派遣协议、被派遣工作要求和劳动报酬等。(3) 享有与用工单位的劳动者同工同酬的权利。(4) 在用人单位和用工单位依法参加或组织工会权，以维护自身合法权益。

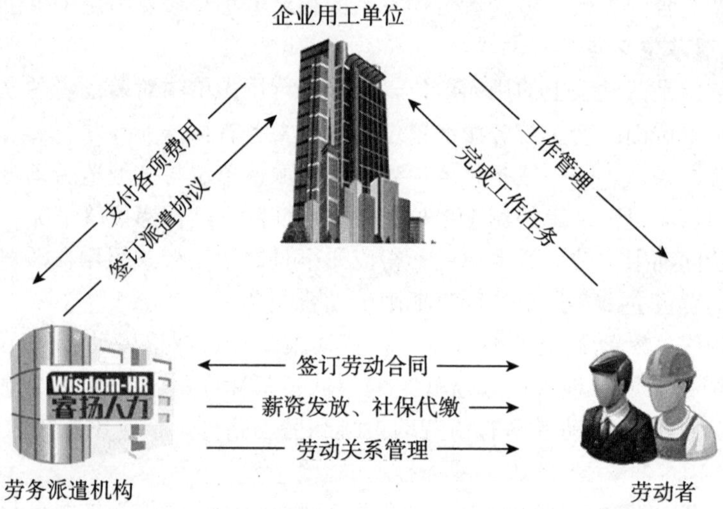

图片来源：http：//baike. baidu. com/pic/劳务关系/235848/。

五、非全日制用工

非全日制用工是一种灵活的就业方式，有利于促进就业，缓解就业压力。

(一) 非全日制用工适用范围

非全日制用工，是指以小时计酬为主，劳动者在同一用人单位一般平均每日工作时间不超过 4 小时，每周工作时间累计不超过 24 小时的用工形式。

(二) 非全日制用工的法律规制

(1) 非全日制用工双方当事人可以订立口头协议。

(2) 从事非全日制用工的劳动者可以与一个或者一个以上用人单位订立劳动合同；但是，后订立的劳动合同不得影响先订立的劳动合同的履行。

(3) 非全日制用工双方当事人不得约定试用期。

(4) 非全日制用工双方当事人任何一方都可以随时通知对方终止用工。终止用工，用人单位不向劳动者支付经济补偿。

（5）非全日制用工小时计酬标准不得低于用人单位所在地人民政府规定的最低小时工资标准。非全日制用工劳动报酬结算支付周期最长不得超过 15 日。

六、集体合同

见图 4—2—2。

图 4—2—2

资料来源：见 http：//news. xinhuanet. com/politics/2013—05/02/c _ 124652994. htm。

集体合同，是用人单位职工以集体名义与用人单位依法就劳动报酬、工作时间、休息休假、劳动安全卫生、职业培训、保险福利等事项，通过集体协商签订的书面协议。集体合同主要解决职工集体性的劳动权利和义务，是对劳动者个人劳动合同的提升和补充。集体合同可以是综合性的，也可以是专项的。

（一）集体合同与劳动合同的关系

在处理二者关系上，劳动合同规定的劳动者个人劳动条件和标准不得低于集体合同的规定，否则无效；劳动合同约定不明时，适用集体合同的规定；未订立书面劳动合同的，有集体合同则适用集体合同的规定。见表 4—2—3。

表 4—2—3　　个体劳动合同与集体合同的区别

区别	个体劳动合同	集体合同
合同当事人	劳动者个人和用人单位	劳动者团体和用人单位或其团体
订立目的	确定劳动者个人和用人单位的劳动关系	确定劳动者集体的劳动条件基本标准
内容	仅涉及劳动者个人和用人单位间的权利义务	涉及全体劳动者与用人单位的权利义务
形式	一般为书面形式，特定情形允许口头形式	书面形式
效力	对劳动者个人和用人单位有法律效力	对工会和工会所代表的全体劳动者、单个用人单位或其团体都有法律效力

（二）集体合同的订立、变更、解除和终止

1. 集体合同的订立

集体合同由工会代表企业职工一方与用人单位订立；尚未建立工会的用人单位，由上

级工会指导劳动者推举的代表与用人单位订立。

经双方协商一致的集体合同草案应当提交职工代表大会或者全体职工讨论。

职工代表大会或者全体职工讨论集体合同草案，应当有2/3以上职工代表或者职工出席，且须经全体职工代表半数以上或者全体职工半数以上同意，集体合同草案或专项集体合同草案方获通过。

集体合同草案或专项集体合同草案经职工代表大会或者职工大会通过后，由集体协商双方首席代表签字。

2. 集体合同的变更和解除

双方代表协商一致，可以变更或解除集体合同或专项集体合同。

有下列情形之一的，可以变更或解除集体合同或专项集体合同：（1）用人单位因被兼并、解散、破产等原因，致使集体合同或专项集体合同无法履行的；（2）因不可抗力等原因致使集体合同或专项集体合同无法履行或部分无法履行的；（3）集体合同或专项集体合同约定的变更或解除条件出现的；（4）法律、法规、规章规定的其他情形。

3. 集体合同的终止

集体合同或专项集体合同期限一般为1至3年，期满或双方约定的终止条件出现，即行终止。期满前3个月，任何一方均可向对方提出重新签订或续订的要求。

（三）集体合同的效力及争议处理程序

1. 集体合同的效力

劳动保障行政部门自收到集体合同文本之日起15日内未提出异议的，集体合同或专项集体合同即行生效。集体合同对用人单位和全体劳动者具有法律约束力，行业性、区域性集体合同对当地本行业、本区域的用人单位和全体劳动者有约束力。

2. 集体合同争议的处理

集体协商过程中发生争议，双方当事人不能协商解决的，当事人一方或双方可以书面向劳动保障行政部门提出协调处理申请；未提出申请的，劳动保障行政部门认为必要时也可以进行协调处理。

因履行集体合同发生的争议，当事人协商解决不成的，可以依法向劳动争议仲裁委员会申请仲裁。对仲裁裁决不服的，可以依法向人民法院提起诉讼。

任务小结

本任务要求通过项目训练，使学生了解劳动合同的基本要求，明确劳动合同中自身的权利义务，规范地签订劳动合同，减少劳动争议，和谐劳动关系。

能力检测

1. 哪些情形下劳动者可以当即解除劳动合同？
2. 劳务派遣单位对被派遣的劳动者承担哪些劳动法上的义务？
3. 王某系某药品公司骨干，公司一直刻意培养。2014年10月，该公司又出资30万元送王某到美国参加专项培训，并在培训协议书中约定培训完成后，服务期不少于两年。培训结束后 3 个月，王某向药品公司提出辞职，双方协商无果。王某亦不再上班，自己注册公司开始创业。药品公司于是将王某诉至劳动仲裁委员会，要求王某支付违约金 30 万元。

问题：药品公司的主张能否得到支持?

考核知识点：劳动合同中约定的服务期条款及违约金效力。

4. 小组讨论：

(1) 生活中常见的侵犯劳动者合法权益的现象有哪些？我们应如何保护自身的权利?

(2) 运用所学内容，分析下列劳动合同样本，标示出容易忽略的地方。

附：劳动合同书范本

甲方（用人单位）名称：________________

法定代表人（委托代表人）：________________

主要负责人（委托代表人）：________________

乙方（劳动者）姓名：________________

住所：________________

性别：________________

出生年月：________________

家庭住址：________________

身份证号码：________________

甲乙双方根据《中华人民共和国劳动法》、《中华人民共和国劳动合同法》等法律、法规、规章的规定，在平等自愿、协商一致的基础上，同意订立本劳动合同，共同遵守本合同所列条款。

一、合同期限和期限

第一条　甲、乙双方选择以下第________种形式确定本合同期限：

(一) 固定期限：自________年________月________日起至________年________月________日止。

(二) 无固定期限：自________年________月________日起至法定的或本合同所约定的终止条件出现时止。

(三) 以完成一定的工作任务为期限。自________年________月________日起至________________工作任务完成时即行终止。

其中试用期自________年________月________日至________年________月________日止，期限为________天。

二、工作内容和工作地点

第二条　根据甲方工作需要，乙方同意从事________岗位（工种）工作。经甲、乙双方协商同意，可以变更工作岗位（工种）。

第三条　乙方应按照甲方的要求，按时完成规定的工作数量，达到规定的质量标准。

第四条　乙方同意在甲方安排的工作地点________________从事工作。根据甲方的工作需要，经甲乙双方协商同意，可以变更工作地点。

三、工作时间和休息休假

第五条　乙方实行＿＿＿＿＿＿＿＿工时制。

（一）实行标准工时工作制的，甲方安排乙方每日工作时间不超过八小时，每周不超过四十小时。甲方由于工作需要，经与工会和乙方协商后可以延长工作时间，一般每日不得超过一小时，因特殊原因需要延长工作时间的，在保障乙方身体健康的条件下延长工作时间每日不得超过三小时，每月不得超过三十六小时。

（二）实行综合计算工时工作制的，平均每日工作时间不得超过8小时，平均周工作时间不得超过40小时。

（三）实行不定时工作制的，工作时间和休息休假乙方自行安排。

第六条　甲方延长乙方工作时间的，应依法安排乙方同等时间补休或支付加班加点工资。

第七条　乙方在合同期内享受国家规定的各项休息、休假的权利，甲方应保证乙方每周至少休息一天。

四、劳动保护和劳动条件

第八条　甲方应严格执行国家和地方有关劳动保护法律、法规和规章，为乙方提供必要的劳动条件和劳动工具，建立健全生产工艺流程，制定操作规程、工作规范和劳动安全卫生制度及其标准。

第九条　对乙方从事接触职业病危害作业的，甲方应按国家有关规定组织上岗前和离岗时的职业健康检查，在合同期内应定期对乙方进行职业健康检查。

第十条　甲方有义务负责对乙方进行政治思想、职业道德、业务技术、劳动安全卫生及有关规章制度的教育和培训。

第十一条　乙方有权拒绝甲方的违章指挥，对甲方及其管理人员漠视乙方安全健康的行为，有权提出批评并向有关部门检举控告。

五、劳动报酬

第十二条　乙方试用期的工资标准为＿＿＿＿元/月。（试用期的工资不得低于本单位相同岗位最低档工资或者本合同第十三条约定工资的80%，并不得低于用人单位所在地的最低工资标准）。

第十三条　乙方试用期满后，甲方应根据本单位的工资制度，确定乙方实行以下第＿＿＿＿种工资形式：

（一）计时工资。由以下几部分组成：＿＿＿＿、＿＿＿＿、＿＿＿＿、＿＿＿＿；其标准分别为＿＿＿＿元/月、＿＿＿＿元/月、＿＿＿＿元/月、＿＿＿＿元/月。如甲方的工资制度发生变化或乙方工作岗位变动，按新的工资标准确定。

（二）计件工资。甲方应制定科学合理的劳动定额标准，计件单价约定为＿＿＿＿元。

（三）其他工资形式。具体约定在本合同第四十四条中明确。

第十四条　甲方应以法定货币形式按月支付乙方工资，发薪日为每月＿＿＿＿日，不得克扣或无故拖欠。甲方支付乙方的工资，应不违反国家有关最低工资的规定。

第十五条　甲方安排乙方延长日工作时间，应支付不低于乙方工资150%的工资报酬；安排乙方在休息日工作又不能安排补休的，应支付不低于乙方工资200%的工资报酬；安排乙方在法定休假日工作的，应支付不低于乙方工资300%的工资报酬。

第十六条　非因乙方原因造成甲方停工、停产、歇业，未超过一个月的，甲方应按本合同约定的工资标准支付乙方工资；超过一个月，未安排乙方工作的，甲方应按不低于当地失业保险标准支付乙方停工生活费。

第十七条　甲方安排乙方每日 22 时到次日 6 时工作的，每个工作日夜班补贴为________元。

第十八条　乙方依法享受年休假、探亲假、丧假等期间，甲方应按国家和地方有关规定标准，或劳动合同约定的标准，支付乙方工资。

六、社会保险和福利待遇

第十九条　甲方应按国家和地方有关社会保险的法律、法规和政策规定为乙方缴纳基本养老、基本医疗、失业、工伤、生育保险费用；社会保险费个人缴纳部分，甲方可从乙方工资代扣代缴。

甲乙双方解除、终止劳动合同时，甲方应按有关规定为乙方办理社会保险相关手续。

第二十条　乙方患病或非因工负伤的医疗待遇按照国家和地方有关政策规定执行。

第二十一条　乙方工伤待遇按国家和地方有关政策法规规定执行。

第二十二条　乙方在孕期、产期、哺乳期内等各项待遇，按照国家和地方有关生育保险政策规定执行。

第二十三条　甲方为乙方提供以下福利待遇：

1. ____

2. ____

3. ____

七、劳动纪律和规章制度

第二十四条　甲方依法规定的各项规章制度应向乙方公示。

第二十五条　乙方应严格遵守甲方制定的规章制度，完成劳动任务，提高职业技能，执行劳动安全卫生规程，遵守劳动纪律和职业道德。

第二十六条　乙方违反劳动纪律，甲方可依据本单位规章制度，给予相应的行政处理，行政处分、经济处罚等，直至解除本合同。

八、劳动合同的变更、解除、终止、续订

第二十七条　订立本合同所依据的客观情况发生重大变化，致使本合同无法履行的，经甲乙双方协商同意，可以变更本合同相关内容。

第二十八条　经甲乙双方协商一致，本合同可以解除。

第二十九条　乙方有下列情形之一，甲方可以解除本合同：

1. 在试用期间，被证明不符合录用条件的；

录用条件为：

①____

②____

③____

2. 严重违反劳动纪律或甲方规章制度的；

3. 严重失职、营私舞弊，对甲方利益造成重大损害的；

4. 同时与其他用人单位建立劳动关系，对完成甲方工作任务造成严重影响，或者经甲方提出，拒不改正的；

5. 以欺诈、胁迫的手段或者乘人之危，使甲方在违背真实意思的情况下订立或者变更劳动合同的；

6. 被依法追究刑事责任的。

第三十条　下列情形之一，甲方可以解除本合同，但应提前三十日以书面形式通知乙方：

1. 乙方患病或非因工负伤，医疗期满后，不能从事原工作也不能从事甲方另行安排的工作的；

2. 乙方不能胜任工作，经过培训或者调整工作岗位，仍不能胜任工作的；

3. 双方不能依据本合同第二十七条规定就变更合同达成协议的。

第三十一条　甲方濒临破产进行法定整顿期间或者生产经营发生严重困难（地方政府规定的困难企业标准），经向工会或者全体职工说明情况，听取工会或者职工的意见，并向劳动保障行政部门报告后，可以解除本合同。

第三十二条　乙方有下列情形之一，甲方不得依据本合同第三十条、第三十一条终止、解除本合同：

1. 从事接触职业病危害作业未进行离岗前职业健康检查或者疑似职业病人在诊断或者医学观察期间的；

2. 患职业病或因工负伤达到国家规定不得终止、解除劳动合同等级的；

3. 患病或非因公负伤，在规定的医疗期内的；

4. 女职工在孕期、产期、哺乳期内的；

5. 复员退伍义务兵和建设征地农转工人员初次参加工作未满三年的；

6. 义务服兵役期间的；

7. 在甲方连续工作满十五年，且距法定退休年龄不足五年的；

8. 单位集体协商代表在履行代表职责的；

9. 符合法律法规规定的其他情况的。

第三十三条　有下列情形之一，乙方可以随时通知甲方解除本合同，甲方应当支付乙方相应的劳动报酬并依法缴纳社会保险。

1. 用人单位未按照劳动合同约定提供劳动保护或者劳动条件的；

2. 用人单位未及时足额支付劳动报酬的；

3. 用人单位未依法为劳动者缴纳社会保险的；

4. 用人单位的规章制度违反法律、法规的规定，损害劳动者权益的；

5. 用人单位因《中华人民共和国劳动合同法》第二十六规定的情形致使劳动合同无效的；

6. 法律、行政法规规定劳动者可以解除劳动合同的其他情形。

第三十四条　乙方解除劳动合同，应当提前三十日以书面形式通知甲方。

第三十五条　本合同到期，劳动合同即行终止。甲乙双方经协商同意，可以续订劳动合同。

第三十六条　本合同期满后，双方仍存在劳动关系的，甲方应与乙方及时补签或续订劳动合同，双方就合同期限协商不一致时，补签或续订的合同期限应从签字之日起不得少于________月。乙方符合续订无固定期限劳动合同条件的，甲方应与其签订无固定期限劳动合同。

第三十七条　订立无固定期限劳动合同的，出现法定终止条件或甲乙双方约定的下列终止条件出现，本合同终止。

____

____

九、经济补偿与赔偿

第三十八条　甲方违反劳动合同的，应按下列标准支付乙方经济补偿金：

1. 甲方未按照劳动合同的约定或者国家规定及时足额支付劳动者劳动报酬的，以及安排加班不支付加班费的，除在规定的时间内全额支付乙方工资报酬外，还需按照应付金额的百分之五十以上百分之百以下的标准加付赔偿金。

2. 甲方支付乙方的工资报酬低于当地最低工资标准的，要在补足低于标准部分的同时，还需按照应付金额的百分之五十以上百分之百以下的标准加付赔偿金。

第三十九条　甲方解除劳动合同，除本合同第二十九条规定情形外，甲方应按照《中华人民共和国劳动合同法》第四十七条的规定和地方有关规定支付乙方经济补偿金。

第四十条　乙方患病或者因非公负伤，经劳动能力鉴定委员会确认不能从事原工作，也不能从事甲方另行安排的工作而解除本合同的，甲方除按本合同第三十九条执行外，还应发给乙方不低于六个月工资的医疗补助费。患重病和绝症的还应增加医疗补助费，患重病的增加部分不低于医疗补助费的百分之五十，患绝症的增加部分不低于医疗补助费的百分之一百。

第四十一条　甲方发生故意拖延不与乙方续订劳动合同、与乙方订立无效劳动合同、违反规定或本合同约定侵害乙方合法权益以及解除劳动合同等情形之一的，给乙方造成损害，甲方应按下列规定赔偿乙方损失：

1. 造成乙方工资收入损失的，按乙方应得工资收入支付给乙方，并加付应得工资收入百分之五十以上百分之百以下的赔偿金；

2. 造成乙方劳动保护待遇损失的，应按国家规定补足乙方的劳动保护津贴和用品。

3. 造成乙方工伤、医疗待遇损失的，除按国家规定为乙方提供工伤、医疗待遇外，还应支付乙方相当于医疗费用百分之二十五的赔偿费用；

4. 乙方为女职工或未成年工，造成其身体健康损害的，除按国家规定提供治疗期间的医疗待遇外，还应支付相当于其医疗费用百分之二十五的赔偿费用；

第四十二条　乙方违反规定或本合同的约定解除劳动合同，对甲方造成损失的，乙方应赔偿甲方下列损失：

1. 甲方为其支付的培训费和招收录用费；

2. 对生产、经营和工作造成的直接经济损失；

3. 本合同约定的其他赔偿费用。

十、违反劳动合同的责任

第四十三条　当事人一方违反本合同时，应承担的违约责任________________

____

十一、双方约定的其他事项

第四十四条____

____

____

十二、劳动争议处理

第四十五条　因履行本合同发生的劳动争议，当事人可以向本单位劳动争议调解委员会申请调解；不愿调解或调解不成，当事人一方要求仲裁的，应当自劳动争议发生之日起六十日内向________劳动争议仲裁委员会申请仲裁。当事人一方也可以直接向劳动争议仲裁委员会申请仲裁。对裁决不服的，可以向人民法院提起诉讼。

十三、其他

第四十六条　以下专项协议和规章制度作为本合同的附件，与本合同具有同等法律效力。

（一）____

（二）____

（三）____

第四十七条　本合同未尽事宜，双方可另协商解决；与今后国家法律、行政法规等有关规定相悖的，按有关规定执行。

第四十八条　本合同一式两份，甲乙双方各执一份。

第四十九条　乙方确定下列地址为劳动关系管理相关文件、文书的送达地址，如以下地址发生变化，乙方应书面告知甲方。

____

甲方（盖章）________________　　　　乙方：（签名）________________

法定代表人（委托代理人）：（签名）

主要负责人（委托代理人）：（签名）

________年________月________日　　　　________年________月________日

（资料来源：见 http：//www. liuxue86. com/a/2308796. html）

项目五　了解“互联网+”环境下的知识产权特点，创新创业从保护知识产权开始

项目任务

1. 了解知识产权的概念和特征，掌握著作权、商标、专利的概念。
2. 掌握著作权、专利权、商标权的取得和保护方式。

能力描述

1. 熟悉网络时代知识产权的构成和特征。
2. 了解著作权、商标权、专利权的主要内容。
3. 能分析网络环境下侵犯知识产权的现象并掌握维权的方法和途径。

项目导入案例

[案情介绍]（案件来源：人民网）

2014年6月12日，国家版权局、国家互联网信息办公室、工业和信息化部、公安部正式启动第十次打击网络侵权盗版专项治理“剑网行动”。此次“剑网行动”把保护数字版权、规范网络转载作为重点任务，国家版权局正对“今日头条”进行立案调查。“今日头条”是一款著名的新闻类手机APP客户端软件，6月24日，搜狐公司宣布对“今日头条”侵犯著作权提起诉讼，要求对方停止侵权，刊登道歉声明，赔偿经济损失1 100万元。搜狐公司认为，“今日头条”通过“转码”直接抓取复制使用搜狐网、搜狐网手机版以及搜狐新闻客户端里的文章图片，或者用“深度链接”的方式在其客户端内置的浏览器框架嵌套显示第三方的新闻页面，并且私自嵌套“相关阅读”与“评论”的内容与控件，用他人内容引导用户在自己入口进行下一步阅读。严重侵犯了搜狐的著作权。

[问题]

“今日头条”是否侵权？

[案例解析]

“今日头条”网站及移动客户端通过信息网络向公众提供他人新闻作品及相关图片内

容的集成、聚合、搜索、浏览和评论等服务。其使用的搜狐网新闻作品及相关图片均由其存储和传播，而非链接跳转方式，构成侵犯著作权人信息网络传播权。

任务一　学会如何保护作者的著作权

任务导入案例

[案情介绍]

（案件来源：中国新闻网）随着移动游戏的兴起，IP 改编由于其巨大价值成为行业发展一大关键因素，价值较高的热门 IP 成为游戏厂商竞相追逐的对象，金庸小说因在华语世界无与伦比的影响力更被视作黄金 IP。2011 年，完美世界签下了《倚天屠龙记》、《笑傲江湖》、《神雕侠侣》与《射雕英雄传》等 4 部作品的游戏改编权，向金庸先生支付了版权费用并缴纳了相应税款，搜狐畅游也于 2013 年以 2 000 万元的价格获得了 11 部作品的改编权。奇游互动网络科技有限公司在明知没有授权的情况下，擅自在旗下卡牌游戏《全民武侠》（后更名《武侠奇缘》）中大量使用金庸小说元素进行改编并向公众传播，完美世界及搜狐畅游遂向北京市海淀区人民法院起诉奇游公司侵权。

[问题]

奇游公司行为是否侵犯？应如何承担法律责任？

[案例解析]

2015 年 8 月，一审法院正式作出判决，认定北京奇游互动网络科技有限公司侵犯著作权及不正当竞争事实成立，须向正式版权拥有者完美世界赔偿损失 60 万元，向搜狐畅游赔偿 150 万元。

知识平台

一、知识产权的概念及特征

（一）知识产权的概念

知识产权是基于人们对自己的智力活动创造的成果和经营管理活动中的标记、信誉依法享有的专有权利。狭义上的知识产权包括专利权、商标权和著作权。广义上的知识产权还包括地理标志权、集成电路布图设计权以及关于制止不正当竞争的权利等。

随着社会的发展和以互联网为代表的信息技术革命变革，知识产权领域也从商标权、专利权、著作权等传统的线下领域发展到包括数据库，计算机软件，多媒体，网络域名，数字化作品以及电子版权的互联网线上领域。因此网络环境下的知识产权概念的外延已经大幅度扩大。

（二）知识产权的特征

1. 知识产权的客体具有无形性

知识产权的客体是发明创造、作品等智力劳动成果。智力劳动成果是指人类脑力劳动所创造的无形产品，它不同于有形的动产或不动产。值得注意的是智力劳动成果本身虽然是无形的，但它的载体却是有形的。比如一项发明专利是无形的，但基于该发明专利生产的专利产品却是有形的。

2. 知识产权具有专有性

知识产权的所有人对其知识产权具有排它的独占权，他人未经权利人许可或根据法律的直接规定不得使用其智力成果。知识产权的所有人通常称为专有人。

3. 知识产权具有时间性

知识产权只有在法律规定的期限内受到保护，超过法律规定的期限，其权利就不存在了。比如发明专利的保护期为20年，超过20年，该发明专利就不受法律保护而进入公有领域，不再为某人所专有。

4. 知识产权具有地域性

知识产权只有在授予其权利或确认其权利的国家范围内受其法律保护，表明知识产权要受到地域的限制。

5. 知识产权具有人身和财产的双重属性

知识产权的具体权利中既包含财产方面的权利，也包含人身方面的权利。如著作权就包含复制权、出版权等财产权，又包含发表权、署名权等人身权。

（三）互联网时代知识产权的特点

1. 知识产权的无形性更加明显

在网络空间，知识产权的载体表现为数字信息，人们可感知的只是数据和影像。如果说知识产权客体的无形性已经给知识产权侵权的认定与保护带来了较之有形财产权复杂得多的问题，那么在网络时代，这些资源的无形性和不确定性更增加了知识产权保护的难度。

2. 知识产权的地域性受到冲击

传统知识产权保护具有明显的地域性，知识产权在空间上的效力不是无限的，它只在被依法确认的国家或地区受该地域法律的保护，如果需要某国或某几个国家对其知识产权进行保护，必须按这些国家的法律去申请。但网络空间的“无国界性”给传统知识产权的“地域性”造成巨大冲击。在网络空间，智力成果可以极快的速度在全球范围内传播，国与国之间的界限被模糊和淡化，智力成果更容易被不同法律环境中的主体所接受和使用。网络空间知识产权对地域性的这种超越，导致了网络空间的侵权行为难以确定，执法主体难以明确。见图5—1—1。

图5—1—1

资料来源：见 http：//www. wtoip. com/news/a/20150130/8419. html。

3. 知识产权的专有性更难实现

各国知识产权立法、权利保护期限的差异以及信息流跨国高效率传输等特点，尤其是网络环境中知识产权载体的无形性，都给知识产权的确认、有偿使用、侵权监测及实施保护带来困难。在网络空间，信息一旦上网就变成公开、公知或公取的信息，而且信息的传播不再依赖传统物理载体，很难再被权利人控制。

二、著作权的概念

著作权，指作者及其他著作权人对文学、艺术和科学工程作品所享有的各项专有权利。在世界各国，对著作权人的这种权利有着多种不同的名称。英语国家称之为版权，欧洲大陆国家称为作者权，日本则称著作权。我国自清朝以来在正式立法中多称为著作权，在我国现行法律中著作权与版权为同义语。

三、著作权主体

著作权主体的认定，应以是否参加创作的事实及有关法律规定和当事人的协议为依据。作品的形式及创作方式的多样性决定著作权主体产生的多样性，各种不同的主体各自享有的权利也不尽相同。

（一）独立作品的主体

独立作品即由一人独立创作完成的作品。作者单独享有独立作品的全部著作权，他是著作权的原始权利人。

（二）演绎作品的著作权人

1. 演绎作品的概念

演绎作品，又称派生作品，是指在已有作品的基础上，经过改编、翻译、注释、整理等创造性劳动而产生的作品。

改编，是指改变作品，创作出具有独创性的新作品；翻译，是指将作品从一种语言文字转换成为另一种语言文字；注释，是指对文字作品中的字、词、句进行解释；整理，是指对内容零散、层次不清的已有文字作品或者材料进行条理化、系统化的加工。

2. 演绎作品著作权的归属及行使

演绎行为是演绎者的创造性劳动，是一种重要的创作方式。演绎创作所产生的新作品，其著作权由演绎者享有，但行使著作权时不得侵犯原作品的著作权。

（三）合作作品的著作权人

1. 合作作品的概念

合作作品，是指两人以上合作创作的作品。其构成要件是：

（1）作者为两人或两人以上；

（2）作者之间有共同创作的主观合意。合意，是指作者之间有共同创作的意图，既可表现为“明示约定”，也可表现为“默示推定”；

（3）有共同创作作品的行为，即各方都为作品的完成作出了直接的、实质性的贡献。

2. 合作作品著作权的归属及行使

合作作品的著作权由合作作者共同享有。如果合作作品不可以分割使用，如共同创作的小说、绘画等，其著作权由各合作作者通过协商一致行使；不能协商一致，又无正当理由的，任何一方不得阻止他人行使除转让以外的其他权利，但是所得收益应当合理分配给所有合作作者。

如果合作作品可以分割使用，如歌曲，作者对各自创作的部分可以单独享有著作权，但行使著作权时，不得侵犯合作作品整体的著作权。

（四）汇编作品的著作权人

1. 汇编作品的概念

汇编若干作品、作品的片段或者不构成作品的数据或者其他材料，对其内容的选择或者编排体现独创性的作品，称为汇编作品。汇编作品的构成成分既可以是受版权法保护的作品及片段，如论文、词条、诗词、图片等，也可以是不受版权法保护的数据或者其他材料，如法律法规、股市信息、商品报价单等。汇编作品受著作权法保护的根本原因不在于汇编材料本身是否受著作权法保护，而在于汇编人对汇编材料内容的选择或编排付出了创造性劳动。在材料的选择或编排上体现独创性的数据库，可作为汇编作品受著作权法保护。

2. 汇编作品著作权的归属及行使

汇编作品的著作权由汇编人享有，但行使著作权时，不得侵犯原作品的著作权。由于汇编权是作者的专有权利，因而汇编他人受版权法保护的作品或作品的片段时，应征得他人的同意，并不得侵犯他人对作品享有的发表权、署名权、保护作品完整权和获得报酬权等著作权。

（五）影视作品的著作权人

影视作品是指电影作品和以类似摄制电影的方法创作的作品。影视作品是比较复杂、系统的智力创作工程，需要制片者、编剧、导演、摄影、演员等方面的通力合作。影视作品的著作权由制片者享有，但编剧、导演、摄影、作词、作曲等作者享有署名权，并有权按照与制片者签订的合同获得报酬。影视作品中的剧本、音乐等可以单独使用的，其作者有权单独行使其著作权。

（六）职务作品的著作权人

1. 职务作品的概念

职务作品是指公民为完成法人或者其他组织的工作任务所创作的作品。其特征是：

（1）创作作品的公民与所在法人或其他组织之间存在劳动或聘用关系；

（2）创作完成作品是公民的工作任务，即属于公民在该单位中应当履行的职责。工作任务有时是具体的，明确指示公民创作一部作品；有时是笼统的，由劳动合同、岗位责任制、聘用手续等作概括性规定。职务作品的认定与公民创作作品是否利用上班时间没有必然联系。

2. 职务作品的种类及著作权归属

（1）单位作品。根据著作权法规定，由单位主持、代表单位意志创作并由单位承担责任的作品，单位被视为作者，行使完整的著作权。

（2）一般职务作品。除单位作品外，公民为完成单位工作任务而又未主要利用单位物质技术条件创作的作品，称为一般职务作品。其著作权由作者享有，但法人或者其他组织有权在业务范围内优先使用。作品完成两年内，未经单位同意，作者不得许可第三人或者其他组织以与单位相同的方式使用该作品。作品完成两年内，经单位同意，作者许可第三人以与单位使用的相同方式使用作品所获报酬，由作者与单位按约定的比例分配。作品完成两年的期限，自作者向单位交付作品之日起计算。

（3）特殊职务作品。这是指根据《著作权法》第 16 条第 2 款规定，主要是利用法人或其他组织的物质技术条件创作，并由法人或其他组织承担责任的工程设计图、产品设计图、地图、计算机软件等职务作品，或法律、行政法规规定、合同约定著作权由法人或者其他组织享有的职务作品。特殊职务作品的作者享有署名权，著作权人的其他权利由法人或者其他组织享有，法人或者其他组织可以给予作者奖励。

案例 5－1－1

周某为中国经济时报社记者，先后创作完成了包括《重庆合作建房："空中楼阁"在迷雾中》等 26 篇职务作品。中国经济时报社工会委员会未经周某授权，擅自代表周某与中国经济时报社签订职务作品版权事宜专项集体合同，约定周某创作的所有职务作品除署名权之外的其他著作权均归属中国经济时报社。报社发现，北京某公司未经许可转载了涉案文章，遂以侵犯著作权为由，将该公司告上法庭。

法院经审理后认为，职工工会的基本职责在于维护职工的合法权益，因周某并未明确授权中国经济时报社工会委员会处分其涉案 26 篇文章所享有的著作权，故中国经济时报社并未取得周某所创作的 26 篇文章除署名权之外的其他著作权，其无权提起本案诉讼，依法驳回中国经济时报社的起诉。

（案例来源：国家知识产权保护局网站）

［**问题**］周某所写的文章属于"一般职务作品"，根据现行的著作权法，著作权归作者个人所有，单位只能在自己的业务范围内使用，未经作者同意，不得向第三方许可。即对于"一般职务作品"，单位只有业务范围内的使用权。

［**案例解析**］教师所撰写的教案的所有权归谁所有？

（七）委托作品的著作权人

委托作品，是指作者接受他人委托而创作的作品。委托作品的创作基础是委托合同，既可以是口头的，也可以是书面的；既可以是有偿的，也可以是无偿的。委托作品应体现委托人的意志，实现委托人使用作品的目的。

委托作品的著作权归属由委托人和受托人通过合同约定。合同未作明确约定或者没有订立合同的，著作权属于受托人，但委托人在约定的使用范围内享有使用作品的权利；双方没有约定使用作品范围的，委托人可以在委托创作的特定目的范围内免费使用该作品。

以下两种作品不同于委托作品，其著作权归属有自己特定的规则：一是除《著作权法》第 11 条第 3 款外，由他人执笔，本人审阅定稿并以本人名义发表的报告、讲话等作品。其著作权归报告人或讲话人享有。著作权人可以支付执笔人适当的报酬。二是当事人合意以特定人物经历为题材完成的自传体作品，当事人对著作权权属有约定的，从其约定；没有约定的，著作权归该特定人物享有，执笔人或整理人对作品完成付出劳动的，著作权人可以向其支付适当的报酬。

四、著作权的客体

著作权的客体是著作权所保护的对象，即作者创作的文学、艺术和自然科学、社会科学、工程技术等作品。

（一）作品的概念

指文学、艺术和科学领域内，具有独创性并能以某种有形形式复制的智力创作成果。

（二）作品的特点

1. 表现形式应具有一定的独创性

作品是作者独立思考和创作的智力成果。在表现形式上要求其文字、音符、线条、色块等组合编排等方面具有一定的独创性。独创性是作品受到法律保护的必要条件，只有具有独创性的作品才是著作权法所保护的作品。当然法律对作品的独创性要求并不高，主要是形式上的独创性，更多地体现为差异性。

2. 表现形式具有客观性

指受著作权法保护的作品必须能够通过一定的载体即客观形式表现出来，并能为他人所利用。如果不能为他人所感知，只是存在于作者的头脑中的构思，不能为著作权法所保护。但这并不是说作品必须具有有形的物质形式的载体，它也可以无形方式的形式体现，如讲课、演说、法庭辩护等这些形式可以为他人感知，同时也可以用有形载体复制。因此，著作权法所保护的作品，应当是可以复制并能为他人所感知使用的作品。

3. 作品的内容具有合法性

内容违法或违背公序良俗的作品不受法律的保护。

（三）作品的分类

根据我国著作权法的规定，受著作权法保护的作品主要可以分为以下几类：

1. 文字作品

文字作品，是指小说、诗词、散文、论文等以文字形式表现的作品。

2. 口述作品

口述作品，是指即兴的演说、授课、法庭辩论等以口头语言形式表现的作品。

3. 音乐、戏剧、曲艺、舞蹈、杂技艺术作品

音乐作品，是指歌曲、交响乐等能够演唱或演奏的带词或者不带词的作品；戏剧作品，是指话剧、歌剧、地方戏等供舞台演出的作品；曲艺作品，是指相声、快板、大鼓、评书等以说唱为主要形式表演的作品；舞蹈作品，是指通过连续的动作、姿势、表情等表现思想情感的作品；杂技作品，是指杂技、魔术、马戏等通过形体动作和技巧表现的作品。

4. 美术、建筑作品

美术作品，是指绘画、书法、雕塑等以线条、色彩或者其他方式构成的有审美意义的平面或立体造型艺术作品；建筑作品，是指以建筑物或者构筑物表现形式表现的有审美意义的作品。

5. 摄影作品

摄影作品，是指借助器械在感光材料或者其他介质上记录客观物体形象的艺术作品。

6. 电影作品和以类似摄制电影的方法创作的作品

电影作品和以类似摄制电影的方法创作的作品，是指摄制在一定介质上，由一系列有伴音或者无伴音的画面组成，并且借助适当装置放映或者以其他方式传播的作品。

7. 图形作品和模型作品

图形作品是指为施工、生产绘制的工程设计图、产品设计图，以及反映地理现象、说明事物原理或者结构的地图、示意图等作品；模型作品，是指为展示、试验或者观测等用途，根据物体的形状和结构，按照一定比例制成的立体作品。

8. 计算机软件

计算机软件，是指计算机程序及其文档。

9. 法律、行政法规规定的其他作品

如民间文学艺术作品等。

依法禁止出版、传播的作品，不受著作权法保护。法律、法规、国家机关的决议、决定、命令和其他具有立法、行政、司法性质的文件，及其官方正式译文；时事新闻；历法、数表、通用表格和公式不受著作权法保护。

五、著作权的内容

著作权的内容，包括人身权利和财产权利两个方面。它是指著作权人对作品依法享有的权利和其他人所承担的义务。

（一）著作人身权

著作人身权是作者对作品依法所享有的精神权利，它与民法中的人身权利有所不同，民法中的人身权利是基于一定的人格和身份关系而产生的，是公民最基本的权利。作者享有的著作人身权只有在创作出作品后才产生，由作者终生享有，一般是不可转让和剥夺的。著作权中的财产权利可以转让，人身权一般不可转让。著作人身权主要包括：

1. 发表权

发表权，即决定作品是否公之于众的权利。作者在作品完成后有权决定是否公开发表，或何时、何地以何种方式发表。发表权是作者一项重要的人身权利，也是著作权的财产权实现的基础。因为作品的发表往往同作品的使用权联系在一起。出版发行、复制、摄制作品都是作者行使发表权的结果。未经作者许可，第三人擅自发表作者未发表的作品，则构成对作者著作人身权的侵犯。

2. 署名权

署名权，即表明作者身份，在作品上署名的权利。署名是反映作者身份的一种表现形式，即作品是由谁创作的。署名权的内容是作者有在作品上匿名、署真名或署假名的权利。同时也有权禁止未参加创作的人在作品发表时署名的权利。作者还有权在他人使用作品时，要求使用者尊重他的作者身份。

3. 修改权

修改权，即修改或者授权他人修改作品的权利。作者有权在作品发表前或发表后自行修改作品或授权他人修改作品。未经作者授权，他人不得擅自修改作品。但出版人或编辑对作品的编辑加工行为，如对稿件中的语法文字的加工润色视为例外，不属于侵犯修改权。

4. 保护作品完整权

保护作品完整权，即保护作品不受歪曲、篡改的权利。未经权利人同意，任何人不得对作品进行增删、改动、歪曲破坏其作品内容的完整性。不论侵权人主观上是善意还是恶意，只要客观上起到歪曲、篡改的效果，就视为侵犯了保护作品完整权。

（二）著作财产权

著作财产权，是著作权人本人或者授权他人使用作品并取得报酬的权利。我国著作权法规定，著作权人有使用权和获得报酬权，即以复制、表演、播放、展览、发行或者摄制电影、电视、录像或者改编、翻译、注释、编辑等方式使用作品的权利；以及许可他人以上述方式使用作品，并由此获得报酬的权利。除法律或行政法规另有规定外，一般情况下，对作品的任何使用都必须经作者授权并支付报酬。

著作财产权的使用方式主要包括：

（1）复制权，即以印刷、复印、拓印、录音、录像、翻录、翻拍等方式将作品制作一份或者多份的权利。这是著作财产权中最基本、最重要的权利。

（2）发行权，即以出售或者赠与方式向公众提供作品的原件或者复制件的权利。

（3）出租权，即有偿许可他人临时使用电影作品和以类似摄制电影的方法创作的作品、计算机软件的权利，计算机软件不是出租的主要标的的除外。

（4）展览权，即公开陈列美术作品、摄影作品的原件或者复制件的权利。

（5）表演权，即公开表演作品，以及用各种手段公开播送作品的表演的权利。公开表演作品被称为现场表演或直接表演；用各种手段公开播送作品的表演被称为机械表演或间接表演，如酒店、咖啡馆等经营性单位未经许可播放背景音乐就可能侵犯音乐作品的机械表演权。

（6）放映权，即通过放映机、幻灯机等技术设备公开再现美术、摄影、电影和以类似摄制电影的方法创作的作品等的权利。

（7）广播权，即以无线方式公开广播或者传播作品，以有线传播或者转播的方式向公众传播广播的作品，以及通过扩音器或者其他传送符号、声音、图像的类似工具向公众传播广播的作品的权利。

（8）信息网络传播权，即以有线或者无线方式向公众提供作品，使公众可以在其个人选定的时间和地点获得作品的权利。

（9）摄制权，即以摄制电影或者类似摄制电影的方法将作品固定在载体上的权利。

（10）改编权，即改变作品，创作出具有独创性的新作品的权利。

（11）翻译权，即将作品从一种语言文字转换成另一种语言文字的权利。

（12）汇编权，即将作品或作品的片段通过选择或者编排，汇集成新作品的权利。

（13）应当由著作权人享有的使用作品的其他权利。

六、著作权的限制

（一）合理使用

1. 合理使用的概念

合理使用是指根据法律的明文规定，不必征得著作权人同意而无偿使用他人已发表作品的行为。其构成要件是：

（1）一般只针对已经发表的作品，使用他人未发表的作品必须征得著作权人同意。已经发表的作品，是指著作权人自行或许可他人公之于众的作品。

（2）必须基于法律的明文规定。除我国《著作权法》第22条明确规定的情形外，其他使用行为均不构成合理使用。

（3）不必征得著作权人许可而无偿使用他人作品。是否支付报酬是合理使用与法定许可的重要区别。

（4）不得影响该作品的正常使用，也不得不合理地损害著作权人的合法利益。合理使用一般只限于为个人消费或公益性使用等目的少量使用他人作品的行为，应当指明作者姓名、作品名称，并不得侵犯著作权人依法享有的其他权利，如不得歪曲、篡改作品等。

2. 合理使用的情形

（1）为个人学习、研究或者欣赏，使用他人已经发表的作品；

（2）为介绍、评论某一作品或者说明某一问题，在作品中适当引用他人已经发表的作品；

（3）为报道时事新闻，在报纸、期刊、广播电台、电视台等媒体中不可避免地再现或者引用已经发表的作品；

（4）报纸、期刊、广播电台、电视台等媒体刊登或者播放其他报纸、期刊、广播电台、电视台等媒体已经发表的关于政治、经济、宗教问题的时事性文章，但作者声明不许刊登、播放的除外；

（5）报纸、期刊、广播电台、电视台等媒体刊登或者播放在公众集会上发表的讲话，但作者声明不许刊登、播放的除外；

（6）为学校课堂教学或者科学研究，翻译或者少量复制已经发表的作品，供教学或者科研人员使用，但不得出版发行；

（7）国家机关为执行公务在合理范围内使用已经发表的作品；

（8）图书馆、档案馆、纪念馆、博物馆、美术馆等为陈列或者保存版本的需要，复制本馆收藏的作品；

（9）免费表演已经发表的作品，该表演未向公众收取费用，也未向表演者支付报酬；

（10）对设置或者陈列在室外公共场所的艺术作品进行临摹、绘画、摄影、录像；

（11）将中国公民、法人或者其他组织已经发表的以汉语言文字创作的作品翻译成少数民族语言文字作品在国内出版发行；

（12）将已经发表的作品改成盲文出版。

（二）法定许可使用

法定许可使用是指依照法律的明文规定，不经著作权人同意有偿使用他人已经发表作品的行为。它与合理使用的共同之处在于：都是基于法律的明文规定；都只能针对已经发表的作品；都不必征得著作权人的同意；都应当指明作者姓名、作品名称，并不得侵犯著作权人依法享有的其他权利。

两者的区别在于：第一，法定许可主要是作品传播者的使用行为，而合理使用不受此限；第二，著作权人事先声明不许使用的，一般不适用法定许可制度，但合理使用一般不受此限；第三，法定许可是有偿使用，使用人必须按规定支付报酬，而合理使用是无偿使用。

根据有关规定，法定许可使用包括以下情形：

(1) 为实施九年制义务教育和国家教育规划而编写出版教科书，除作者事先声明不许使用的外，可以不经著作权人许可，在教科书中汇编已经发表的作品片段或者短小的文字作品、音乐作品或者单幅的美术作品、摄影作品；

(2) 作品被报社、期刊社刊登后，除著作权人声明不得转载、摘编的外，其他报刊可以转载或者作为文摘、资料刊登；

(3) 已在报刊上刊登或者网络上传播的作品，除著作权人声明或者上载该作品的网络服务提供者受著作权人的委托声明不得转载、摘编的以外，网站可以转载、摘编；

(4) 录音制作者使用他人已经合法录制为录音制品的音乐作品制作录音制品，著作权人声明不许使用的除外；

(5) 广播电台、电视台播放他人已经发表的作品；

(6) 广播电台、电视台播放已经出版的录音制品。

案例 5—1—2

2015 年 9 月，晋江公司称腾讯科技（上海）有限公司将《花千骨》改编成有声读物并在其手机 APP 上播放，侵犯了他们的权利，索赔 700 余万元。晋江公司认为，根据其公司与作者江晨舟（笔名：fresh 果果）签订的《数字版权作品授权合同》、《数字版权作品授权书》及《授权委托书》，其公司拥有 fresh 果果的作品《花千骨》的电子版权及作者所有著作权的独立维权资格。腾讯公司未经晋江公司和作者授权，私自将《花千骨》改编成有声读物并在其开发运营的手机 APP“企鹅 FM”上架，侵犯了晋江公司及作者的合法著作权。晋江公司多次联系腾讯公司并发侵权通知，要求腾讯公司将《花千骨》在手机 APP“企鹅 FM”上下架，腾讯公司均不予理会。向法院诉请要求判令腾讯公司停止侵权，赔礼道歉，按照每个点击 0.1 元进行赔偿（共计 759.44 万元）并承担公证费、诉讼费等。

（案件来源：新华网）

[案例解析] 区别法定许可和合理使用的界限，腾讯公司擅自改编作品并谋取利益的行为属于侵权。

七、著作权的保护

（一）著作权的取得

指著作权人因何种形式取得著作权。它一般有两种形式：

1. 著作权的原始取得

即作者因完成作品而取得著作权。著作权一般是以创作作品的事实本身而产生。世界上绝大多数国家采取自动保护原则，即作者因完成作品而取得著作权，自动受法律保护。

我国《著作权法》第 2 条第 1 款规定，中国公民、法人或者其他组织的作品，不论是否发表，依照本法享有著作权。

2. 著作权的受让取得

著作权除作者原始取得权利外，还可以通过合同或继承等方式取得。

著作权法规定：著作权中的财产权依照继承法的规定继承。作者死亡后，其著作权中的署名权、修改权和保护作品完整权由作者的继承人或者受遗赠人保护。没有继承人或受遗赠人的，由著作权行政管理部门保护。

（二）著作权的保护期

著作权保护期，是指作品著作权的有效期间。在著作权保护期内，著作权人享有著作权。保护期限届满，著作权的某些权利保护终止，作品就成为人类公有的公共财富，任何人都可以自由使用，而不必经著作权所有人同意和支付报酬。

1. 著作人身权的保护期限

著作人身权中的署名权、修改权和保护作品完整权的保护期不受限制，可以获得永久性保护。但著作人身权中的发表权的保护有时间限制。

2. 自然人作品的发表权和财产权的保护期

公民的作品，其发表权和使用权的保护期分别为作者终生及其死后 50 年，截止于作者死亡之后第 50 年的 12 月 31 日；如果是合作作者，截止于最后死亡的作者死亡后第 50 年的 12 月 31 日。作者生前未发表的作品，如果作者未明确表示不发表，作者死亡后 50 年内，其发表权可由继承人或者受遗赠人行使；没有继承人又无人受遗赠的，由作品原件的所有人行使。

3. 法人或其他组织的作品的发表权和财产权的保护期

单位作品，著作权（署名权除外）由法人或者其他组织享有的职务作品，其发表权和使用权的保护期为 50 年，截止于作品首次发表后第 50 年的 12 月 31 日，但作品自创作完成后 50 年内未发表的，著作权不再保护。

4. 作者身份不明作品使用权的保护期

作者身份不明的作品，其使用权的保护期截止于作品首次发表后第 50 年的 12 月 31 日。作者身份确定后，适用《著作权法》第 21 条的规定，按不同作品类型分别确定保护期。

（三）侵犯著作权行为的表现形式

见图 5—1—2。

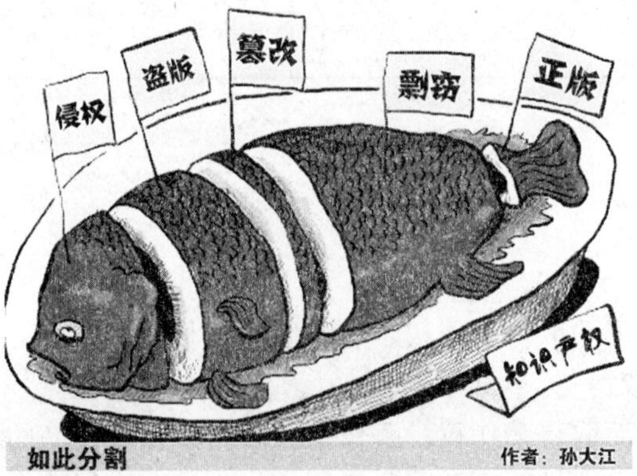

图 5—1—2

图片来源：http：//image. baidu. com/。

侵犯著作权行为，是指行为人未经著作权人同意，又无法律根据，擅自对著作权人的作品进行使用的行为。

1. 剽窃、抄袭他人作品的行为

剽窃、抄袭是指将他人创作的作品非法据为己有，以自己的名义发表。在认定时，要注意抄袭与合理使用他人作品的区别。

2. 非法复制他人作品的行为

非法复制，指以营利为目的采用复制发行、出版、翻录、翻印、伪造等手段复制他人享有著作权的作品。

非法复制他人作品主要表现为：未经著作权人许可，以营利为目的，复制发行其作品的；出版他人享有专有出版权的图书的；未经表演者许可，对其表演制作录音录像出版的；未经录音录像制作者许可，复制发行其制作的录音录像的；未经广播电台、电视台许可，复制发行其制作的广播、电视节目的。

3. 其他侵犯著作权的行为

指除剽窃、抄袭及非法复制之外的侵犯著作权的行为。

主要表现为：未经著作权人许可、发表其作品的；未经合作作者许可，将与他人合作创作的作品当作自己单独创作的作品发表的；没有参加创作，为谋取个人名利，在他人作品上署名的；歪曲、篡改他人作品的；未经著作权人许可，以表演、播放、展览、发行、摄制电影、电视、录像或者改编、翻译、注释、编辑等方式使用作品而又无法律根据的；使用他人作品，未按照规定支付报酬的；未经表演者许可，从现场直播其表演的；其他侵犯著作权以及与著作权有关的权益的行为。

（四）网络侵犯著作权的形式

网络著作权基于作品的创作而产生，其不须经过任何部门的审批，也不要求发表或登记，作品一经创作完成就自动产生权利，受《著作权法》的保护。在网络环境下，未经版权所有人、表演者和录音制品制作者的许可，不得将其作品或录音制品上传到网上和在网上传播。当作者依法将其作品上载后，访问者可以免费阅读和下载作品，但假冒他人作品，或未经权利人许可，对他人作品进行篡改和消除，则构成侵权行为（见图 5—1—3）。常见的侵犯网络著作权的形式有：

图 5—1—3

资料来源：见 http：//www. chinadaily. com. cn/dfpd/2012—04/26/content _ 15144220. htm。

1. 未经许可擅自使用

这主要指未经著作权人同意或许可，将著作权人尚未公开发表的作品擅自上传，登载于网络上，这种行为侵犯的是著作权人的发表权和信息网络传播权。

2. 转载侵权

转载侵权指将作者已经发表、但明确声明不得转载的作品在网络上予以转载；或者著作权人虽然没有声明不得在网络上转载，但转载时没有标明作者姓名、转载发表后也没有向相关的著作权人支付使用费的行为。

3. 网络抄袭与剽窃

这是指单位或者个人剽窃使用网络及其他媒体上已经发表的文字、图片、影音等资源用于非公益目的，即大段抄袭或者剽窃著作权人的作品，在网络上以自己的名义发表、传播。

4. 网页设计侵权

网络抄袭与剽窃的对象，除了登载于网络上的各种作品以外，还包含了网页设计的抄袭与剽窃。网页设计既有原创性的文字、图像、动漫、FLASH以及音乐内容，还有网页整体的版式设计。

5. 链接侵权

链接如果仅指向需要浏览的其他网站的首页，一般是不构成侵权的，但是，有些网站却通过内链技术，或者深链技术，使设链与被链接网站的页面内容结合，或不经过链接网站主页而直接利用其分页内容。这样，事实上就构成了侵犯被链接者主页或分页作品的著作权的问题。这种超链接行为产生两种结果：（1）使用户难以辨别商品或服务的来源；（2）无偿利用了被链接网站的优良商誉。

6. 下载侵权

这是指有些商业性组织未经网站和著作人同意，私自下载、出版网络上的文字、影音等作品，获取高额利润的行为。私自下载他人享有著作权作品的行为，如果只是为了满足个人的欣赏需求，或者用于符合著作权法规定的合理使用的范畴，自然是不构成侵权的。但如果下载行为被用于商业目的，则侵犯了网站和著作权人的合法权利，客观上造成了对作品的无授权使用和对网站及著作权人财产权的侵犯。

（五）侵犯著作权的法律责任

我国法律规定了侵犯著作权的行为，根据不同情况，分别应承担民事责任、行政责任和刑事责任。见图5—1—4。

1. 民事责任

根据我国著作权法的规定，侵权人侵犯著作权所应承担民事责任的形式有，第一，停止侵害。第二，消除影响、公开赔礼道歉。由于侵权人的行为，给著作权人造成的不良影响，故侵权人应在相应范围内消除给作者造成的不良影响，并公开向被侵权人认错、赔礼，以对侵权行为进行谴责。第三，赔偿损失。侵权人对著作权人的权利造成损害，不论侵犯的是人身权还是财产权都要赔偿损失。对人身权利的侵犯给权利人造成的精神损失，也应给予财产赔偿。

图 5—1—4　难题

资料来源：见红网论坛。

我国《著作权法》第 47 条、第 48 条规定，凡未经著作权人许可，有不符合法律规定的条件，擅自利用受著作权法保护的作品的行为，即为侵犯著作权的行为。

2012 年 11 月最高人民法院《关于审理侵害信息网络传播权民事纠纷案件适用法律若干问题的规定》第二条 本规定所称信息网络，包括以计算机、电视机、固定电话机、移动电话机等电子设备为终端的计算机互联网、广播电视网、固定通信网、移动通信网等信息网络，以及向公众开放的局域网络。

第三条　网络用户、网络服务提供者未经许可，通过信息网络提供权利人享有信息网络传播权的作品、表演、录音录像制品，除法律、行政法规另有规定外，人民法院应当认定其构成侵害信息网络传播权行为。

通过上传到网络服务器、设置共享文件或者利用文件分享软件等方式，将作品、表演、录音录像制品置于信息网络中，使公众能够在个人选定的时间和地点以下载、浏览或者其他方式获得的，人民法院应当认定其实施了前款规定的提供行为。

2. 行政责任

对违反法律、法规的规定以及严重侵犯著作权的行为，著作权行政管理部门可以根据所造成的侵害后果和情节给侵权人以行政处罚。

3. 刑事责任

对于以营利为目的，严重侵害著作权，侵权所得数额较大的构成侵犯著作权罪或销售侵权复制品罪，应根据《刑法》的相关规定进行处罚。

刑法第二百一十七条　【侵犯著作权罪】以营利为目的，有下列侵犯著作权情形之一，违法所得数额较大或者有其他严重情节的，处三年以下有期徒刑或者拘役，并处或者单处罚金；违法所得数额巨大或者有其他特别严重情节的，处三年以上七年以下有期徒刑，并处罚金：

（一）未经著作权人许可，复制发行其文字作品、音乐、电影、电视、录像作品、计算机软件及其他作品的；

（二）出版他人享有专有出版权的图书的；

（三）未经录音录像制作者许可，复制发行其制作的录音录像的；

（四）制作、出售假冒他人署名的美术作品的。

任务小结

知识产权是基于人们对自己的智力活动创造的成果和经营管理活动中的标记、信誉依法享有的专有权利，具有人身性和财产性的双重属性。保护知识产权，就是保护创新，推动创新活力与积极性。学生通过本任务的学习，能清楚什么是知识产权，了解保护知识产权的重要性，在日常生活中我们应如何保护知识产权，逐步树立起尊重和保护知识产权的法律意识。面对网络环境下纷繁复杂的著作权侵权行为，能正确分析这些行为的构成性质，掌握维权的方法。

能力检测

1. 网络环境下的著作权有什么特点？应如何加以保护？

2. 如何区别职务作品和一般作品？

3. 区别著作权的合理使用和抄袭？

4. 案例分析：王某非常喜欢日韩流行歌曲，但他认为有些原版 CD 质量不高，会损坏他的高级音响，所以他从不买正版 CD，而是有朋友购买后进行翻录或者在网上下载，以便欣赏。

问题：王某的行为是否构成侵犯著作权？其行为的性质应如何认定？

考核知识点：合理使用的构成要件。

任务二　会注册商标，能够保护自己的商标

任务导入案例

[案情介绍]

（来源：新华网）温州人金某在2009年初向国家商标局申请“非诚勿扰”商标，并于2010年9月通过审定，该商标核定服务项目为第45类，包括“交友服务、婚姻介绍”等。随后，金某以“非诚勿扰”为名开设了一家婚姻介绍所。2010年1月，江苏卫视婚恋交友节目《非诚勿扰》开播。2013年，金某以侵犯商标权为由，将江苏省广播电视总台告上法庭。

深圳市南山区人民法院一审认为，江苏卫视的《非诚勿扰》是一档电视节目，其与金某的商标核定服务类别不同，两者属于不同类商品（服务），不构成侵权。2014年12月，法院驳回原告金某的诉讼请求。不服判决的金某上诉。2015年12月，深圳市中级人民法院判定江苏卫视的《非诚勿扰》节目，从服务目的、内容、方式、对象等方面来看，其均是提供征婚、相亲、交友的服务，与金某“非诚勿扰”商标注册证上核定的服务项目“交友、婚姻介绍”相同，判决江苏省广播电视总台立即停止“非诚勿扰”商标侵权行为，在判决生效后立即停止使用“非诚勿扰”栏目名称。

2016年2月，《非诚勿扰》改名为《缘来非诚勿扰》，在江苏卫视继续播出。

[问题]

江苏卫视非诚勿扰栏目是否侵犯了金某的商标权？

[案例解析]

江苏卫视的《非诚勿扰》节目，从服务目的、内容、方式、对象等判定，其均是提供征婚、相亲、交友的服务，与金某“非诚勿扰”商标注册证上核定的服务项目“交友、婚姻介绍”相同。而且金某的注册商标已投入商业使用，江苏卫视的行为影响了其商标正常使用。由于江苏卫视的知名度及节目的宣传，使得公众造成反向混淆。江苏卫视通过播出《非诚勿扰》，收取大量广告费用，在节目后期通过收取短信获利，足以证明其以营利为目的的商业使用，构成了商标侵权行为。

知识平台

一、商标的概念

（一）商标的概念

商标是注明在商品、商品包装及其宣传品上面的，用于区别不同企业的商品或服务项目的一种专用标记。可分为商品商标和服务商标。商品商标的作用在于区别不同企业经营的同类商品或类似商品，服务商标的作用在于区别不同企业提供的相同或相类似的服务。

（二）商标的构成要素

商标的构成要素是文字、图形或者文字与图形的组合。有些国家商标的构成要素已不再局限于文字、图形及其组合，出现了以商品的包装及容器的形状作为商标标记形式的立体商标，以音响、乐曲为标记的音响商标等等，甚至还有以气味作为标志的气味商标。

二、商标的取得

（一）申请商标注册

商标注册是指商标注册申请人按照商标法规定的商标注册原则、条件和程序，向商标主管机关申请商标注册，经核准注册并发给商标注册证，取得商标专用权的法律行为。

1. 商标注册的原则

（1）自愿注册与强制注册相结合的原则。

我国法律采取自愿注册与强制注册相结合的原则。即对一般的商品或服务项目的商标，由生产经营者根据需要决定是否申请注册。对特定商品或服务项目的商标使用由法律规定必须注册。实行强制注册的商品主要是人用药品和烟草制品。

案例 5—2—1

甲县卷烟厂使用注册商标宇宙牌香烟，一年后发现乙县卷烟厂未经商标注册，也生产销售宇宙牌香烟，且质量低。问：乙厂的行为违反了我国商标管理的什么规定？

[分析] 乙厂的行为违反了我国强制性注册规定，根据规定，产销烟草制品必须使用注册商标，否则不得在市场上销售。对乙厂的此种行为，工商企业部门可依法责令其限期注册，并罚款。

（2）统一注册的原则。

它是指商标注册必须由中央商标主管机关统一审批核准注册的原则。在我国，国务院工商行政管理部门商标局主管全国商标注册和管理工作，商标局负责核准注册商标。

（3）一件商标一份申请的原则

是指一份商标注册申请只能请求注册一件商标。同一申请人在不同类别的商品上使用同一商标的，应当按商品分类表提出注册申请。

2. 商标注册的条件

申请商标注册的主体包括依法成立的企业、事业单位、社会团体、个体工商户、个人合伙及外国人或外国企业。

申请注册商标使用的文字、图形或其组合，应有显著特征以便于识别，商标使用的文字或图形不得违反法律规定的禁用条款。

我国商标法规定商标不得使用下列文字、图形：

我国商标法第十条 规定了下列标志不得作为商标使用：

（1）同中华人民共和国的国家名称、国旗、国徽、国歌、军旗、军徽、军歌、勋章等相同或者近似的，以及同中央国家机关的名称、标志、所在地特定地点的名称或者标志性建筑物的名称、图形相同的；

（2）同外国的国家名称、国旗、国徽、军旗等相同或者近似的，但经该国政府同意的除外；

（3）同政府间国际组织的名称、旗帜、徽记等相同或者近似的，但经该组织同意或者不易误导公众的除外；

（4）与表明实施控制、予以保证的官方标志、检验印记相同或者近似的，但经授权的除外；

（5）同“红十字”、“红新月”的名称、标志相同或者近似的；

（6）带有民族歧视性的；

（7）带有欺骗性，容易使公众对商品的质量等特点或者产地产生误认的；

（8）有害于社会主义道德风尚或者有其他不良影响的。

县级以上行政区划的地名或者公众知晓的外国地名，不得作为商标。但是，地名具有其他含义或者作为集体商标、证明商标组成部分的除外；已经注册的使用地名的商标继续有效。

同时，我国商标法第十一条还规定了下列标志不得作为商标注册：

（1）仅有本商品的通用名称、图形、型号的；

（2）仅直接表示商品的质量、主要原料、功能、用途、重量、数量及其他特点的；

（3）其他缺乏显著特征的。

前款所列标志经过使用取得显著特征，并便于识别的，可以作为商标注册。

此外，县级以上行政区划的地名或者公众知晓的外国地名，不得作为商标。但是，地名具有其他含义的除外。已经注册的使用地名的商标继续有效。

（二）商标注册的审核

申请注册的商标，经商标主管机关审查合格后予以核准注册，获得商标专用权。审查的内容包括该申请是否与在先申请或注册的商标相冲突。商标专用权归属在世界各国法律规定中，主要有三项原则来确定权利归属，即注册在先原则、使用在先原则和混合原则。

1. 申请在先原则

申请在先原则，是指按照申请商标注册的时间先后来确定商标专用权归属的原则。根据这一原则，商标注册申请是取得商标的必要程序，商标权属于该商标的在先申请人所有。

2. 使用在先原则

使用在先原则，是指按照使用商标的时间先后确定商标权归属的原则。

3. 混合原则

混合原则，是指申请在先原则和使用在先原则并用的原则。根据这一原则，法律确认商标注册人取得专用权的同时，也允许首先使用该商标而未注册的人继续使用该项商标。但一般只限于自己在注册人获得注册商标之前已经使用的地区继续使用该商标，不能再行扩大使用范围。

我国商标法在商标权取得上采取申请在先的原则，但在特定情况下以使用在先原则作为补充。即不是同一天申请的，则公布申请在先的；同一天申请的，初步审定并公告使用在先者；同日使用或者均未使用的，在收到通知之日起 30 日内由当事人协商，并将书面协议报送商标局，协商不成的，以抽签的方式确定一个申请人；已经通知但未参加抽签的，视为放弃申请，商标局应书面通知。

商标注册的申请日期，以商标局收到申请文件的日期为准。

案例 5—2—2　乔丹诉乔丹公司侵权案

国产乔丹商标　　　　耐克Jordan Brand商标

乔丹体育股份有限公司成立于1984年，总部位于福建省晋江市。经过几十年的经营，在运动服装、运动鞋、运动书包等产品方面已经具有了很高的市场影响力。2012年10月，篮球巨星迈克尔·乔丹（Micheal Jordan）向我国国家工商总局商标评审委员会提出争议申请，认为乔丹体育公司注册“QIAODAN”、“侨丹”、“乔丹王”商标的行为，违反《反不正当竞争法》中所指的诚实信用原则，这些商标的使用会造成公众对产品来源的误认，扰乱正常的市场秩序，并以此申请商评委撤销对上述商标的注册。2014年4月，商评委做出裁定“争议商标予以维持”，认为乔丹的申请撤销理由不成立。2015年初，“飞人”向法院提出诉讼，要求中国乔丹体育公司撤销关于“QIAODAN”、“侨丹”、“乔丹王”在内的多个争议商标，但一审被驳回。2015年7月，北京市高级人民法院做出终审判决：驳回迈克尔·乔丹撤销乔丹体育争议商标注册的上诉请求，保持乔丹体育争议商标的注册。虽然输了官司，但是“飞人”乔丹并不是一无所获。至少从判决后的反应来看，乔丹输了官司，却赢了人心。“拿着外国名人的名字注册，打着民族品牌的旗号，这样有意思吗？以后再也不买了”、“不是这场官司，我还不懂乔丹体育和乔丹没有半毛钱关系”……不少网友在审判后纷纷吐槽道。有媒体这样总结，“不可否认，每个企业都有权选择自己的生存方式，区别只在于——你能不能得到别人的尊重。依靠消费者的错觉去赢得市场永远只是暂时的。”

[问题] 乔丹为什么败诉？

[分析] 我国的《商标法》实行申请在先原则，只有注册商标才能享有商标专用权。《商标法》并没有明确禁止使用姓名注册商标，这其中也包括使用名人的姓名，在商标注册审查时，一般也不对用姓名注册的商标进行实质审查。“乔丹”只是常见的美国人姓氏，乔丹并没有办法证明Jordan和乔丹有唯一、排他的必然联系。因此乔丹体育公司注册、使用“乔丹”系列商标的行为并不侵犯迈克尔·乔丹的姓名权或肖像权。乔丹体育公司先后投入大量人力、物力和财力进行广告宣传和市场推广，已经形成了自己独有的企业商誉和品牌积淀，属于合法获得商标，其权利应予以保护。

（资料来源：新华网、澎湃网）

（三）注册商标的续展和终止

1. 注册商标的续展

是指商标权人在注册商标受法律保护的有效期届满时，依法申请核准延长商标权有效期的法律活动。续展权也是商标权的内容之一。

我国商标法规定，经核准公告的注册商标的有效期为10年，自核准注册之日起计算。

商标法同时还规定，注册商标有效期满，需要继续使用的，应当在期满前6个月内申请续展注册；在此期间未能提出申请的，可以给予6个月的宽展期。宽展期满仍未提出申请的，注销其注册商标。每次续展注册的有效期为10年。续展注册经核准后，予以公告。

2. 商标权的终止

根据我国商标法的规定，商标权的终止主要有注销或撤销两种情况。

（1）注销。

我国商标法实施细则规定，商标权人根据需要，可以向商标主管机关申请注销其注册商标，由商标主管机关核准公告。但是，如果商标权人已许可他人使用其注册商标，则未经被许可人同意，商标权人在许可合同期满前不能申请注销注册商标。

（2）撤销。

撤销是指该注册商标的所有人违反法律规定或出现法定的争议情况，依法由商标主管机关或商标评审委员会终止该注册商标效力的行为。撤销包括两种情况：

①违法撤销。是因商标权人在注册商标使用过程中违反法律规定而被撤销，终止其效力。我国商标法规定，使用注册商标，有下列行为之一的，责令限期改正或者撤销其注册商标：自行改变注册商标的文字、图形或者其组合的；自行改变注册商标的注册人名义、地址或者其他注册事项的；自行转让注册商标的；连续三年停止使用的。商标法还特别规定，商品粗制滥造，以次充好，欺骗消费者的，撤销其注册商标。

②争议撤销。它有两种情况：一是注册商标争议，指注册在先的商标专用权人认为注册在后但注册期未满一年的商标，与其使用在同一种或类似的商品或服务项目上的注册商标相同或者近似，而与后者发生的争议，商标评审委员会作出注册商标争议的裁定，如果两者会造成混同，则裁定撤销后注册的商标。该裁定是终局裁定。二是注册不当商标的撤销。商标法规定已经注册的商标，违反商标法规定的禁用的文字、图形等条款，或者是以欺骗手段或者其他不正当手段取得注册的，商标局有权撤销该注册商标，其他单位或个人可以请求商标评审委员会撤销该注册商标。

三、商标权的保护

（一）商标权的效力范围

我国商标法规定，注册商标的专用权，以核准注册的商标和核准使用的商品或服务项目为限。

（二）商标侵权行为的类型

（1）未经注册商标所有人的许可，在同一种商品或服务项目或者类似商品或服务项目上使用与其注册商标相同或者相近似的商标的行为。

（2）伪造、擅自制造他人注册商标标识或者销售伪造、擅自制造的注册商标标识的行为。见图5—2—1。

图 5—2—1

资料来源：见澎湃网。

(3) 销售明知是假冒注册商标的商品的行为。如果行为人主观上不知或不应知道该商品是假冒注册商标的商品而销售，则不构成对商标权人权利的侵犯。

(4) 给他人的注册商标专用权造成其他损害的行为

①经销明知或者应知是侵犯他人注册商标专用权商品的。

②在同一种或者类似商品上，将与他人注册商标相同或者近似的文字、图形作为商品名称或者商品装潢使用，并足以造成误认的。

③故意为侵犯他人注册商标专用权行为提供仓储、运输、邮寄、隐匿等便利条件的。

案例 5—2—3

2014 年 8 月，重庆市南岸区工商分局执法人员在开展红盾网剑行动工作中，通过网络搜索检查发现当事人万某在淘宝网上开设的“倾城海伦家”网店涉嫌销售侵犯注册商标专用权的商品。随后，对当事人的实际经营场所进行了现场检查，查获待销售标注有 PRADA（普拉达）、CHANEL（香奈儿）、Zegna（杰尼亚运动）、ZegnaSport（杰尼亚运动）、BURBERRY（博柏利）字样的男女式各型服装、围巾、拖鞋等商品 380 余件，后经权利人鉴定，系侵犯权利人注册商标专用权的商品。

[问题] 如何认定万某行为的性质？淘宝网是否应承担法律责任？

[案例解析] 1. 本案当事人在明知其销售商品未获得相关注册商标权利人授权的情况下仍在其网店上对外进行销售，且其侵犯注册商标专用权的商品涉及品牌和数量较多，违法经营额也较大，属于《商标法》所指的销售侵犯注册商标专用权商品的违法行为。

2. 本案中，淘宝网是提供销售平台的网络服务者，用户在淘宝网上注册时，淘宝网应当告知其不得发布涉嫌侵犯他人知识产权或其他合法权益的商品或服务信息。万某的行为属于个人行为，所以淘宝网对被告的侵权行为不存在明知或者应知的过错。淘宝网在收到有关部门的通知后，应删除相关侵权链接，以履行作为一个网络服务提供者的基本义务。

（资料来源：国家工商总局网站）

（三）网络商标侵权行为

随着信息技术的发展，“大众创业、万众创新”观念的深入，在线交易成为日常经济生活的重要形式，网购行为的广泛性，也使得网店经营者越来越多，从电器到家具，从服装到配饰，应有尽有，而一些网店经营者更是公然在网络中低价销售假冒注册商标的商品，有的销售行为甚至触犯刑法，构成犯罪。常见的网络侵犯商标权的形式有：

(1) 网络域名中包含他人注册商标文字的关键单词、字母等，或者假称自己是某个品牌的销售商。

(2) 将他人注册商标名称恶意注册为自己的域名。行为人明知属于他人享有权利的知名商标、商号或其他标识的文字组成，还故意将其注册为自己的域名，再以高价卖给该知识产权所有人或其竞争对手。

(3) 在网页上随意使用他人的知名商标、字号、商品（服务）名称。行为人将他人注册商标的文字、图形、图像用于自己的网页，或将他人商标的图形设计成自己网页的图形，或者在网络链接中，随意使用他人的知名商标、字号、商品（服务）名称作为链接标志。

(4) 把网络、网站作为一个广告的平台，用来发布假冒侵权方面的信息。

(5) 把网站作为一个制假贩假的交易平台。

（四）侵犯商标权行为应承担的法律责任

1. 民事责任

权利人应当从知道或应当知道商标专用权被侵害之日起二年内向人民法院起诉，请求保护。法院将对侵权人施以民事处罚，令其承担法律责任。权利人亦可向工商行政管理机关请求保护并要求民事赔偿。

侵权人通常应承担停止侵害、消除影响，赔偿损失等民事责任。赔偿额一般应为侵权人在侵权期间因侵权所获的非法利益，或者被侵权人在被侵权期间因被侵权所遭受的经济损失。

2. 行政责任

工商行政管理机关对侵犯注册商标专用权的违法行为可以给予责令停止侵权行为或罚款的处罚，还可应被侵权人的请求责令侵权人赔偿损失。

3. 刑事责任

根据我国法律规定，假冒商标的行为构成刑事犯罪的，依法追究刑事责任。

第二百一十三条【假冒注册商标罪】未经注册商标所有人许可，在同一种商品上使用与其注册商标相同的商标，情节严重的，处三年以下有期徒刑或者拘役，并处或者单处罚金；情节特别严重的，处三年以上七年以下有期徒刑，并处罚金。

第二百一十四条【销售假冒注册商标的商品罪】销售明知是假冒注册商标的商品，销售金额数额较大的，处三年以下有期徒刑或者拘役，并处或者单处罚金；销售金额数额巨大的，处三年以上七年以下有期徒刑，并处罚金。

第二百一十五条【非法制造、销售非法制造的注册商标标识罪】伪造、擅自制造他人注册商标标识或者销售伪造、擅自制造的注册商标标识，情节严重的，处三年以下有期徒刑、拘役或者管制，并处或者单处罚金；情节特别严重的，处三年以上七年以下有期徒刑，并处罚金。

知识拓展　创业者如何布局商标保护

如果评选2015年最热门词语，“创业”一词当之无愧。

前不久，李克强总理连续两次在重要会议上，高调赞誉和深度阐述大众创业，国家也出台了鼓励创新和创业的相关政策。在这种背景下，越来越多的高校毕业生和在职人员投身创业热潮，甚至被很多人视为端着“铁饭碗”的公务员、事业单位工作人员也有不少纷纷跳槽，投身创业大潮。

放眼神州大地，创业大潮汹涌来袭，生机勃勃。知识产权制度是鼓励和保护创新的制度，对创业者来说，无论是自主创业还是加入创业团队，知识产权保护尤其是包括商标在内的各类品牌和创意保护是必须优先考虑的问题。

文字优先　及早谋划

很多创业者在公司成立之后，迅速投入拓展业务和市场工作中，往往忽略了商标问题，给企业发展埋下法律隐患，这类例子不胜枚举。

已经坐拥5亿活跃用户的微信，是众多手机应用程序中最成功的一个。但是，从商标保护的角度审视，腾讯在商标保护策略上存在失误，商标问题成为微信发展的“短板”，值得每个创业者或创业公司关注。

2011年1月21日，微信1.0测试版发布。3天后，也就是2011年1月24日，腾讯正式提交了微信图文商标注册申请。腾讯这种“先有产品，再做保护”的策略，应该说属于该行业的常规做法，但如果碰到非常规的竞争业态，就明显不妥。

事实上，在腾讯微信产品发布或商标注册申请前，一家名叫“创博亚太科技（山东）有限公司”的企业已经提前2个月向商标局提交了微信文字商标注册申请，并一次性提交了3件商标注册申请。

此外，在腾讯微信1.0测试版发布前，还有一家公司提交的微信商标注册申请也早于腾讯。这家名叫“北京联智昭阳文化传播有限责任公司”的企业在2011年1月17日向商标局提交了第38类上的微信商标注册申请。

显然，虽然腾讯微信名声最大，但在申请注册商标的时间上，腾讯并不是最早的，这也是引发后续微信商标纠纷的根源所在。腾讯微信商标保护策略上的“短板”，有两点教训值得其他创业者汲取。

其一，文字商标申请应先于图文商标。

根据《商标法》第八条的规定，任何能够与他人的商品区别开的标志，包括文字、图形、字母、数字、三维标志、颜色组合和声音等，以及上述要素的组合，均可以作为商标申请注册。在实践中，很多公司习惯于待产品成型后，再申请注册商标；在商标选择方面，更偏爱图文组合商标。应该说，在不少公司，这种策略属于“常规”做法。然而，这种看似“常规”的做法，其实蕴藏着不少风险。实际上，在一个创新型产品开发过程中，不论是互联网产品或服务，还是传统领域的产品或服务，大多数情况下都是先有“名称”，再有实际产品或服务的。笔者建议，出于稳妥考虑，在产品名称确定后应率先申请注册文字商标，为产品“正名”。待最终产品成型后，再申请注册有特色的图文组合商标。

其二，商标申请时间赶早不赶晚。

根据《商标法》第三十一条的规定，两个或者两个以上的商标注册申请人，在同一种商品或者类似商品上，以相同或者近似的商标申请注册的，初步审定并公告申请在先的商标；同一天申请的，初步审定并公告使用在先的商标，驳回其他人的申请，不予公告。

据称，腾讯内部可能早在2010年10月左右就确定了“微信”名称，却直到2011年1月24日产品面世3天后才提交商标注册申请，中间有几个月的空档期。如果腾讯能够在内部确定名称后立即提出商标注册申请，就不会被创博亚太公司捷足先登，也不会发生后来这么多麻烦事儿。因此笔者建议创业者最好按照“市场未动，商标先行”的原则，在确定产品商标后立即申请注册，抢得先机。

选好类别　不必贪多

腾讯2011年1月最早提交的微信商标注册申请仅涉及两个类别，即计算机相关（第9类）和电视相关（第38类）。

根据《商标法》第二十二条规定，商标注册申请人“应当按规定的商品分类表填报使用商标的商品类别和商品名称，提出注册申请”。按照最新的类似商品和服务区分表，商标分类包括45个大类，涉及1万多个商品和服务项目。申请商标注册时，要按照保护的领域或产业，分类别注册。

同一名称或标志，根据使用的商品类别不同，可能被多人多次注册申请。那么，对创业者来说，在起步时应该率先保护哪些类别呢？

笔者认为，对创业者来说，把商标在全部类别上申请注册即“全类保护”是不现实也没有意义的。

首先，从成本上说，如果申请全类注册保护，申请费以及后续的商标维护成本会成为创业者的一大负担。其次，从创业过程看，如果3年内中小企业未能发展壮大，就可能被淘汰。从创业产品或服务的生命周期来看，在互联网和移动互联网的助力下，一款产品或服务可能半年内就会快速走红取得成功，也可能火几个月就销声匿迹。因此，创业初期必须重视商标注册与保护是毋庸置疑的，但保护的手段或方式可以是渐进的，没必要贪大求多，“遍地开花”。

仍然以腾讯微信商标为例，腾讯开始大量注册外围或周边应用等商品或服务类别，加固微信商标防火墙的时间发生在2012年，也就是产品面世一年后。当时腾讯一口气提交了18件微信图文商标的注册申请，于2012年6月27日、28日、29日3天集中完成注册申请提交。

在类别选择上，创业者在初期可将重点限定在产品或服务所在的行业或领域。

在“互联网+”写入政府工作报告并上升到国家战略层面的今天，很多创新或创业都与互联网有关。落实在商标保护上，第38类和第42类应成为创业公司率先布局的类别。其中，第38类主要与电信及互联网服务相关，第42类则主要与计算机软硬件设计开发相关。

此外，结合创新的产品或服务与传统领域相关的情况，有些创业者也应提前布局。

例如，在滴滴商标纠纷案中，滴滴（嘀嘀）文字商标持有者广州市睿驰计算机科技有限公司起诉北京小桔科技有限公司，称“滴滴打车”涉嫌侵犯其商标权。虽然睿驰公司拥有第35类和第38类的滴滴（嘀嘀）文字商标，但一审法院认为，“滴滴打车”平台需要对信息进行处理后发送给目标人群，并为对接双方提供对方的电话号码便于相互联络。上述行为与“电信服务”明显不同，并不直接提供源于电信技术支持类服务。虽然一审法院判决将滴滴打车认定为非电信或互联网服务的结论，在业内尚存争议，但从商标保护的角度看，说明创业者在早期商标申请注册时，需要提前考量此因素，将自身服务或产品可能涉及的传统行业或领域一并纳入保护。

踩准时点　多管齐下

笔者查询中国商标网上所有的微信商标，结果是：从注册商标申请状态来看，在81件微信商标中，有38件已成功注册（含已转让），16件已无效，8件处于异议中，剩余部分处于注册审核中。在38件已成功注册的微信商标中，有4件已发生转让。创博亚太公司申请注册的微信商标，由于被他人异议，后来被驳回申请，商评委、一审法院都支持了异议人的请求，目前此案正等待二审开庭。虽然无法确定异议人与腾讯公司之间是否存在关联，但也有观点认为这可能是腾讯公司的应对策略。

如果在产品或服务面世初期，未能做好商标注册保护，那么，应尽早采取“异议”“无效”或“收购”等手段，启动被动保护。那么，这些手段应该在什么时点使用呢？

首先，关于“异议”，根据《商标法》第三十三条的规定，对初步审定公告的商标，自公告之日起三个月内，在先权利人、利害关系人，可以向商标局提出异议。也就是说，创业者发现你的产品或服务名称被他人率先抢注为商标了，如果发现早，还在公告之日起三个月内，一定要赶在异议期内尽早提起异议。

其次，关于“无效”，《商标法》第四十四条规定：“已经注册的商标，违反本法第十条、第十一条、第十二条规定的，或者是以欺骗手段或者其他不正当手段取得注册的，由商标局宣告该注册商标无效；其他单位或者个人可以请求商标评审委员会宣告该注册商标无效。”因此，如果他人抢先注册的与创业者的产品或服务相关的商标，未能及时发现或留意，那么，在该商标被核准注册后，要利用“无效宣告”手段，尽早实施救济。

最后，关于“收购”，对创业者来说，如果你的商标被他人抢注了，你的业务也发展壮大了，但错过了异议期，对“无效宣告”又没有太大把握或耗费不起时间，那么此时收购他人已经抢注的商标，将该商标转移到自己名下，也不失为弥补的办法。

有人说，创业是一场艰苦的修行。在创业过程中，可能会遭遇合伙人不睦、业务停滞不前甚至出现经营风险等各种问题。在创业初期，提前布局自己的商标注册与保护事宜，无疑可以让创业者在发展过程中少分一些心、少走一些“弯路”。

（资料来源：《中国工商报》有删节）

（中国政法大学知识产权研究中心特约研究员　李俊慧）

任务小结

“我们要像保护眼睛一样保护我们的商标，要像保护商标一样保护我们的域名”。对企业而言，尤其是“互联网+”环境下的企业，商标和域名可谓直接关乎企业的生死存亡。无论是自主创业还是加入创业团队，对创业者而言，商标在内的各类品牌和创意保护是必须优先考虑的问题。通过本次任务的学习，同学们要逐步树立起商标保护的意识，并掌握注册商标的程序，了解保护商标的方式和途径。

能力检测

1. 商标注册的程序有哪些?

2. 根据知识拓展提供的资料，分组讨论自主创业的过程中如何保护商标?

3. 案例分析：某市长江食品厂自 2010 年以来，在该厂生产的儿童食品上使用“白兔”商标，但未进行注册。2014 年该市另一家黄河食品厂也在其生产的儿童食品上使用了“白兔”商标，并于 2014 年 12 月在国家商标局获准注册。长江食品厂发现后，认为黄河食品厂使用了本厂的商标，使消费者对商品的来源发生混淆，直接导致了本厂利润的下降，于是状告黄河食品厂侵犯其财产权益，而后者在案件审理中提出反诉，认为原告未经其同意在“白雪”商标注册后，仍在使用该商标，是侵权行为，要求原告承担侵权责任。

问题：本案谁享有“白兔”商标的专用权？在本案中谁应当承担侵权责任?

考核知识点：商标注册。

任务三　学会申请和保护专利

任务导入案例

[案情介绍]

（案例来源：中国法院网）广东某动漫文化股份有限公司是一家动漫影视作品制作公司，投资拍摄了动画电视连续剧《铠甲勇士》，深受小朋友的喜爱。该公司根据该电视剧中的动漫形象向国家知识产权局申请了“铠甲勇士系列玩具”的外观设计专利。施某在其经营的重庆市渝中区朝天门市场某玩具店，销售了与该公司专利“铠甲勇士系列玩具”整体视觉效果相同的“玩具公仔（炎龙侠）”

[问题]

施某的行为是否侵犯了广东该公司的专利权？应如何处理?

[案例解析]

动漫玩具一旦申请了外观设计专利，任何单位或者个人未经专利权人许可，都不得实施其专利，即不得为生产经营目的制造、许诺销售、销售、进口其外观设计专利产品。广东该公司是“铠甲勇士系列玩具”专利共有权人。施某销售的玩具与原告外观设计专利相似，落入了该公司的专利权利保护范围，侵犯了该公司的专利权。施某应停止销售并销毁侵权产品，赔偿该公司经济损失及合理费用。

知识平台

一、专利权的概念

专利是专利权的简称，它是国家按专利法授予申请人在一定时间内对其发明创造成果所享有的独占、使用、处分和收益的权利。

我国的专利包括发明、实用新型和外观设计三类。

二、专利权的主体

（一）一般的专利权主体

1. 专利权的主体

专利权的主体是发明人、设计人，即对发明创作的实质性特点做出创造性贡献的人。

2. 下列人员不属于发明人、设计人

（1）只负责组织工作的人；（2）为物质技术条件的利用提供方便的人；（3）从事其他辅助工作的人。

（二）职务发明创造的专利权主体

职务发明创造的主体是单位。职务发明创造包括：

1. 主要是利用本单位的物质技术条件所完成的发明创造

本单位的物质技术条件是指本单位的资金、设备、零部件、原材料或者不对外公开的技术资料等。

2. 执行本单位的任务所完成的发明创造

主要有以下三种情况：（1）在本职工作中做出的发明创造；（2）履行本单位交付的本职工作之外的任务所做出的发明创造；（3）退职、退休或者调动工作后1年内做出的，与其在原单位承担的本职工作或者原单位分配的任务有关的发明创造。

（三）合作发明的专利权主体

合作发明的专利权主体按下列规则确定：

第一，当事人有约定的，从其约定；

第二，如当事人无约定，申请专利的权利属于合作开发的当事人共有；

第三，一方不同意申请专利的，另一方或者其他各方不得申请专利；

第四，当事人一方转让其共有的专利申请权的，其他各方享有以同等条件优先受让的权利；

第五，合作的当事人一方声明放弃其共有的专利申请权的，可以由另一方单独申请或者由其他各方共同申请。申请人取得专利权的，放弃专利申请权的一方可以免费实施该专利。

（四）委托发明的专利权主体

委托发明的专利权主体确定规则：

第一，当事人有约定，从其约定；

第二，如当事人无约定，申请专利的权利属于研究开发人；

第三，研究开发人取得专利权的，委托人可以免费实施该专利。

（五）受让人

专利申请权和专利权依法可以转让，故依合同或继承取得专利权的单位或者个人，也能成为专利权的主体。

（六）外国人，包括外国自然人、法人及其他组织

在中国有经常居所或者营业所的，根据专利法规定成为专利权人；在中国没有经常居所或者营业所的，依照其所属国同中国签订的协议或者共同参加的国际条约，或者依照互惠原则，根据本法办理；中国单位或者个人向外国人转让专利申请权或者专利权的，必须经国务院主管部门批准。

三、专利权的客体

（一）发明

指对产品、方法或者其改进所提出的新的技术方案。

（二）实用新型

指对产品的形状、构造或者其结合所提出的适于实用的新的技术方案。

（三）外观设计

指对产品的形状、图案或者其结合以及色彩与形状、图案的结合所做出的富有美感并适于工业应用的新设计。

（四）专利法不予保护的对象

（1）违反法律、社会公德或者妨害公共利益的发明创造。如伪钞机、毒品的制造方法等。

（2）对违反法律、行政法规的规定获取或者利用遗传资源，并依赖该遗传资源完成的发明创造。

（3）科学发现。如爱因斯坦的相对论。

（4）智力活动的规则和方法。如英语单词速记法、计算机程序等。

（5）疾病的诊断和治疗方法。这主要是出于人道主义和社会伦理原因的考虑，但是药品和医疗器械可以申请专利。

（6）动物和植物品种。例外：对于动物和植物品种的生产方法，可以依法授予专利权。

（7）用原子核变换方法获得的物质。

（8）对平面印刷品的图案、色彩或者二者的结合做出的主要起标识作用的设计。

四、专利权的取得条件

（一）发明或者实用新型专利的授权条件

1. 新颖性

（1）不属于现有技术。现有技术是指申请日以前在国内外为公众所知的技术；

（2）没有任何单位或者个人就同样的发明或者实用新型在申请日以前向国务院专利行政部门提出过申请，并记载在申请日以后公布的专利申请文件或者公告的专利文件中。

不丧失新颖性的情形：申请专利的发明创造在申请日以前6个月内，有下列情形之一的，不丧失新颖性：①在中国政府主办或者承认的国际展览会上首次展出的；②在规定的

学术会议或者技术会议上首次发表的；③他人未经申请人同意而泄露其内容的。

2. 创造性

是指与现有技术相比，该发明具有突出的实质性特点和显著的进步，该实用新型具有实质性特点和进步。

3. 实用性

是指该发明或者实用新型能够制造或者使用，并且能够产生积极效果。

（二）外观设计专利的授权条件

（1）不属于现有设计。

现有设计，是指申请日以前在国内外为公众所知的设计。

（2）没有任何单位或者个人就同样的外观设计在申请日以前向国务院专利行政部门提出过申请，并记载在申请日以后公告的专利文件中。

（3）授予专利权的外观设计与现有设计或者现有设计特征的组合相比，应当具有明显区别。

（4）授予专利权的外观设计不得与他人在申请日以前已经取得的合法权利相冲突。

（5）富有美感。

（三）专利的申请

1. 申请的原则

（1）单一性原则。

一件专利申请应当限于一项发明创造，但是属于一个总的发明构思的两项以上的发明或者实用新型，可以作为一件申请提出；用于同一类别并且成套出售或者使用的产品的两项以上的外观设计，可以作为一件申请提出。同一产品两项以上的相似外观设计也可以作为一件申请提出。

（2）先申请原则。

两个或两个以上的申请人分别就同样的发明创造申请专利的，专利权授予最先申请的人。同日申请的，收到国务院专利行政部门通知后自行协商以确定申请人。申请人协商不成的，同时驳回。

同样的发明创造只能授予一项专利权。但是，同一申请人同日对同样的发明创造既申请实用新型专利又申请发明专利，先获得的实用新型专利权尚未终止，且申请人声明放弃该实用新型专利权的，可以授予发明专利权。

（3）优先权原则。

可以分为国际优先权与国内优先权：

① 国际优先权是指申请人自发明、实用新型在外国首次提出专利申请之日起 12 个月内，或者自外观设计在外国第一次提出专利申请之日起 6 个月内，又在中国就相同主题提出专利申请，依照该外国同中国签订的协议或者共同参加的国际条约，或者依照相互承认优先权的原则，可以主张优先权。

② 国内优先权是指申请人自发明或者实用新型在中国第一次提出专利申请之日起 12 个月内，又向国务院专利行政部门就相同主题提出专利申请的，亦可以主张优先权。优先权就是要以优先权日为申请日。

国内优先权仅适用于发明和实用新型，不适用于外观设计，申请人要求本国优先权的，其先申请自后一申请提出之日起即视为撤回。

③ 优先权的主张人应当在申请时提出书面声明，并且在3个月内提交首次提出的专利申请文件的副本；未提出书面声明或者逾期未提交专利申请文件副本的，视为未要求优先权。

（四）专利申请的审批

1. 初步审查

（1）实用新型和外观设计的专利申请，我国实行的是登记制，即只作初步审查，不作实质审查，经初步审查没有发现驳回理由的，即授予专利权。

（2）对于发明专利申请，则要进行实质审查。

2. 实质审查

（1）早期公布：自申请日起满18个月公布。

（2）实质审查：在申请之日起3年内进行。

（3）申请人自申请之日起3年内未提出实质审查的请求的，该申请视为撤回。

（4）实质审查的内容是：发明是否具备新颖性、创造性和实用性。

（5）专利局认为有必要的，可以依职权进行实质审查。

3. 授予专利权

（1）实用新型和外观设计经过初步审查，发明专利申请经实质审查，未发现驳回理由的，由国家专利行政部门作出授予专利权的决定。

（2）专利局发出授权通知后，申请人应在收到通知之日起2个月内办理登记手续。按期办理的，颁发专利证书，并予以公告。逾期未办理的，视为弃权。

4. 专利权自公告之日起生效。

案例5—3—1

上海智臻公司拥有名称为“一种聊天机器人系统”的发明专利，而苹果公司的Siri技术（智能个人助理服务）恰恰落入该公司上述专利范围，苹果公司于2012年11月向国家知识产权局专利复审委员会提出无效宣告请求。2013年9月，专利复审委员会作出审查决定，维持涉案专利权全部有效。苹果公司不服决定，向北京市第一中级人民法院提起行政诉讼。北京市第一中级人民法院经审理后维持专利复审委员会作出的决定。苹果公司不服，又以涉案专利说明书公开不充分，权利要求不清楚为由向北京高院提起上诉。2015年6月，北京市高级人民法院作出终审判决，撤销北京一中院的一审判决，同时撤销国家知识产权局专利复审委员会作出的决定，要求国家知识产权局就聊天机器人系统的发明专利权重新作出审查决定，苹果公司最终赢得了这场专利纠纷案的胜利。这意味着，曾经一度险些落入他人专利范围的“Siri”聊天机器人依然由苹果公司所有，“果粉”们仍可以放心地与自己的手机对话。

（案例来源：《北京商报》）

[**案例解析**] 根据专利法规定，专利说明书应当对发明或者实用新型作出清楚、完整的说明，以所属技术领域的技术人员能够实现为准。同时专利法要求专利权利要求必须清楚，智臻公司专利有关特征没有得到说明书的支持，不符合专利法的相关规定，应该被宣告无效。

五、专利权人的义务和限制

（一）专利权人的义务

专利权人应当自被授予专利权的当年开始缴纳年费。

（二）专利权的限制

1. 专利权的强制实施许可

（1）类型。

① 合理条件强制许可。专利权人自专利权被授予之日起满 3 年，且自提出专利申请之日起满 4 年，无正当理由未实施或者未充分实施其专利的；专利权人行使专利权的行为被依法认定为垄断行为，为消除或者减少该行为对竞争产生的不利影响的。

② 公共利益强制许可。在出现紧急状态或者非常情况时，或者为了公共利益，专利行政部门可以给予实施发明专利或者实用新型专利的强制许可；为了公共健康目的，对取得专利权的药品，专利行政部门可以给予制造并将其出口到符合我国参加的有关国际条约规定的国家或者地区的强制许可；强制许可涉及的发明创造为半导体技术的，实施限于公共利益的目的和限制垄断的目的。

③ 从属专利强制许可。一项取得专利权的发明或者实用新型比已经取得专利权的发明或者实用新型具有显著经济意义的重大技术进步，其实施有赖于前一发明或者实用新型的，专利行政部门根据后一专利权人的申请，可以给予前一发明或者实用新型的强制许可；在依照前述规定给予实施强制许可的情形下，专利行政部门根据前一专利权人的申请，也可以给予实施后一发明或者实用新型的强制许可。

（2）《专利法》对强制许可予以限制的规定。

① 除涉及垄断行为与公共利益限制给予的强制许可外，强制许可的实施应当主要为了供应国内市场。② 符合合理条件强制许可的时间条件以及从属专利强制许可时，申请强制许可的单位或者个人应当提供证据，证明其以合理的条件请求专利权人许可其实施专利，但未能在合理的时间内获得许可。

（3）实施强制许可不适用于外观设计。

（4）取得实施强制许可的单位或者个人不享有独占的实施权，并且无权允许他人实施。

（5）取得实施强制许可的单位或者个人应当付给专利权人合理的使用费，或者依照中华人民共和国参加的有关国际条约的规定处理使用费问题。

（6）专利权人对国务院专利行政部门关于实施强制许可的决定不服的，专利权人和取得实施强制许可的单位或者个人对国务院专利行政部门关于实施强制许可的使用费的裁决不服的，可以自收到通知之日起三个月内向人民法院起诉。

2. 不视为侵犯专利权的情形

(1) 专利权人制造、进口或者经专利权人许可而制造、进口的专利产品或者依照专利方法直接获得的产品售出后，使用、许诺销售或者销售该产品的。

(2) 在专利申请日前已经制造相同产品、使用相同方法或者已经做好制造、使用的必要准备，并且仅在原有范围内继续制造、使用的。

(3) 临时通过中国领陆、领水、领空的外国运输工具，依照其所属国同中国签订的协议或者共同参加的国际条约，或者依照互惠原则，为运输工具自身需要而在其装置和设备中使用有关专利的。

(4) 专为科学研究和实验而使用有关专利的。

(5) 为提供行政审批所需要的信息，制造、使用、进口专利药品或者专利医疗器械的，以及专门为其制造、进口专利药品或者专利医疗器械。

案例 5—3—2

某医科大学教授李某在科研中使用了陈某的药品专利，对该专利进行实验室分析后在其基础上研制出一种新药；该新药在医科大学附属医院中作临床试验，医生在开处方时按照普通药品销售给患者使用；李某亦将这一研究成果发表了一篇新药研制论文，论文中引用了陈某专利文献中的数据。

[问题] 1. 李某在实验室中利用陈某的专利技术是否会构成侵权?

2. 该新药在临床试验中使用是否会对陈某的专利构成侵权?

3. 李某论文中引用陈某专利文献数据是否构成对陈某专利文献的著作权侵权?

[案例解析] 1. 李某在实验室中利用陈某的专利技术不会构成侵权，为科学研究和实验而使用有关专利属于合理使用。

2. 如果临床试验时没有对使用者明示，并且按照普通药物定价收取费用，则不属于合理使用，应当取得专利权人的许可，如果没有获得许可，则构成侵权。

3. 论文中引用陈某专利文献数据不会构成对陈某专利文献的著作权的侵权；因为授权公告的专利文献属于官方文献，不享有著作权。

六、专利权的保护

(一) 专利权的保护期限

发明专利保护期为 20 年，实用新型和外观设计专利的保护期为 10 年，均自申请日起计算。

(二) 专利权的保护范围

1. 保护范围

发明或实用新型专利权的保护范围以其权利要求的内容为准，说明书及附图可以用于解释权利要求。外观设计专利权的保护范围以表示在图片或照片中的外观设计专利产品为准，简要说明可以用于解释图片或者照片所表示的该产品的外观设计。见图 5—3—1。

图 5—3—1

图片来源：http：//image. baidu. com/。

2. 侵犯专利权的表现形式

（1）直接侵权行为：未经专利权人许可，以生产经营为目的，制造、使用、销售、许诺销售、进口发明、实用新型专利产品或利用专利方法获得的专利产品，以及制造、销售、许诺销售、进口外观设计专利产品。

（2）假冒专利的行为：未经许可，在其制造或者销售的产品、产品的包装上标注他人专利号的；未经许可，在广告或者其他宣传材料中使用他人的专利号，使人将所涉及的技术误认为是他人专利技术的；未经许可，在合同中使用他人的专利号，使人将合同涉及的技术误认为是他人专利技术的；伪造或者变造他人的专利证书、专利文件或者专利申请文件的。

（3）冒充专利的行为：以非专利产品冒充专利产品、以非专利方法冒充专利方法的行为。

（三）侵犯专利权应承担的法律责任

1. 民事责任

（1）停止侵权。

停止侵权，是指专利侵权行为人应当根据管理专利工作的部门的处理决定或者人民法院的裁判，立即停止正在实施的专利侵权行为。

（2）赔偿损失。

侵犯专利权的赔偿数额，按照专利权人因被侵权所受到的损失或者侵权人获得的利益确定；被侵权人所受到的损失或侵权人获得的利益难以确定的，可以参照该专利许可使用费的倍数合理确定。赔偿数额还应当包括权利人为制止侵权行为所支付的合理开支。权利人的损失、侵权人获得的利益和专利许可使用费均难以确定的，人民法院可以根据专利权的类型、侵权行为的性质和情节等因素，确定给予一万元以上一百万元以下的赔偿。

（3）消除影响。

在侵权行为人实施侵权行为给专利产品在市场上的商誉造成损害时，侵权行为人就应当采用适当的方式承担消除影响的法律责任，承认自己的侵权行为，以达到消除对专利产品造成的不良影响。

2. 行政责任

对专利侵权行为，国家行政主管部门有权责令侵权行为人停止侵权行为、责令改正、罚款等，主管部门应当事人的请求，还可以就侵犯专利权的赔偿数额进行调解。

3. 刑事责任

依照专利法和刑法的规定，假冒他人专利，情节严重的，应对直接责任人员追究刑事责任。

刑法第二百一十六条【假冒专利罪】假冒他人专利，情节严重的，处三年以下有期徒刑或者拘役，并处或者单处罚金。

案例 5—3—3

长达四五年之久的苹果、三星专利大战有望告一段落。据日前一份提交给加州地方法院的联合声明显示，苹果与三星双方已同意参加一场调停会谈，就双方专利诉讼的和解条款进行磋商。地方法官约什·斯佩罗将于 2015 年 11 月主持这场调停会谈。

据了解，苹果和三星此次参加调停，正值双方诉讼案的主审法官高兰惠计划在 2016 年 3 月或 4 月对三星的赔偿金额进行第二次重审。按照此前计划，2016 年将对苹果和三星 2012 年诉讼案进行第三次陪审团审判。

早在 2012 年，三星被判侵犯苹果专利，需赔偿 10.5 亿美元。但三星随后上诉成功，赔偿金额下调。随后苹果要求赔偿金额下调至 5.48 亿美元，但三星仍对该赔偿持有异议。苹果和三星曾在 2012 年和 2014 年参加由法院监督的调停，但两次会谈都未能解决双方的矛盾。

事实上，早在 2011 年 4 月，苹果就在加州发起联邦诉讼，控告三星侵犯 iPhone 与 iPad 的诸多专利权。接着三星马上实施反诉套路，在韩国、日本、德国、美国反诉苹果侵犯三星诸多移动通讯科技专利权。最后，双方在英国、法国、意大利、西班牙等地大打专利战。

（消息来源：《北京商报》）

知识拓展

什么是“互联网＋”

“互联网＋”代表一种新的经济形态，即充分发挥互联网在生产要素配置中的优化和集成作用，将互联网的创新成果深度融合于经济社会各领域之中，提升实体经济的创新力和生产力，形成更广泛的以互联网为基础设施和实现工具的经济发展新形态。

2015 年 3 月 5 日十二届全国人大三次会议上，李克强总理在政府工作报告中首次提出“互联网＋”行动计划。通俗来说，“互联网＋”就是“互联网＋各个传统行业”，但这并不是简单的两者相加，而是利用信息通信技术以及互联网平台，让互联网与传统行业进行深度融合，创造新的发展生态。“互联网＋行动计划”将重点促进以云计算、物联网、大数据为代表的新一代信息技术与现代制造业、生产性服务业等的融合创新，发展壮大新兴业态，打造新的产业增长点，为大众创业、万众创新提供环境，为产业智能化提供支撑，增强新的经济发展动力，促进国民经济提质增效升级。这相当于给传统行业加一双“互联网”的翅膀，然后助飞传统行业。比如互联网金融，由于与互联网的相结合，诞生出了很多普通用户触手可及的理财投资产品，比如余额宝、理财通以及 p2p 投融资产品等；比如互联网医疗，传统的医疗机构由于互联网平台的接入，使得人们实现在线求医问药成为可能，这些都是最典型的“互联网＋”的案例。

（资料来源：新华网、人民网）

任务小结

专利是市场垄断的合法工具，专利制度可以通过给予发明人一定期限的专有权换取技术公开和激励创新。同学们通过本任务的学习，应该掌握专利权的一些基本知识，知道如何申请和保护专利。

能力检测

1. 专利权的主体有哪些？

2. 专利权的取得条件是什么？

3. 专利法不予保护的对象有哪些？

4. 案例分析：

2015 年 10 月 5 日，我国 85 岁女药学家屠呦呦，凭借着发现抗疟疾特效药青蒿素，摘得本年度“诺贝尔生理学或医学奖”桂冠，成为首位获得诺贝尔科学类奖项的中国女科学家。不过，青蒿素这一中国版的原创药在给中国科学家带来无上荣耀的同时，却难掩中国青蒿素在国际市场的尴尬境地。统计显示：每年青蒿素及其衍生物的销售额多达 15 亿美元，但中国的市场占有量不到 1%。而究其原因，就是作为中国唯一被世界承认的原创新药，却没有属于自己的专利。

青蒿素研究取得成果后，只在内部刊物以保密资料方式小范围发布，经原卫生部批准后，从 1977 年开始，我国以“青蒿素结构研究协作组”的名义首次公开发表了青蒿素的化学结构。但是，包括后来陆续发表的文章都是集体署名。研发单位无一对青蒿素技术的知识产权进行保护，中国失去了从应用广泛的青蒿素药物市场中获得垄断利益的机会。青蒿素基础技术一旦披露就完全进入公有领域，中国发明人和国外公司都不能拿已经公开的技术直接申请专利，而只能在已公开技术的基础上申请研究衍生技术的专利。

问题：我们从青蒿素基本专利旁落事件中应该吸取什么教训？

考核知识点：法律缺失导致保护意识薄弱，论文公开失去知识产权，后续成果与专利失之交臂，专利的获得条件。

项目六　了解市场经济主体的社会责任，做有担当的创业者

项目任务

1. 了解企业在市场经济中的应承担的社会责任。
2. 理解产品质量监督管理与产品生产者、销售者的义务。
3. 理解消费者的权利和经营者的义务。
4. 理解不正当竞争行为的类型。

能力描述

1. 能就我国在产品质量方面的消费者权益保护现状做一份调查。
2. 能举例说明生活中的不正当竞争行为，并进行分析。

项目导入案例

[案情介绍]

王某与某机械厂的张某是好朋友，一日王某到机械厂办事，顺便找张某聊天。王某走时发现自行车没气了，就问张某有无气筒，张某顺手拿起一个气筒递给王某说："这是我们厂新出的一批气筒的样品，你用吧。"当王某拿起气筒打气时，气筒栓塞脱落，栓塞飞到脸上造成伤害，王某花去医疗费 1 600 元，要求机械厂予以赔偿。

[问题]

机械厂是否应当承担产品质量法的损害赔偿责任？

[案例解析]

气筒存在缺陷，但该气筒只是机械厂的样品，未投入流通，王某并非消费者或用户，因此，气筒因缺陷造成王某的损害不适用产品质量法解决。

任务一　商家如何搞好产品质量

任务导入案例

[案情介绍]

2014年3月3日，杨某与女友在市内某大酒店举行婚宴，上百名亲朋好友聚此庆贺进餐。不料当天晚上赴宴归来的朋友、同事陆续出现腹痛、呕吐、大汗淋漓、腹泻等中毒症状，一批批患者被送进人民医院抢救，至3月5日止，中毒者达107人，严重中毒者10余人。3月4日，市卫生防疫站工作人员赶到饭店提取部分食物样品，责令饭店关门停业整顿。经化验，中毒事故系宴席中的对虾被副溶血性弧菌污染所造成的。

[问题]

酒店应对此事件中中毒的宾客进行赔偿吗？

[案例解析]

《产品质量法》中明确规定“销售者不得销售失效、变质的产品”，意味着市场上流通的商品，应是法律允许流通的，本案中该饭店出售有毒对虾，违反了《产品质量法》有关规定，应对中毒的宾客进行赔偿。

知识平台

一、产品、产品质量、产品质量责任的含义

（一）产品

产品是指天然的或经过人类劳动，使之具有使用价值的物品。它是人类社会赖以生存和发展的物质基础。产品的范围很广，根据划分的标准的不同，可以将产品分为：动产、不动产；物质产品、精神产品；天然产品、劳动产品；工业产品、农业产品等。但产品质量法中的产品指的是特定意义的产品，根据《产品质量法》第2条规定：“本法所称产品是指经过加工、制作，用于销售的产品。建设工程不适用本法规定；但是，建设工程使用的建筑材料、建筑构配件和设备，属于前款规定的产品范围，适用本法规定。”由此可见，我国产品质量法调整的产品，是经过加工、制作，用于销售的产品。

产品具有如下特点：

1. 产品必须经过劳动者的加工和制作

只有经过了劳动生产者的工业加工或手工加工完成的实体物品，才能称之为产品。凡是未经劳动生产者加工而成的物品，均不被《产品质量法》所调整。

2. 产品应当要投入流通领域，并且以销售为目的

凡是不用于销售的产品，均不属于《产品质量法》中所指的产品范畴。对于尚还处于生产过程中的半成品来说，虽然其最终的目的是用于销售，但是尚未完成全部的生产过程，尚未投入到流通领域中去，因此这类产品也就不属于《产品质量法》的调

整范围。

（二）产品质量

产品质量，指产品满足社会生产和消费需要所具备的，并符合国家法律、法规规定和合同约定的特征和特性的总和。一般来讲，产品质量包括产品的性能、安全性、可靠性、适用性、经济性、维修性、时间性等方面的特征和特性。在我国，产品质量是指国家有关法律、法规、质量标准以及合同规定的对产品适用性、安全性和其他特性的要求。根据“需要”是否符合法律的规定，是否满足用户、消费者的要求，以及符合、满足的程度，产品质量可分为合格与不合格两大类。

（三）产品质量责任

产品质量责任是指产品存在缺陷而造成消费者或用户人身或财产损害时，产品的生产者、销售者应承担的赔偿责任。

二、产品质量的监督管理

产品质量管理，是指国家对产品质量采取必要的宏观管理和激励引导措施，促使企业保证产品质量，并且通过加强对生产和流通领域的产品质量的监督检查，建立运用市场公平竞争、优胜劣汰制约假冒伪劣产品的机制，维护社会经济秩序。

（一）企业质量体系认证制度

企业质量体系认证，也称为企业认证，指由国家认可的质量认证机构，根据企业申请，按照国际通用的质量管理和质量保证系列标准，对企业的质量体系进行审核，并对合格者颁发质量体系认证证书的活动。企业质量体系认证有四个主要特征：（1）认证的依据是国际通用的质量管理标准，即ISO9000系列国际标准，也是我国的国家标准（“质量管理和质量保证”系列标准）。（2）认证原则为自愿原则，企业自行决定是否申请认证。（3）认证机构为经过国家质量技术监督局认可的专业企业质量体系认证机构。（4）认证对象是企业生产经营的职权、职责、生产过程、目标和企业的组织系统，认证标志只能用于企业，不能用于产品。

质量体系认证合格的企业，国际上被称为合格供应商，在政府采购和国内外招标项目的贸易中，通常被作为优先考虑的对象。

国家根据国际通用的质量管理标准，推行企业质量体系认证制度。企业根据自愿原则可以向国务院产品质量监督管理部门或者国务院产品质量监督管理部门授权的部门认可的认证机构申请企业质量体系认证。经认证合格的，由认证机构颁发企业质量体系认证证书。

（二）产品质量认证制度

所谓产品质量认证，是由依法取得产品质量认证资格的认证机构，依据有关的产品标准和要求，按照规定的程序，对申请认证的产品进行工厂审查和产品检验等，对符合条件要求的，通过颁发认证证书和认证标志以证明该产品符合相应标准要求的活动。产品质量认证分为安全认证和合格认证两种类型，其功能和特点与企业质量体系认证相似，但只能用于产品。见图6—1—1。

图 6—1—1

资料来源：见 http：//image. baidu. com/。

产品质量认证与企业质量体系认证的区别主要是：(1) 认证的对象不是企业的质量体系，而是企业生产的某一产品；(2) 认证依据的标准不是质量管理标准，而是相关的产品标准；(3) 认证的结论不是证明企业质量体系是否符合质量管理标准，而是证明产品是否符合产品标准。

推行产品质量认证制度的目的，是通过对符合认证标准的产品颁发认证标志，便于消费者识别，也有利于提高经认证合格的企业和产品的市场信誉，增强产品的市场竞争能力，以激励企业加强质量管理，提高产品质量水平。同时，由作为第三方的认证机构对产品质量进行认证，已成为许多国家保证产品质量的一种普遍做法。经过质量认证的产品可以方便地进入国际市场，有利于进一步促进我国对外经济贸易的发展。

（三）产品质量标准化制度

产品质量标准化制度，是关于产品质量标准的制定、实施、监督、检查的各项规定的总和。它是产品质量监督管理制度的依据和基础。建立和推行产品生产和销售全过程的标准化制度，是保证产品质量的最重要的前提。产品质量标准化制度的基本法律依据是 1988 年 12 月 29 日通过的《标准化法》。

产品质量标准制度的主要内容包括：

(1) 产品质量应当检验合格，不得以不合格产品冒充合格产品。

(2) 可能危及人体健康和人身、财产安全的工业产品，必须符合保障人体健康，人身、财产安全的国家标准、行业标准；未制定国家标准、行业标准的，必须符合保障人体健康，人身、财产安全的要求。

(3) 产品质量应符合一定的标准。当事人在合同中对产品质量有明确约定的，从其约定；没有约定的，应当按照国家标准、行业标准执行；没有国家标准、行业标准的，应当按照通常标准或者符合合同目的的特定标准履行。

另外应当指出，国家对国民经济有重大影响的产品推行强制性标准，经营此类产品的必须执行。

（四）产品质量监督抽查制度

1. 产品质量监督抽查

产品质量监督抽查，是国家和地方产品质量监督部门按照产品质量监督计划，定期在流通领域抽取产品样本进行质量监督检查，按期发布产品质量监督抽查公报，并对抽查产品不合格的企业采取处理措施的国家监督活动。

国家对产品质量实行以抽查为主要方式的监督检查制度，其主要内容是：（1）抽查重点。重点抽查的产品：一是可能危及人体健康和人身、财产安全的产品；二是影响国计民生的重要工业产品；三是用户、消费者、有关组织反映有质量问题的产品。（2）抽查方法。抽查的样品应当在市场上或企业成品仓库内的待销产品中随机抽取。（3）抽查原则。国家监督抽查的产品，地方不得另行重复抽查。上级监督抽查的产品，下级不得另行重复抽查。（4）抽查产品检验。需要对抽查产品进行检验的，检验抽取样品的数量不得超过检验的合理需要，并不得向被检查人收取检验费用。（5）抽查争议处理。生产者、销售者对抽查检验结果有异议的，可以自收到检验结果之日起15日内向实施监督抽查的部门申请复检，由受理复检的产品质量监督部门作出复检结论。

对依法进行的产品质量监督检查，生产者和销售者不得拒绝。

2. 产品质量检验机构职责

产品质量检验机构必须具备相应的检测条件和能力，经省级以上人民政府产品质量监督管理部门或者其授权的部门考核合格后，方可承担产品质量的检验工作，并必须依法按照有关标准，客观、公正地出具检验结果。从事产品质量检验、认证的社会中介机构必须依法设立，不得与行政机关和其他国家机关存在隶属关系或其他利益关系。

（五）产品质量社会监督制度

产品质量社会监督制度，是相对于国家和地方产品质量监督部门对产品质量实施的行政监督制度及其社会中介的授权监督制度而言。《产品质量法》赋予了消费者及其组织对产品质量进行社会监督的权利。任何单位和个人都有权对违反《产品质量法》规定的行为，向产品质量监督部门或者其他有关部门检举。

（1）消费者有权就产品质量问题，向产品的生产者、销售者查询。

（2）消费者有权就产品质量问题，向产品质量监督管理部门、工商行政管理部门及其有关部门申诉。

（3）消费者协会可以受理消费者的投诉，并对投诉进行调查、调解；投诉事项涉及产品质量问题的，可以建议有关部门负责处理，并支持消费者就因产品质量造成的损害向人民法院起诉。

三、生产者、销售者的产品质量义务

（一）生产者的产品质量责任和义务

生产者的义务包括作为的义务和不作为的义务。

1. 作为的义务

（1）保证产品质量，对其所生产的产品质量负责。产品质量应当符合下列要求：

① 不存在危及人身、财产安全的不合理的危险，有保障人体健康，人身、财产安全的国家标准、行业标准的，应当符合该标准。

② 具备产品应当具备的使用性能，但是，对产品存在使用性能的瑕疵作出说明的除外。

③ 符合在产品或者其包装上注明采用的产品标准，符合以产品说明、实物样品等方式表明的质量状况。

（2）产品或者其包装上的标识必须真实。

产品或其包装上的标识，应当符合下列要求：

① 有产品质量检验合格证明。

② 有中文标明的产品名称、生产厂厂名和厂址。

③ 根据产品的特点和使用要求，需要标明产品规格、等级、所含主要成分的名称和含量的，用中文相应予以标明。需要事先让消费者知晓的，应当在外包装上标明，或预先向消费者提供有关资料。

④ 限期使用的产品，应当在显著位置清晰地标明生产日期和安全使用期或者失效日期。

⑤ 使用不当，容易造成产品本身损坏或者可能危及人身、财产安全的产品，应当有警示标志或者中文警示说明。

裸装的食品和其他根据产品的特点难以附加标识的裸装产品，可以不附加产品标识。

⑥ 易碎、易燃、易爆、有毒、有腐蚀性、有放射性等危险物品以及储运中不能倒置和有其他特殊要求的产品，其包装质量必须符合相应要求，依照国家有关规定作出警示标志或者中文警示说明，标明储运注意事项。

2. 不作为的义务

（1）不得生产国家明令淘汰的产品。

（2）不得伪造产地，不得伪造或者冒用他人的厂名、厂址。

（3）不得伪造或者冒用认证标志、名优标志等质量标志。

（4）生产的产品，不得掺杂、掺假，不得以假充真、以次充好，不得以不合格产品冒充合格产品。

（二）销售者的产品质量责任和义务

（1）应当建立并执行进货检查验收制度，验明产品合格证明和其他标识。

这是指销售者在对货物的质量状况、产品标识验查后才予以进货的制度。这项制度一方面是销售者维护自身利益不受侵害的有效方法，同时也是维护消费者利益的重要手段。

（2）应当采取措施，保持销售产品的质量。

这是销售者产品质量责任和义务的实质。法律上要求，销售者进货后应当采取必要的措施，妥善地保管产品，以保持产品的原有质量，以防止产品变质、腐烂，丧失或降低使用性能，产生危害人身、财产的瑕疵等。如果进货时的产品符合质量要求，销售时发生质量问题的，销售者应当承担相应的责任。

（3）不得销售国家明令淘汰并停止销售的产品和失效、变质的产品。

(4) 销售的产品的标识应具备对生产者的标识要求。销售者在销售产品时，应保证产品标识符合《产品质量法》对产品标识的要求，符合进货时验收的状态，不得更改、覆盖、涂抹产品标识，以保证产品标识的真实性。

(5) 不得伪造产地，不得伪造或者冒用他人的厂名、厂址。

(6) 不得伪造或者冒用认证标志等质量标志。

(7) 销售的产品，不得掺杂、掺假，不得以假充真、以次充好，不得以不合格产品冒充合格产品。

四、产品质量的法律责任

(一) 产品质量法律责任的依据

见图 6—1—2。

图 6—1—2

资料来源：见 http：//image. baidu. com/。

1. 违法与违约

(1) 违法。

在许多情况下虽没有合同也会产生质量问题。《产品质量法》主要针对没有合同关系的产品质量侵权行为，它实行的是国际上通行的严格责任原则。按照严格责任理论，只要产品存在质量问题特别是缺陷问题，对消费者造成损害或损失，不管有无合同关系，该产品的经营者都应对此负责。即是说，质量不合格往往会构成侵权责任。

《产品质量法》与其他许多法律相关，质量违法也可能指违反其他法律中有关产品质量问题的规定，如违反了《食品卫生法》、《药品管理法》的有关规定。至于触犯《刑法》中的“生产、销售伪劣商品罪”的规定，就不仅仅是一般违法，而是构成了犯罪的问题。

一般违法的实质是侵权，即侵害了消费者的财产权、人身权。

(2) 违约。

产品质量问题可能是违反了合同的约定。生产者之间，销售者之间，生产者与销售者之间，生产者、销售者与消费者之间订立的产品买卖合同、承揽合同对质量要求另有约定的，按照合同约定执行。此时，质量不合格属于一种违约责任。

在有合同的前提下，质量不符合约定的，应当按照当事人的约定承担违约责任。对违约责任没有约定或者约定不明确的，可以协议补充；协议不成的，受损害方根据标的的性质以及损害的大小，可以合理选择要求对方承担修理、更换、重作、退货、减少价款或者报酬等违约责任。

(3) 违约与侵权的竞合。

因经营者的违约行为，侵害了消费者的人身、财产权益的，受损害方有权选择依照《合同法》要求其承担违约责任或者依照《产品质量法》要求其承担侵权责任。

2. 缺陷与瑕疵

"瑕疵"一词泛指微小的缺点。实际上，瑕疵也是可大可小的。广义地说，产品不符合其应当具有的质量要求，即构成瑕疵。狭义地说，瑕疵仅指一般性的质量问题，如产品的外观、使用性能等方面。"缺陷"则是针对较为严重的质量问题而言。《产品质量法》第46条规定："本法所称缺陷，是指产品存在危及人身、他人财产安全的不合理的危险；产品有保障人体健康和人身、财产安全的国家标准、行业标准的，是指不符合该标准。"产品的设计、原材料采用、制造装配、指示等都可能发生缺陷。

学术界对"瑕疵"与"缺陷"两个术语的解释不尽一致，立法上对"瑕疵"亦未作出明确界定。《产品质量法》只在第26条第2款的第2项中使用过"瑕疵"一词，该条款仅表示"产品存在使用性能的瑕疵"。《消费者权益保护法》中所称"瑕疵"的外延则更广，该法第22条第1款规定："经营者应当保证在正常使用商品或者接受服务的情况下其提供的商品或者服务应当具有的质量、性能、用途和有效期限；但消费者在购买该商品或者接受该服务前已经知道其存在瑕疵，且存在该瑕疵不违反法律强制性规定的除外。"《合同法》中也使用了"瑕疵"这一术语。立法工作者对上述两个术语的解释是：产品的瑕疵与产品的缺陷有着不同的含义。……显著区别是产品是否存在着危及人身、财产安全的不合理的危险。也可以这样说，产品存在除危险之外的其他质量问题，是产品存在瑕疵。

（二）损害赔偿

1. 产品瑕疵担保责任

产品瑕疵责任又称产品瑕疵担保责任，《产品质量法》第40条对产品瑕疵责任作出了明确、具体的规定。

(1) 承担瑕疵担保责任的条件。

售出的产品有下列情形之一的，即构成承担瑕疵担保责任的条件：①不具备产品应当具备的使用性能而事先未作说明的；②不符合在产品或者其包装上注明采用的产品标准的；③不符合以产品说明、实物样品等方式表明的质量状况的。前一项为默示担保，后两项为明示担保。只要存在上述情形的，不论是否造成损害后果，都应当赔偿。

(2) 承担瑕疵担保责任的方式。

售出的产品有上述三种情形之一的，销售者应当负责修理、更换、退货；给购买产品的消费者造成损失的，销售者应当赔偿损失。概括地说，是"三包"加"赔偿"。其对象为"售出的产品"，已经不仅仅是过去国务院下属八部委联合发布的"三包"规定中规定的那几种家用电器的主机或者配件。"赔偿"列在"三包"之后，是指消费者在要求销售者进行修理、更换、退货过程中，所发生的运输费、交通费、误工费等损失。

(3) 履行瑕疵担保责任后的损失追偿。

销售者依照上述要求负责修理、更换、退货、赔偿损失后，属于生产者的责任或者属于向销售者提供产品的其他销售者（简称供货者）的责任的，销售者有权向生产者、供货者追偿。这种立法安排是合理的，它使责任能够真正落到实处。

2. 产品缺陷赔偿责任

《产品质量法》第41条至第46条对产品缺陷赔偿责任作出了详细的规定。

(1) 生产者承担缺陷赔偿责任的条件。

狭义的产品责任，即指产品缺陷而导致的损害赔偿，其性质为侵权责任，现今各国都实行严格责任原则。

承担产品责任的必要条件有三：①产品存在缺陷；②造成人身、他人财产（指缺陷产品以外的其他财产）损害；③缺陷与损害之间存在因果关系。三者同时具备，方为充分条件。这里，无须考虑有无过错。换言之，即使无过错，亦要依法承担责任。《欧盟产品责任指令》中规定："生产者应当对其产品的缺陷造成的损害负责。""受害人应当对损害、缺陷及两者之间的因果关系负举证责任。"我国的《产品质量法》虽未明文规定如何举证，但按一般法律原则，也应是由受害人举证的。

以上所指的责任主体为产品的生产者。但是，如果生产者能够证明有下列情形之一的，则不承担赔偿责任：①未将产品投入流通的；②产品投入流通时，引起损害的缺陷尚不存在的；③将产品投入流通时的科学技术水平尚不能发现缺陷的存在的。在这里，不是由受害方举证而是由生产者举证，这就是一种举证责任倒置的原则。这些法定免责条件，可以看成是严格责任或无过错责任的例外。

(2) 销售者承担缺陷赔偿责任的条件。

一种情况是实行过错责任原则。由于销售者的过错使产品存在缺陷，造成他人人身、财产损害的，销售者应当承担赔偿责任。

另一种情况是实行过错推定原则。销售者不能指明缺陷产品的生产者，也不能指明缺陷产品的供货者的，销售者应当承担赔偿责任。

上述两种情况的前提仍然是存在缺陷，并且造成损害。

(3) 赔偿方式和赔偿标准。

① 造成人身伤害的。因产品存在缺陷造成受害人人身伤害的，侵害人应当赔偿医疗费、治疗期间的护理费、因误工减少的收入等费用；造成残疾的，还应当支付残疾者生活自助具费、生活补助费、残疾赔偿金以及由其扶养的人所必需的生活费等费用；造成受害人死亡的，并应当支付丧葬费、死亡赔偿金以及由死者生前扶养的人所必需的生活费（此项为间接损失赔偿）等费用。

② 造成财产损失的。因产品存在缺陷造成受害人财产损失的，侵害人应当恢复原状或者折价赔偿。受害人因此遭受其他重大损失的，侵害人应当赔偿损失。"其他重大损失"是指其他经济等方面的损失，包括可以获得的利益的损失。

③ 关于对受害人由此受到的精神损害的赔偿问题，《产品质量法》未作规定。精神损害，可以给予精神赔偿，也可以给予物质赔偿。否则，就是对受害人的一种不公正待遇，也是对侵害人的一种责任解脱。但如何规定得既合理又有可行性，值得进一步探讨。

(4) 赔偿程序。

第一程序是受害人与生产者、销售者的关系。因产品存在缺陷造成人身、他人财产损害的，受害人可以向产品的生产者要求赔偿，也可以向产品的销售者要求赔偿。这样安排，方便消费者选择。

第二程序是生产者、销售者相互之间的关系。属于产品的生产者的责任，产品的销售者赔偿的，产品的销售者有权向产品的生产者追偿。属于产品的销售者的责任，产品的生产者赔偿的，产品的生产者有权向产品的销售者追偿。

（5）诉讼时效。

我国《民法通则》规定，下列的诉讼时效期间为 1 年：（1）身体受到伤害要求赔偿的；（2）出售不合格的商品未声明的。

我国《产品质量法》规定，因产品存在缺陷造成损害要求赔偿的诉讼时效期间为 2 年。

案例 6—1—1

2014 年 2 月 4 日，王某在某百货公司买到一台冰箱，冰箱附有产品合格证。王某买回冰箱后 6 天，发现冰箱噪音太大，就去找百货公司交涉，百货公司说冰箱一开始使用时有些噪音是正常的，过一段时间就会好。没过多长时间，冰箱的制冷器又出了问题，到后来完全丧失了冷冻食品的功能，成了一个食品储藏柜。王某再去找百货公司，百货公司说冰箱不是他们生产的，冰箱不制冷属冰箱的技术问题，此事只有生产厂家才能解决，因此让王某去找生产厂家。王某觉得生产厂家离本市有上千公里，况且冰箱又不像小件物品，可以来回搬运，只有先找百货公司，让百货公司找生产厂家。王某遭到百货公司拒绝，于是王某于 6 月 15 日向人民法院起诉，要求百货公司对冰箱进行维修，如修理不好，应负责退货。

［问题］某百货公司对售出的有瑕疵的产品是否负责任？

［案例解析］产品瑕疵责任是指因生产或销售的产品存在瑕疵，即产品质量不符合明示或默示的质量要求，生产者或销售者承担的责任。

依《中华人民共和国产品质量法》的规定，具有以下情形：

一、不具备产品应当具备的使用性能而事先未作说明；

二、不符合以产品说明、实物样品等方式表明的质量状况；

三、不符合在产品或者在其包装上注明采用的产品标准。

产品存在上述三种情况，都说明产品存在质量瑕疵，这些瑕疵产品是消费者从销售者手中取得的，即消费者支付了价款后取得的，由此，消费者有权按照《产品质量法》的规定要求销售者承担修理、更换、退货。根据本案的实际情况，某百货公司应对王某购买的冰箱行维修，如修理不好，应负责退货。

（三）行政处罚

1. 承担行政责任的违法行为

根据《产品质量法》，承担行政责任的违法行为有：生产、销售不符合保障人体健康和人身、财产安全的国家标准、行业标准的产品；生产国家明令淘汰的产品；销售失效、变质的产品；在产品中掺杂、掺假，以假充真，以次充好，或者以不合格产品冒充合格产品；伪造产品产地，伪造或者冒用他人的厂名、厂址，伪造或者冒用认证标志等质量标志；产品标识或者有包装的产品标识不符合法律规定；伪造检验数据或者检验结论；法律规定的其他应当承担责任的违法行为。

2. 承担行政责任的主要形式是行政处罚

产品质量监督部门、工商行政管理部门依照各自的职权，对违反产品质量法的行为可以责令纠正，并给予下列行政处罚：警告，罚款，没收违法生产、销售的产品和没收违法所得，责令停止生产、销售，吊销营业执照。

（四）刑事责任

如果生产者、销售者的行为触犯刑律的，应当承担刑事责任。我国刑法规定的犯罪主要包括：生产、销售伪劣产品罪；生产、销售假药罪；生产、销售不符合安全标准的食品罪；放纵制售伪劣商品犯罪行为罪。

根据当前的实际状况，应当突出地解决以下两种问题：一是生产、销售不符合保障人体健康和人身、财产安全的国家标准、行业标准的产品的，责令停止生产、销售，没收违法生产、销售的产品，并处违法生产、销售产品（包括已售出和未售出的产品，下同）货值金额等值以上至3倍以下的罚款；有违法所得的，并处没收违法所得；情节严重的，吊销营业执照；构成犯罪的，依法追究刑事责任。二是在产品中掺杂、掺假，以假充真，以次充好，或者以不合格产品冒充合格产品的，责令停止生产、销售，没收违法生产、销售的产品，并处违法生产、销售产品货值金额50%以上至3倍以下罚款；有违法所得的，并处没收违法所得；情节严重的，吊销营业执照；构成犯罪的，依法追究刑事责任。

根据现行《刑法》的规定，对生产、销售伪劣商品犯罪行为负有追究责任的国家机关工作人员滥用职权、玩忽职守、徇私舞弊，构成犯罪的，处5年以下有期徒刑或者拘役。此举对强化产品质量管理体制和机制，有着重要的意义。

任务小结

我国《产品质量法》所称的产品是指经过加工、制作用于销售的产品。产品有如下特点：(1) 产品必须经过劳动者的加工、制作。(2) 产品应当投入流通，并以销售为目的。

产品质量监督管理是指由产品质量法确认的产品质量监督管理机构、制度、办法和措施的总称。

产品质量责任是指产品的制造者或者销售者因生产或者销售的产品质量不合格，使消费者受损失时应承担的责任。产品质量责任在性质上是一种侵权责任。产品质量责任作为一种独立的侵权责任，有以下特征：1. 产品质量责任是直接由法律规定的责任。2. 产品质量责任的承担者是产品的制造者或销售者。

能力检测

1. 简述产品质量监督抽查制度中抽查的重点产品种类。
2. 简述生产者的产品质量不作为义务。
3. 案例分析：

春节前夕，在某商场开展的“让利促销，回报顾客”活动中，伍女士以打折价购买了一台40英寸的液晶显示屏彩电。2月20日，伍女士在正常使用过程中，电视机突然爆炸，脸部被炸伤，花去医疗费2 800元。为此，她多次找到商场要求赔偿。商场认为，伍女士是以打折价购买的彩电，对造成的损害无理由要求赔偿。

问：(1) 伍女士是否有权要求商场赔偿？

(2) 商场能否以商品售出时已打折作为自己免责的理由？

考核知识点：产品缺陷责任。

任务二 消费者的权利和维权途径

任务导入案例

[案情介绍]

2013年2月27日，翟某与朋友一起去姜某经营的滑雪场滑雪。滑雪时，由于雪场的场地原因，致使翟某及朋友等三人受伤。翟某向当地县旅游局进行了投诉并向当地派出所报警。经诊断翟某为右侧髋臼骨折、右侧髋关节中心性脱位、骨盆粉碎性骨折。

[问题]

滑雪场应该对翟某的受伤承担责任吗？

[案例解析]

作为为游客提供服务的滑雪场，应当向游客提供安全的场地及设施确保游客人身安全，因其场地设施原因导致翟某在滑雪过程中受伤，理应承担赔偿责任。

知识平台

一、消费者、消费者权益保护的含义

(一) 消费者

1. 概念

从经济学意义上讲，消费者是与政府、企业相并列的参与市场经济运行的三大主体之一，是与企业相对应的市场主体。从法律意义上讲，消费者应该是为个人的目的购买或使用商品和接受服务的社会成员。从我国的《消费者权益保护法》来看，虽然该法并未明确规定消费者的定义，但是从该法的第二条中将“为生活消费需要购买、使用商品或者接受服务”的行为界定为消费者行为，可以看出，所谓消费者，是指为生活消费需要购买、使用商品或者接受服务的公民个人和单位。

另外，我国在消费者权益保护法立法时，考虑到目前农业生产规模不发达，生产单位以家庭联产承包为主，不具有规模效益，并且农民在购买使用农业用生产资料时经常受到假劣农药、种子等的侵害，而其合法权益又很难得到救济，因此作为例外情况纳入《消费者权益保护法》保护的范围，《消费者权益保护法》第62条规定：“农民购买、使用直接用于农业生产的生产资料，参照本法执行。”

2. 特征

（1）消费者的消费性质属于生活消费。

消费者的生活消费包括两类：一是物质资料的消费，如衣、食、住、行、用等方面的物质消费。二是精神消费，如旅游、文化教育等方面的消费。

（2）消费者的消费客体是商品和服务。

商品，指的是与生活消费有关的并通过流通过程推出的那商品，不管其是否经过加工制作，也不管其是否为动产或不动产。

服务，指的是与生活消费有关的、有偿提供的、可供消费者利用的任何种类的服务。

（3）消费者的消费方式包括购买、使用（商品）和接受（服务）。

关于商品的消费，即购买和使用商品，既包括消费者购买商品用于自身的消费，也包括购买商品供他人使用或使用他人购买的商品。关于服务的消费，不仅包括自己付费自己接受服务，而且也包括他人付费自己接受服务。不论是商品的消费还是服务的消费，只要其有偿获得的商品和接受的服务是用于生活消费，就属于消费者。

（4）消费者的主体包括公民个人和进行生活消费的单位

生活消费主要是公民个人（含家庭）的消费，而且对公民个人的生活消费是保护的重点。但是，生活消费还包括单位的生活消费，因为在一般情况下，单位购买生活资料最后都是由个人使用，有些单位还为个人进行生活消费而购买商品和接受服务。

（二）消费者权益保护

消费者权益保护是指国家通过立法、行政和司法活动，保护消费者在消费领域依法享有的权益。

消费者权益保护分为立法保护、行政保护、司法保护、社会保护几个方面。

（1）立法保护是指国家通过制定《消费者权益保护法》等有关消费者保护的法律法规和规章，不断建立健全消费者权益保护的法律制度。

（2）行政保护是指各级人民政府及其所属机构依照《消费者权益保护法》等相关法律法规和规章，通过依法行使行政权力、履行法定职责来保护消费者合法权益。

（3）司法保护是指公安机关、检察院、人民法院依法惩处经营者在提供商品和服务中侵害消费者合法权益的违法犯罪行为，以及人民法院依法及时审理涉及消费者权益争议的案件。

（4）社会保护是指组织和个人进行社会监督；大众传播媒介进行舆论监督；消费者组织和行业组织对消费者的保护。

这其中行政保护在消费者权益保护中具有非常重要的作用，《消费者权益保护法》赋予工商行政管理机关重要的保护消费者权益的职责，工商行政管理机关所实施的就是行政保护。

二、正确认识保障消费者权益对社会和企业的必要性

目前我国的消费市场，随着消费品的多元化和消费者维权法律意识的增强，消费纠纷日益增多。原因虽然是多方面的，但是立法缺乏对消费者权利的强有力的保护，缺乏对损害消费者权益的行为严厉打击和惩罚也是其中一个重要因素。如果政府能够切实保护消费者权利，那么，那些靠制造假冒伪劣产品以及靠欺骗消费者营利的企业和个人就无法生存

下去。大多数企业的合法权益也可以得到充分保护，从而在全社会市场经济中形成一种靠正当经营来提高经济效益的良好商业道德。这样就有利于促使企业努力加强管理，不断提高产品质量和服务质量，提高经济效益，推动社会进步。

三、消费者的权利

（一）安全权

1. 概念

消费者的安全权，是指消费者在购买使用商品或接受服务时所享有的人身和财产安全不受侵害的权利。这是消费者最重要的权利。

2. 内容

消费者安全权包括以下两个方面的内容，一是人身安全权。它又包括：（1）消费者的生命安全权。即消费者的生命不受危害的权利，如因仪器有毒而致使消费者死亡，即侵犯了消费者的生命权。（2）消费者的健康安全权，即消费者的身体健康不受损害的权利，如食物不卫生而致使消费者中毒或因电器爆炸致使消费者残废等均属侵犯消费者健康安全权。二是财产安全权。即消费者的财产不受损失的权利，财产损失有时表现为财产在外观上发生损毁，有时则表现为价值的减少。

（二）知悉权

1. 概念

消费者的知悉权，是指消费者在购买商品、使用商品或者接受服务时，了解和掌握商品的真实情况和服务的真实状况的权利。消费者有权根据商品或者服务的不同情况，要求经营者提供商品的价格、产地、生产者、用途、性能、规格、等级、主要成分、生产日期、有效期限、检验合格证明、使用方法说明书、售后服务，或者服务的内容、规格、费用等有关情况。

2. 内容

第一，消费者有权要求经营者按照法律、法规规定的方式标明商品或者服务的真实情况。例如商品或者服务的价格。

另外消费者有权要求经营者提供商品的生产者、用途性能、主要成分等。例如A药厂所生产的药品上，只用了短短几十个字对药品进行说明，关于药品的慎用、忌用、生产批号、生产日期等全部缺失。而B厂家的药品使用说明书中，却是几百个字，详细说明了药品的成分、服用方法、性能。服用后的反应中哪些属于服药后的正常反应，哪些属于过敏症状以及应采取的急救措施等也逐一列明，这与A制药厂的做法相比，其行为就有效地保障了消费者的知悉权。

第二，消费者在购买、使用商品或者接受服务时，有权询问和了解商品或者服务的有关情况。对于一个消费者，他可能是某一领域的行家、专家，对某类产品有着高超的鉴别能力，但是，他不可能对在生活中接触到和将要接触到的每种商品都了如指掌。所以，在购买、使用商品或者接受服务时，向经营者询问商品或者服务的具体情况即成为必然。在交易过程中，消费者询问、了解的权利是受到法律保护的，经营者应对之细致耐心的予以回答。例如我们可以看到，如今有些厂家在自己的新产品上市的时候，派出本厂业务人员对自己的新产品进行介绍、宣传和亲自演示等，这对于保障消费者的知悉权起到了促进作用。

第三，消费者不仅要知悉商品或者服务的情况，更重要的是要知晓其真实情况。经营者在向消费者推出其商品或者服务时，应向消费者提供真实的情况。经营者所提供的有关商品或者服务的信息不实，或者因其引人误解的宣传而使消费者接受该商品或者服务时，消费者对于经营者在进行交易时未如实披露的有关信息可以主张彼此的交易为无效。

（三）自主选择权

1. 概念

消费者的选择权是指消费者根据自己的意愿自主地选择其购买的商品及服务的权利。消费者的自由选择是消费者获得满意的商品和服务的基本保证，也是民法中平等自由原则在消费交易中的具体表现。《消费者权益保护法》第9条规定："消费者享有自主选择商品或者服务的权利。消费者有权自主选择提供商品或者服务的经营者，自主选择商品品种或者服务方式，自主决定购买或者不购买任何一种商品、接受或者不接受任何一项服务。消费者在自主选择商品或者服务时，有权进行比较、鉴别和挑选。"例如，时下流行的网购，网购消费者可以前往专柜试穿后到网上购买，"试穿一族"的此种行为就体现了消费者的自主选择权，消费者买或不买该商店的商品是有自主权的，先试穿再网购并不违反法律规定。

2. 内容

（1）有权自主选择经营者。

（2）有权自主选择商品品种或服务方式。

（3）有权自主决定是否购买或接受服务。

（4）自主选择商品或服务时，有权进行比较、鉴别和挑选。

（四）公平交易权

1. 概念

消费者的公平交易权是消费者在与经营者之间进行的消费交易中所享有的获得公平的交易条件的权利。

2. 内容

第一，有权获得质量保障、价格合理、计量正确等公平交易条件。

质量保障是消费者在购买商品或接受服务时对经营者的基本要求，这是关系到人体健康和人身安全的重大问题。

价格合理充分地体现了等价交换的原则。

计量的准确性则直接涉及消费者的经济利益。

因此，经营者在提供商品或服务时，必须保证质量、价格合理、计量正确。

第二，消费者有权拒绝经营者的强制交易行为。有的经营者在掌握了人们非常需要而又十分紧俏的商品或服务时，往往违反平等自愿、公平交易的市场准则，违背消费者的意愿强制交易，从而损害了消费者自主选择商品或者服务的权利，侵害了消费者的合法权益。因此，消费者在自己的公平交易权受到侵害时，有权依法要求经营者改正错误，提供质量好、价格合理、计量正确的服务，有权拒绝强制交易，并获得合理的赔偿。

案例 6－2－1

2014 年 7 月，赵女士等 19 名消费者报名参加六日泰国游，登机前，中方领队给大家开了一个说明会，表示在泰国有自费项目。旅游团的成员都很诧异，因为签合同时没有人告知有自费项目。大家并没有在意，以为是自由选择。到泰国后，旅游团购完物上车后，泰方导游称下面大家要参加自费项目，有 3 个套餐，必须选一个。赵女士等人认为这是强制消费，都表示反对。结果，当旅游车行至下一个景区，旅游团成员拍完照回到车上后，发现泰方导游、中方领队都不见了。无奈之下，团员们向其报名地旅游局求助。最后，在中国驻泰国大使馆帮助下，晚上 9 点左右，泰国导游和司机、中方领队才回到了车上，将团员送到了酒店。此时，大家在郊外已经等待了 5 个小时。

［问题］该旅行社的做法侵犯了消费者的什么权利？

［案例解析］根据《消法》的规定，消费者享有知情权和自主选择权。对于旅行社提出的自费旅游项目，消费者有权利知晓价格和服务内容，并且可以选择参加或者拒绝参加。经营者不得以其他理由强迫消费者消费，更不允许采取过激行为强迫消费。旅行社利用的是游客在国外时的弱势心理，事前未告知有自费项目，强迫消费购物、消费，侵害了消费者的知情权和自主选择权。

（五）求偿权

消费者的求偿权，也叫索赔权，是指消费者因为购买商品、使用商品或者接受服务时，受到人身、财产损害时，依法获得赔偿的权利。

该权利与消费者安全权、知悉权、公平交易权、人格尊严和民族风俗习惯受尊重的权利等密切相关，尤其与保障消费者安全权的关系最为紧密，当消费者的人身安全、财产安全受到损害时，行使索赔权的意义尤其重大。

（六）结社权

消费者的结社权是消费者为了维护自身的合法权益而依法组织社会团体的权利。

消费者往往是孤立、分散的个体社会成员，其所面对的经营者却时常表现为具有强大的经济实力、庞大的组织机构，拥有各种专门知识与经验的专业人员的企业，因此，尽管法律规定交易当事人地位平等，但由于交易双方实力的巨大悬殊，实际上，很难实现真正的平等。为了与强大的经营者及经营者集团相抗衡，实现与经营者之间的真正平等，消费者除了通过国家支持和社会帮助以外，还应团结起来，进行自我救济、自我教育。通过设立自己的组织壮大自己的力量，提高自身的素质，同不法经营行为作斗争。

应当注意，消费者组织社团应当遵守宪法和法律、法规，不得从事损害国家、社会集体的利益及其他公民合法的自由和权利。申请成立有关保护消费者权益的社会团体，应当依照《社会团体登记管理条例》的规定向有关登记管理机关提交相关登记材料。消费者社会团体具备法人条件的，批准登记后，取得法人资格。

（七）获得有关知识权

1. 概念

消费者的获得有关知识权又称为受教育权，是消费者享有的获得有关消费和消费者权益保护方面的知识的权利。

2. 内容

(1) 消费者有获得消费知识的权利。

(2) 消费者有获得消费者权益保护方面知识教育的权利。

（八）人格尊严和民族风俗习惯受尊重的权利、个人信息依法得到保护的权利

1. 概念

人格尊严和民族风俗习惯受尊重的权利指的是消费者在购买、使用商品和接受服务时，享有其人格尊严、民族风俗习惯得到尊重的权利。享有个人信息得到保护的权利。

2. 内容

(1) 人格尊严受尊重权。人格包括姓名权、名誉权、荣誉权、肖像权等。人格尊严受到尊重，是消费者最起码的权利之一。为切实保护消费者的人格尊严权，第一，任何经营者都不得以任何方式，包括以消费者所购的商品或者接受的服务为借口，调戏、侮辱消费者。例如，消费者在购买内衣裤或涉及个人隐私的特殊商品时，经营者不得有任何有损消费者尊严的言行。第二，经营者不得以任何借口限制、妨碍消费者的人身自由，不得搜查消费者的人身及其携带的物品。

(2) 民族风俗习惯受尊重权。我国是统一的多民族的国家，除汉族外，全国还有55个少数民族，各民族在长期历史发展过程中，在饮食、服饰、居住、婚葬、节庆、娱乐、礼节、禁忌等方面，都有不同的风俗习惯，与消费密切相关。尊重少数民族的风俗习惯，就是尊重民族感情、民族意识、民族尊严，这关系到坚持民族平等，加强民族团结，处理好民族关系，促进安定团结的大问题。因此，尊重少数民族的风俗习惯并不是可有可无的，它对于保护少数民族消费者的合法权益，贯彻党和国家的民族政策，都有极其重要的意义。

(3) 个人信息受保护权利。经营者及其工作人员对收集的消费者个人信息必须严格保密，不得泄露、出售或者非法向他人提供。经营者应当采取技术措施和其他必要措施，确保信息安全，防止消费者个人信息泄露、丢失。在发生或者可能发生信息泄露、丢失的情况时，应当立即采取补救措施。

（九）监督权

1. 概念

消费者的监督权，是指消费者对于商品和服务以及消费者保护工作进行监察和督导的权利。

2. 内容

(1) 消费者有权对国家进行消费者权益立法的监督，这主要是指消费者对于国家立法的建议权。

(2) 消费者有权对国家机关及其工作人员在保护消费者权益工作中的违法失职行为进行监督，这种监督主要表现在：对国家有关部门及其工作人员在执行法律法规过程中或者

在日常工作中忽视消费者权益的行为提出批评；对国家有关部门及其工作人员在处理损害消费者利益的事件时查处不力，敷衍塞责的行为提出批评或质询。

(3) 对生产者、经营者的侵权行为，有权通过大众传播媒介进行曝光和批评；有权对其处理和善后工作进行监督。

四、经营者的义务

（一）依法履行的义务

我国《消费者权益保护法》第 16 条规定："经营者向消费者提供商品或者服务，应当依照本法和其他有关法律、法规的规定履行义务。经营者和消费者有约定的，应当按照约定履行义务，但双方的约定不得违背法律、法规的规定。经营者向消费者提供商品或者服务，应当恪守社会公德，诚信经营，保障消费者的合法权益；不得设定不公平、不合理的交易条件，不得强制交易。"

（二）听取意见、接受监督的义务

我国《消费者权益保护法》第 17 条规定："经营者应当听取消费者对其提供的商品或服务的意见，接受消费者的监督。"

经营者听取消费者意见，接受消费者监督的义务，是与消费者的监督批评权相对应的。经营者听取消费者的意见，主要通过与消费者面对面的交流，书面征询消费者的意见，从新闻媒介了解消费者对商品和服务的看法与反映等方式来进行。经营者接受消费者监督，主要是通过设立意见箱、意见簿、投诉电话，及时处理消费者的投诉，自觉接受消费者的批评等方式进行。

听取消费意见，接受消费者监督是经营者的法定义务，经营者必须履行。法律规定经营者的此项义务，有利于提高和改善消费者的地位。

（三）保障人身安全的义务

我国《消费者权益保护法》第 18 条规定：" 经营者应当保证其提供的商品或者服务符合保障人身、财产安全的要求。对可能危及人身、财产安全的商品和服务，应当向消费者作出真实的说明和明确的警示，并说明和标明正确使用商品或者接受服务的方法以及防止危害发生的方法。宾馆、商场、餐馆、银行、机场、车站、港口、影剧院等经营场所的经营者，应当对消费者尽到安全保障义务。"

消费者的人身财产安全是其最基本的利益所在，安全权亦是消费者最基本的权利，消费者的这一权利要得到实现，就必须要求经营者提供的商品和服务具有可靠的安全性。

（四）缺陷产品召回义务

见图 6—2—1。

我国《消费者权益保护法》第 19 条规定："经营者发现其提供的商品或者服务存在缺陷，有危及人身、财产安全危险的，应当立即向有关行政部门报告和告知消费者，并采取停止销售、警示、召回、无害化处理、销毁、停止生产或者服务等措施。采取召回措施的，经营者应当承担消费者因商品被召回支出的必要费用。"

图 6—2—1

资料来源：见 http：//image. baidu. com/。

（五）提供真实信息义务

我国《消费者权益保护法》第 20 条规定："经营者向消费者提供有关商品或者服务的质量、性能、用途、有效期限等信息，应当真实、全面，不得作虚假或者引人误解的宣传。经营者对消费者就其提供的商品或者服务的质量和使用方法等问题提出的询问，应当作出真实、明确的答复。经营者提供商品或者服务应当明码标价。"

经营者的此项义务是与消费者的知悉真情权相对应的。商品经济中信息失真现象是引起消费者问题的原因之一。消费者对商品或服务正确地判断、评价、选择、使用，均有赖于经营者提供必要的真实信息。因此，此项义务有助于克服信息失真的消极影响，改善消费者的地位。

（六）标明真实名称和标记的义务

我国《消费者权益保护法》第 21 条规定："经营者应当标明其真实名称和标记。租赁他人柜台或者场地的经营者，应当标明其真实名称和标记。"

该义务的内容主要包括：经营者应当标明其真实名称和标记；租赁他人柜台或场地的经营者，应当标明其真实名称和标记。

（七）出具单据义务

我国《消费者权益保护法》第 22 条规定："经营者提供商品或者服务，应当按照国家有关规定或者商业惯例向消费者出具发票等购货凭证或者服务单据；消费者索要发票等购货凭证或者服务单据的，经营者必须出具。"

购货凭证和服务单据通常表现为发票、收据、保修单等形式，它是经营者与消费者之间签订的合同凭证，是消费者借以享受有关权利以及在其合法利益受到损害时向经营者索赔的依据。在消费者利益受到损害的情况下，有关凭证单据可作为申诉、仲裁、诉讼程序中的确定当事人责任的直接证据。

（八）质量担保义务

质量是一切商品或者服务的灵魂，也是决定消费者是否与经营者进行交易的关键。所以，保证商品或服务的质量，是经营者的应尽之责。

我国《消费者权益保护法》第 23 条规定："经营者应当保证在正常使用商品或者接受

服务的情况下其提供的商品或者服务应当具有的质量、性能、用途和有效期限；但消费者在购买该商品或者接受该服务前已经知道其存在瑕疵，且存在该瑕疵不违反法律强制性规定的除外。经营者以广告、产品说明、实物样品或者其他方式表明商品或者服务的质量状况的。应当保证其提供的商品或者服务的实际质量与表明的质量状况相符。经营者提供的机动车、计算机、电视机、电冰箱、空调器、洗衣机等耐用商品或者装饰装修等服务，消费者自接受商品或者服务之日起六个月内发现瑕疵，发生争议的，由经营者承担有关瑕疵的举证责任。”

（九）三包的义务

我国《消费者权益保护法》第24条规定：“经营者提供的商品或者服务不符合质量要求的，消费者可以依照国家规定、当事人约定退货，或者要求经营者履行更换、修理等义务。没有国家规定和当事人约定的，消费者可以自收到商品之日起七日内退货；七日后符合法定解除合同条件的，消费者可以及时退货，不符合法定解除合同条件的，可以要求经营者履行更换、修理等义务。依照前款规定进行退货、更换、修理的，经营者应当承担运输等必要费用。”

我国《消费者权益保护法》第25条规定：“经营者采用网络、电视、电话、邮购等方式销售商品，消费者有权自收到商品之日起七日内退货，且无需说明理由，但下列商品除外：(一) 消费者定作的；(二) 鲜活易腐的；(三) 在线下载或者消费者拆封的音像制品、计算机软件等数字化商品；(四) 交付的报纸、期刊。除前款所列商品外，其他根据商品性质并经消费者在购买时确认不宜退货的商品，不适用无理由退货。消费者退货的商品应当完好。经营者应当自收到退回商品之日起七日内返还消费者支付的商品价款。退回商品的运费由消费者承担；经营者和消费者另有约定的，按照约定。”

案例 6—2—2

2015年8月，叶女士通过某运营商官方网站购买了一部广信老人机。两日后，她发现手机的输入法无法正常使用。经当地售后检测后，证实手机存在故障。售后却称，因检测时发现手机壳有裂缝，只能保修，不能退款。经当地工商部门调解，商家同意免费为该手机作保修处理。

[问题] 商家应该同意叶女士的退货要求吗?

[案例解析] 根据《消法》第二十五条规定，经营者采用网络、电视、电话、邮购等方式销售商品，除了特殊情况，消费者有权自收到商品之日起七日内退货，且无需说明理由。不过，消费者定做的，鲜活易腐的，在线下载或者消费者拆封的音像制品、计算机软件等数字化商品，交付的报纸、期刊，或者其他根据商品性质并经消费者在购买时确认不宜退货的商品，不适用无理由退货。本案中，叶女士通过网络购买手机属于此情形，可适用此条款规定，商家应该同意叶女士的退货要求。

（十）格式合同的限制

见图 6—2—2。

我国《消费者权益保护法》第26条规定：“经营者在经营活动中使用格式条款的，应

图 6—2—2

资料来源：见 http：//image. baidu. com/。

当以显著方式提请消费者注意商品或者服务的数量和质量、价款或者费用、履行期限和方式、安全注意事项和风险警示、售后服务、民事责任等与消费者有重大利害关系的内容，并按照消费者的要求予以说明。经营者不得以格式条款、通知、声明、店堂告示等方式，作出排除或者限制消费者权利、减轻或者免除经营者责任、加重消费者责任等对消费者不公平、不合理的规定，不得利用格式条款并借助技术手段强制交易。格式条款、通知、声明、店堂告示等含有前款所列内容的，其内容无效。”

（十一）不得侵犯人身自由的义务

我国《消费者权益保护法》第 27 条规定：“经营者不得对消费者进行侮辱、诽谤，不得搜查消费者的身体及其携带的物品，不得侵犯消费者的人身自由。”

这项义务是与消费者的人格尊严受尊重权相对应的。消费者的人身权是其基本人权，消费者的人身自由、人格尊严不受侵犯。具体表现为：经营者不得对消费者进行侮辱、诽谤，不得搜查消费者的身体及其携带的物品，不得侵犯消费者的人身自由。

（十二）个人信息保护的义务

我国《消费者权益保护法》第 29 条规定：“经营者收集、使用消费者个人信息，应当遵循合法、正当、必要的原则，明示收集、使用信息的目的、方式和范围，并经消费者同意。经营者收集、使用消费者个人信息，应当公开其收集、使用规则，不得违反法律、法规的规定和双方的约定收集、使用信息。

经营者及其工作人员对收集的消费者个人信息必须严格保密，不得泄露、出售或者非法向他人提供。经营者应当采取技术措施和其他必要措施，确保信息安全，防止消费者个人信息泄露、丢失。在发生或者可能发生信息泄露、丢失的情况时，应当立即采取补救措施。

经营者未经消费者同意或者请求，或者消费者明确表示拒绝的，不得向其发送商业性信息。”

五、正确解决涉及侵犯消费者权益的争议

《消费者权益保护法》第 39 条明确规定："消费者和经营者发生消费者权益争议的，可以通过下列途径解决：(一) 与经营者协商和解；(二) 请求消费者协会或者依法成立的其他调解组织调解；(三) 向有关行政部门投诉；(四) 根据与经营者达成的仲裁协议提请仲裁机构仲裁；(五) 向人民法院提起诉讼。"

六、侵犯消费者合法权益的民事法律责任

(一) 经营者的民事责任

在消费侵权发生以后，对于消费者而言，经营者承担的主要是民事责任，亦即对消费者的权益损失予以恢复和赔偿。

根据《消费者权益保护法》第 48 条的规定，经营者提供商品或者服务有下列情形之一的，除该法另有规定外，应当依照其他有关法律、法规的规定，承担民事责任，这些情形包括：(1) 商品或者服务存在缺陷的；(2) 不具备商品应当具备的使用性能而出售时未作说明的；(3) 不符合在商品或者其包装上注明采用的商品标准的；(4) 不符合商品说明、实物样品等方式表明的质量状况的；(5) 生产国家明令淘汰的商品或者销售失效、变质的商品的；(6) 销售的商品数量不足的；(7) 服务的内容和费用违反约定的；(8) 对消费者提出的修理、重作、更换、退货、补足商品数量、退还货款和服务费用或者赔偿损失的要求，故意拖延或者无理拒绝的；(9) 法律、法规规定的其他损害消费者权益的情形。

(二) 经营者的行政责任

经营者的行政责任，是指经营者在消费领域违反国家有关行政管理法规所应承担的法律责任。如果说经营者的民事责任是相对于消费者而言的话，那么，经营者的行政责任则是相对于国家而言的。实践中，经营者侵害消费者合法权益的行为在损害消费者利益的同时，往往也触犯了国家行政管理法规，扰乱了社会经济秩序，因此，经营者在对消费者承担民事责任的基础上，还须对国家承担行政责任。

我国《消费者权益保护法》第 56 条明确规定："经营者有下列情形之一，除承担相应的民事责任外，其他有关法律、法规对处罚机关和处罚方式有规定的，依照法律、法规的规定执行；法律、法规未作规定的，由工商行政管理部门或者其他有关行政部门责令改正，可以根据情节单处或者并处警告、没收违法所得、处以违法所得一倍以上十倍以下的罚款，没有违法所得的，处以五十万元以下的罚款；情节严重的，责令停业整顿、吊销营业执照：(一) 提供的商口或者服务不符合保障人身、财产安全要求的；(二) 在商品中掺杂、掺假，以假充真，以次充好，或者以不合格商品冒充合格商品的；(三) 生产国家明令淘汰的商品或者销售失效、变质的商品；(四) 伪造商品的产地，伪造或者冒用他人的厂名、厂址，篡改生产日期，伪造或者冒用认证标志等质量标志的；(五) 销售的商品应当检验、检疫而未检验、检疫或者伪造检验、检疫结果的；(六) 对商品或者服务作虚假或者引人误解的宣传的；(七) 拒绝或者拖延有关行政部门责令对缺陷商品或者服务采取停止销售、警示、召回、无害化处理、销毁、停止生产或者服务等措施的；(八) 对消费者提出的修理、重作、更换、退货、补足商品数量、退还货款和服务费用或者赔偿损失的

要求，故意拖延或者无理拒绝的；（九）侵害消费者人格尊严、侵犯消费者人身自由或者侵害消费者个人信息依法得到保护的权利的；（十）法律、法规规定的对损害消费者权益应当予以处罚的其他情形。经营者有前款规定情形的，除依照法律、法规规定予以处罚外，处罚机关应当记入信用档案，向社会公布。”

（三）经营者的刑事责任

经营者的刑事责任，是指经营者在消费领域触犯刑法构成犯罪所应承担的法律责任。刑事责任只能对已构成犯罪的经营者适用，对虽有一般违法行为但尚不构成犯罪的经营者，不能适用刑事责任。

《消费者权益保护法》第 57 条规定：“经营者违反本法规定提供商品或者服务，侵害消费者合法权益财产损失，构成犯罪的，依法追究刑事责任。”包括经营者提供商品或服务，造成消费者人身伤害或者财产损失，构成犯罪的和经营者以暴力、威胁等方法阻碍有关行政部门工作人员执法，构成犯罪的两类情形。具体追究经营者的刑事责任应依照《刑法》的规定进行，主要体现在生产、销售伪劣商品罪。

任务小结

消费者，是指为生活消费需要购买、使用商品或者接受服务的公民个人和单位。消费者的九项权利是：安全权、知情权、自主选择权、公平交易权、求偿权、结社权、获得有关知识权、人格尊严和民族风俗习惯受尊重权、监督权。

消费者和经营者发生消费者权益争议的，可以通过下列途径解决：（一）与经营者协商和解；（二）请求消费者协会或者依法成立的其他调解组织调解；（三）向有关行政部门投诉；（四）根据与经营者达成的仲裁协议提请仲裁机构仲裁；（五）向人民法院提起诉讼。

能力检测

1. 简述消费者的权利及经营者的义务。
2. 简述解决侵犯消费者权益争议的途径。
3. 案例分析：

朱女士在某大型超市购物，出门口时报警器突然鸣响不止，保安将其拦住，当着超市门口很多人的面严厉训斥她，称其为小偷，并无理地要求其拿出所偷的物品。实际朱女士没有偷拿超市任何东西，所以根本拿不出什么偷盗物品，保安就强行当众脱掉朱女士的外衣搜身，并抢过她的包、购物袋，搜查里面的物品，挨个在报警器前扫过，以便检查哪件是没有付款的，最终毫无结果。朱女士认为其人格尊严受到严重侵害，故起诉超市要求其公开赔礼道歉并支付精神损害赔偿。朱女士的诉讼请求会得到法院的支持吗？为什么？

考核知识点：消费者人格尊严受尊重的权利。

小组讨论：

作为创业者，如何维护消费者的权益？

任务三　如何杜绝不正当竞争

任务导入案例

[案情介绍]

某省的一个保温瓶厂在新闻发布会上，公布了一条“惊世骇俗”的消息，他们说我国百姓几十年来一直使用的保温瓶胆存在着砒霜渗透的问题。他们为了弥补这一缺陷，经过几年的研制，生产出无毒的“金胆”，安全、可靠，是保温瓶生产的一次革命。这一消息引起广大消费者的关注，很多商场也关心这一问题，大家纷纷打听如何购买所谓的“金胆”。这家企业又及时地发出广告，开展“银胆”换“金胆”的销售活动，消费者只要交两元钱可以用一个“银胆”换一个“金胆”。但是，与此同时，全国各地的“银胆”销售受到影响，厂家大量积压产品。另外，很多外国商人闻听此讯，也纷纷发出退货、解除合同等电文和传真。该某保温瓶厂“金胆”产品的宣传、广告及销售方法，冲击了其他生产保温瓶厂家的生产、经营，给这些企业造了巨大的经济损失，触怒了许多生产“银胆”的厂家，纷纷要求工商行政管理部门、各级技术监督管理部门调查有关事实真相，为“银胆”平反。经过该省技术监督部门的技术鉴定，作出如下结论：一、普通的保温瓶所使用的“银胆”根本不存在砒霜渗透的问题；二、所谓的“金胆”和普通保温瓶使用的“银胆”在原材料、设计方法、外形、制造工艺等方面都完全一样。当地的工商行政部门经过调查也发现该保温瓶厂生产的所谓“金胆”实际上就是用换来的“银胆”冒充的。鉴于此，有关部门作出了如下处罚：一、责令该厂立即停止违法行为；二、在全国性的报纸杂志上登报一个月，澄清事实的真相，消除影响；三、赔偿“银胆”生产厂家的经济损失；四、处以 20 万元的罚款。

[问题]

该保温瓶厂的行为构成不正当竞争吗？

[案例解析]

本案例涉及经营者的虚假宣传行为构成不正当竞争及其法律责任问题。第一，保温瓶厂的虚假宣传行为已构成不正当竞争。我国《反不正当竞争法》明确规定，经营者不得利用广告或其他方法，对商品的质量、制作成分、性能、用途、生产者、有效期限、产地等作引人误解的虚假宣传。广告的经营者不得在明知或者应知的情况下，代理、设计、制作、发布虚假广告。本案保温瓶厂宣传其他保温瓶存在着砒霜渗透的问题，并声称自己所生产的保温瓶已经克服了该缺陷，实际上就是对其产品的性能作引人误解的虚假宣传，已经构成了不正当竞争。第二，保温瓶厂应当承担相应的法律责任。

知识平台

一、市场竞争的含义及价值、不正当竞争的含义

市场竞争是市场经济中同类经济行为主体为着自身利益的考虑，以增强自己的经

济实力，排斥同类经济行为主体的相同行为的表现。市场竞争是市场经济的基本特征。在市场经济条件下，竞争主体从各自的利益出发，为取得较好的产销条件、获得更多的市场资源而竞争。通过竞争，实现企业的优胜劣汰，进而实现生产要素的优化配置。

不正当竞争行为，是指经营者违反《反不正当竞争法》的规定，损害其他经营者的合法权益，扰乱社会经济秩序的行为。不正当竞争是对正当竞争行为的违反和侵害。而正当竞争，是指经营者采用符合国家法律、遵守社会公认的商业道德、信守诚实信用原则的商业手段进行竞争的行为。因此，凡是在竞争过程中，采用虚假、欺诈、损人利己的违反国家法律手段进行的竞争，都是不正当竞争行为，都会损害其他的经营者的合法权益，扰乱社会经济秩序。对于依法应当追究法律责任的不正当竞争行为，《反不正当竞争法》已经作出明确规定。

二、《反垄断法》规定的垄断及反垄断

《中华人民共和国反垄断法》，是一部为了预防和制止垄断行为，保护市场公平竞争，提高经济运行效率，维护消费者利益和社会公共利益，促进社会主义市场经济健康发展，而制定的法律。反垄断法于2008年8月1日起施行。

垄断主要是指单独性的占有、没有竞争的市场状态，即一个经营者或经营者联合体占据某一领域、某一行业的市场，从而排除和限制市场竞争，实现其对市场的独占性控制和支配的行为。从经济学的角度讲，垄断是指少数企业凭借雄厚的经济实力对市场进行控制，并在一定领域内限制竞争的一种市场状态。垄断是市场经济的必然产物，是市场竞争和生产集中到一定程度后的必然结果。

反垄断是禁止垄断和贸易限制的行为。在19世纪末期世界经济的发展进入了垄断资本主义时期，反垄断就成为了各国规制的对象，各国均采取严厉的立法来进行反垄断的法律规制。中国自加入WTO以后也积极担负起反垄断的责任。

三、《反不正当竞争法》规定的不正当竞争行为

1. 假冒混淆行为

假冒混淆行为，是指假借和冒充其他经营者或者其商品的名称、商标、质量和产地标志等，以使他人混淆而产生误会的行为。具体包括：(1) 假冒他人注册商标；(2) 擅自使用知名商品特有的名称、包装、装潢，或者使用与知名商品近似的名称、包装、装潢，造成和他人知名商品相混淆，使购买者误认为是该知名商品；(3) 擅自使用他人的企业名称或姓名，引人误认为是他人的商品；(4) 在商品上伪造或者冒用认证标志、名优标志等质量标志，伪造产地，对商品质量作引人误解的虚假表示。

2. 商业贿赂行为

见图6—3—1。

商业贿赂行为，是指经营者采用财物或者其他手段进行贿赂，以销售商品或者购买商品，提供服务或者接受服务的不正当竞争行为。商业贿赂行为是一种典型的不正当竞争行为。

图 6—3—1

资料来源：见 http：//image. baidu. com/。

根据《反不正当竞争法》及有关规定，下列行为属于商业贿赂行为：经营者为销售商品或购买商品提供经营性服务或接受经营性服务，采用财物贿赂对方单位或者个人的行为；经营者为了上述目的以其他手段进行的商业贿赂行为。

《反不正当竞争法》第 8 条规定，经营者不得采用财物或者其他手段进行贿赂以销售或者购买商品。在账外暗中给予对方单位或者个人回扣的，以行贿论处；对方单位或者个人在账外暗中收受回扣的，以受贿论处。经营者销售或者购买商品，可以以明示方式给对方折扣，可以给中间人佣金。经营者给对方折扣、给中间人佣金的，必须如实入账。接受折扣、佣金的经营者必须如实入账。

3. 虚假广告行为

广告宣传是经营者进行市场竞争的常用手段，通过宣传既扩大了经营者的知名度，同时为消费者选择商品和服务带来了方便。因此，正当的宣传行为为我国法律所允许。法律禁止的是通过广告或其他宣传方法进行虚假表示、误导消费者的不正当竞争行为。虚假广告行为，是指经营者利用广告或者其他方法，对商品的质量、制作成分、性能、用途、生产者、有效期限、产地等作引人误解的虚假宣传行为。判断是否为引人误解的虚假宣传，一般以社会公认的合理判断为依据。

4. 侵犯商业秘密行为

根据《反不正当竞争法》的规定，商业秘密指不为公众所知悉、能为权利人带来经济利益、具有实用性的，并经权利人采取保密措施的技术信息和经营信息。侵犯商业秘密的不正当竞争行为有以下三种情形：

(1) 以盗窃、利诱、胁迫或者其他不正当手段获取权利人的商业秘密；

(2) 披露、使用或者允许他人使用以不正当手段获取的权利人的商业秘密；

(3) 违反约定或者违反权利人有关商业保密要求，披露、使用或者允许他人使用其所掌握的商业秘密。第三人明知或者应知前款所列违法行为，获取、使用或者披露他人的商业秘密，视为侵犯商业秘密。

5. 低价倾销行为

低价倾销行为也称为不当低价销售行为，指经营者以排挤竞争对手为目的，以低于成本的价格销售商品。

四种不构成低价倾销行为的法定情形：（1）销售鲜活商品；（2）处理有效期限即将到期的商品或者其他积压的商品；（3）季节性降价；（4）因清偿债务、转产、歇业降价销售商品。

6. 不正当有奖销售行为

（1）谎称有奖销售或对所设奖的种类、中奖概率、最高奖金额、总金额、奖品种类、数量、质量、提供方法等作虚假不实的表示。

（2）采取不正当手段故意让内定人员中奖。

（3）故意将设有中奖标志的商品、奖券不投放市场或不与商品、奖券同时投放；故意将带有不同奖金金额或奖品标志的商品、奖券按不同时间投放市场。

（4）抽奖式的有奖销售，最高奖的金额超过 5 000 元。

（5）利用有奖销售手段推销质次价高的商品。

（6）其他欺骗性有奖销售行为。

7. 招标投标中的串通行为

此项限制竞争行为包括两类：

（1）投标者不得串通投标，抬高标价或者压低标价。

（2）投标者和招标者不得相互勾结，以排挤竞争对手的公平竞争。

8. 诋毁商誉行为

诋毁他人商誉行为，是指经营者为了获得竞争利益，捏造、散布虚假事实，损害他人商誉、侵犯他人商誉权的行为。商誉是社会公众对市场经营主体名誉的综合性积极评价。它是经营者长期努力追求、刻意创造、并投入一定的金钱、时间及精力才取得的。良好的商誉本身就是一笔巨大的无形财富。在经济活动中，最终又通过有形的形式（如销售额、利润）回报他的主人。《反不正当竞争法》第 14 条规定，经营者不得捏造、散布虚伪事实，损害竞争对手的商业信誉、商品声誉。

9. 搭售行为

搭售行为，是指经营者出售商品或者提供服务时，违背对方的意愿，搭售其他商品的行为。

《反不正当竞争法》第 12 条规定：“经营者销售商品，不得违背购买者的意愿搭售商品或者附加其他不合理的条件。”

10. 公用企业及其他依法具有独占地位的经营者与政府部门的限制竞争行为

公用企业或其他依法具有独占位的经营者，限定他人购买其指定的经营者的商品，排挤其他经营者的公平竞争行为即为限制竞争行为。

政府部门限制竞争行为是指政府及其所属部门滥用行政权力，限定他人购买其指定的经营者的商品，限制其他经营者正当的经营活动，限制外地商品进入本地市场或者本地商品流向外地市场的行为。

任务小结

反不正当竞争法是一部旨在规范社会主义市场经济秩序，倡导公平有序竞争的法律。对于保护合法市场参与者的权益和打击不法市场经济行为有着重要意义。所谓的不正当竞争行为，是指经营者违反《反不正当竞争法》的规定，损害其他经营者的合法权益，扰乱社会经济秩序的行为。不正当竞争行为的性质具有违法性，行为的结果具有损害性。

能力检测

1. 简述不正当竞争行为的种类。
2. 简述不构成低价倾销行为的法定情形。
3. 案例分析：

2012年8月，春花纸厂推出“玫瑰”牌餐巾纸，每箱价格为30元。该品牌投放市场以后，以其低廉的价格，良好的质量赢得广大消费者的青睐。与此同时，云兰纸厂的“沙龙”牌餐巾纸在市场上却无人问津。云兰纸厂面对严峻的市场形势，作出战略调整，以每箱28元的价格投放市场。因云兰纸厂的产品质量也不错，很快就赢得了一定的市场份额。2013年3月，春花纸厂将产品价格降为25元每箱。于是，双方打起了价格大战。2013年7月，云兰纸厂为了彻底击垮对手，作出了大胆决定，以低于成本价的每箱18元的价格投放市场，并同时优化纸质。2014年2月，云兰纸厂凭借其雄厚的实力终于将对手击垮。2014年2月19日，春花纸厂因产品滞销、财政困难而停产。2014年3月13日，春花纸厂向人民法院提起诉讼，状告云兰纸厂的不正当竞争行为，并要求赔偿损失。

问题：春花纸厂的诉讼请求法院会支持吗？

考核知识点：低价倾销行为。

项目七 掌握企业财务制度，做依法纳税的好公民

项目任务

1. 学习企业财务制度。会计法相关知识，掌握会计的基本法律责任。
2. 掌握普通人日常生活常见税种，以及中小企业相关的常见税种。

能力描述

1. 在日常工作中，能用所学的《会计法》知识，进行更好的自律管理，保障企业合法财务制度的运行。

2. 在各种经济活动中，做依法纳税的好公民，熟悉各种税种区别，坚持依法纳税，杜绝偷税漏税。

项目导入案例

[案情介绍]

某省财政部门在2013年3月和5月对某外贸企业和某事业单位的检查中发现下列情况。在对某外贸企业的财务会计报告的检查中发现的情况：

1. 该企业的业务活动主要是对欧贸易，业务收支主要以欧元结算，也有少量以人民币结算的业务。

2. 财务会计报告由会计机构负责人签名并盖章后报出。

在对某事业单位的检查中发现的情况：

3. 由于人手紧张，会计丁某同时兼任该单位出纳。

4. 该会计机构负责人李某是该单位负责人付某的妻子。

[问题]

结合所学的法律知识，分析上述情况中哪些违反了相关的法律规定?

[案例解析]

结合所学的法律知识我们可以看出：情况（1）中该企业可以采用欧元作为记账本位币也可以采用人民币作为记账本位币，但是若以欧元作为记账本位币时，编制的财务报表应当

折算为人民币。情况（2）中，财务会计报告除了由会计机构负责人签名盖章之外，还需经过单位主管会计工作的负责人，单位负责人签名并盖章。如是设置总会计师的单位，还需经总会计师签名并盖章。情况（3）中，丁某不可以同时兼任会计和出纳，该做法违反了设置会计工作岗位基本原则中的内部牵制制度的要求。情况（4）中，李某不得担任该单位的会计机构负责人，该做法违反了《会计基础工作规范》中会计人员回避制度的相关规定。

任务一　如何当好一名会计

任务导入案例

[案情介绍]

2011 年 12 月，长城电子有限公司张总经理，以加强对公司财务部管理为由，将自己朋友的女儿李虹，调入该公司财务部担任出纳，登记现金和银行存款日记账，并兼管会计档案工作。李虹到公司财务部工作后，经过两年的努力，取得了会计从业资格证书。2014 年 2 月，张总经理即任命李虹为该公司财务部经理，全面主持该公司财务部工作。

[问题]

请结合所学的法律知识，指出上述情况中，哪些行为不符合国家规定？并说明理由。

[案例解析]

张总经理将李虹调入该公司担任出纳的行为不符合规定；出纳兼管会计档案工作的行为不符合规定；任命李虹为财务部经理的行为不符合规定。理由：

(1)《会计法》第 38 条规定，从事会计工作的人员，必须取得会计从业资格证书，而李虹在 2011 年 12 月前尚未取得会计从业资格证书。

(2)《会计法》第 37 条规定，出纳人员不得兼任稽核、会计档案保管和收入、支出、费用、债权债务账目的登记工作。

(3)《会计法》第 38 条第 2 款规定，担任单位会计机构负责人（会计主管人员）的，除取得会计从业资格证书外，还应当具备会计师以上专业技术职务资格或者从事会计工作三年以上经历。而李虹当时既不是会计师，又从事会计工作不满三年。

知识平台

一、会计法律制度

会计法律制度是指由国家权力机关和行政机关制定的，用以调整会计关系的各种法律、法规、规章和规范性文件的总称，是会计人员从事会计工作必须严格遵守的行为准则。

我国会计法律制度由会计法律、会计行政法规、会计部门规章和地方性会计法规四个内容构成。

1. 会计法律

会计法律是由全国人民代表大会及其常务委员会经过一定立法程序制定的有关会计工

作的法律。我国目前有两部会计法律，分别是《中华人民共和国会计法》（以下简称《会计法》）和《中华人民共和国注册会计师法》（以下简称《注册会计师法》）。

《会计法》于1985年1月21日由第六届全国人民代表大会常务委员会第九次会议通过，1993年和1999年全国人大常务委员会两次对《会计法》作了修订。1999年10月31日，《会计法》经第九届全国人民代表大会常务委员会第十二次会议修订通过，于2000年7月1日起施行至今。《会计法》主要对会计工作总的原则、会计核算、会计监督、合计机构和会计人员以及法律责任等作出详细规定，是我国会计法律规范的最高层，在会计法律规范体系中具有最高法律效力，是制定其他会计法规的依据。

《注册会计师法》颁布于1993年，主要对注册会计师行业管理体制、注册会计师考试和注册、会计师事务所组织形式和业务范围以及法律责任等作了详细规定。根据2014年8月31日第十二届全国人民代表大会常务委员会第十次会议《关于修改〈中华人民共和国保险法〉等五部法律的决定》，对《注册会计师法》予以了修正。

2. 会计行政法规

会计行政法规是指由国务院制定并发布，或者国务院有关部门拟定并经国务院批准发布，调整经济生活中某些方面会计关系的法律规范。会计行政法规制定的依据是《会计法》，会计行政法规的效力仅次于会计法律，如国务院1990年12月31日发布施行的《总会计师条例》、2000年1月1日施行的《企业财务会计报告条例》等。

3. 会计部门规章

会计部门规章是指国家主管会计工作的行政部门如财政部及其他相关部委制定的会计法律规范。它包括国家统一的会计核算制度、国家统一的会计监督制度、国家统一的会计机构和会计人员制度及国家统一的会计工作管理制度等等。

4. 地方性会计法规

地方性会计法规是指省、自治区、直辖市的人民代表大会或常务委员会根据本行政区域的具体情况和实际需要，在不同宪法、会计法律、行政法规和国际统一的会计准则不相抵触的前提下，制定发布的关于会计核算、会计监督、会计机构和会计人员以及会计工作管理的规范性文件。例如，2010年7月30日，由辽宁省第十一届人民代表大会常务委员会第十八次会议审议通过，并于2010年10月1日起施行的《辽宁省会计管理条例》。

二、会计机构的设置及会计人员从业资格的取得

会计机构是各单位办理会计事务的职能部门，会计人员是直接从事会计工作的人员。建立、健全会计机构，配备与工作要求相适应、具有一定素质和数量的会计人员，是做好会计工作、充分发挥会计职能作用的重要保证。

（一）单位会计机构的设置

《会计法》规定，各单位应当根据会计业务的需要，设置会计机构。是否单独设置会计机构，由单位根据自身会计业务的需要自主决定。一般而言，一个单位是否单独设置会计机构，往往取决于下列各因素：

（1）单位规模的大小。单位的规模，往往决定了这个单位内部职能部门的设置，也决定了会计机构的设置与否。一般来说，从有效发挥会计职能作用的角度看，大中型企业以及具有一定规模的事业行政单位，以及财务收支数额较大、会计业务较多的社会团体和其

他经济组织，都应单独设置会计机构，以便及时组织本单位各项经济活动和财务收支的核算，实行有效的会计监督。

（2）经济业务和财务收支的繁简。经济业务多、财务收支量大的单位，有必要单独设置会计机构，以保证会计工作的效率和会计信息的质量。

（3）经营管理的要求。一个单位对经营管理的要求越高，对会计信息的需求也相应增加，对会计信息系统的要求也越高，从而决定了该单位设置会计机构的必要。

《会计法》规定，不单独设置会计机构的单位，应当指定会计主管人员。对于不具备单独设置会计机构的单位，如财务收支数额不大、会计业务比较简单的企业、机关、团体、事业单位和个体工商户等，为了适合这些单位的内部客观需要和组织结构特点. 应当在各个机构中配备专职会计人员并制定会计主管人员。

（二）会计机构负责人（会计主管人员）的任职资格

会计机构负责人（会计主管人员）是指在一个单位内具体负责会计工作的中层领导人员。会计机构负责人（会计主管人员）担负着具体组织、领导会计人员进行会计核算、实施会计监督的重要职责，其素质和能力直接关系到本单位的会计工作水平和质量，因此对其任职资格必须加以规定。《会计法》规定，担任单位会计机构负责人（会计主管人员）的，除取得会计从业资格证书外，还应当具备会计师以上专业技术职务资格或者从事会计工作 3 年以上经历。

（三）会计人员回避制度

在会计工作中因亲情关系而共同作弊和违法违纪的案件时有发生，因此，在会计人员中有必要实行回避制度。根据《会计基础工作规范》的规定，国家机关、国有企业、事业单位任用会计人员应当实行回避制度。单位领导人的直系亲属不得担任本单位的会计机构负责人、会计主管人员。会计机构负责人、会计主管人员的直系亲属不得在本单位会计机构中担任出纳工作。

（四）会计从业资格的取得

1. 会计从业资格的考试制度

国家实行会计从业资格考试制度。会计从业资格考试科目为财经法规与会计职业道德、会计基础、会计电算化（或者珠算）。会计从业资格考试科目应当一次性通过。见图 7—1—1。

图 7—1—1

资料来源：见 http：//image. baidu. com/。

2. 申请参加会计从业资格考试人员的条件

申请参加会计从业资格考试的人员，应当符合下列基本条件：①遵守会计和其他财经法律、法规；②具备良 1 好的道德品质；③具备会计专业基础知识和技能。

如有违法违纪行为被依法吊销会计从业资格证书的人员．自被吊销之日起 5 年内不得参加会计从业资格考试，不得重新取得会计从业资格证书。因有提供虚假财务会计报表，做假账，隐匿或者故意销毁会计凭证、会计账簿、财务会计报告．贪污、挪用公款，职务侵占等与会计职务有关的违法行为，被依法追究刑事责任的人员，不得参加会计从业资格考试，不得取得或者重新取得会计从业资格证书。

3. 取得合计从业资格证书

会计从业资格考试全科合格的申请人，可以向会计从业资格考试所管理机构领取证书，持有会计从业资格证书的人员不得涂改、转让会计从业资格证书。

三、法律责任

见图 7—1—2。

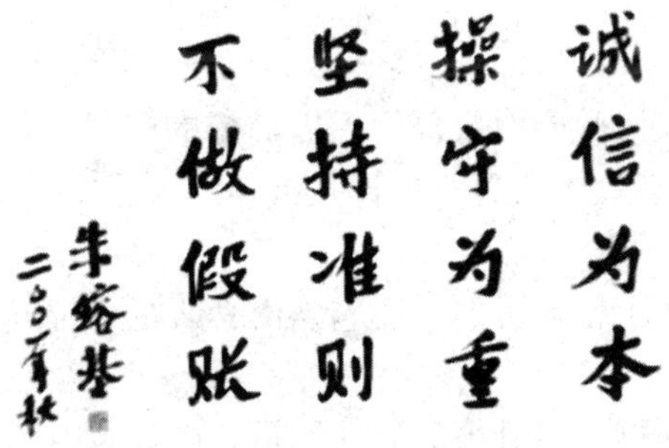

图 7—1—2

（朱镕基同志 2001 年为北京国家会计学院题写的校训　图片来源：http：//blog．sina．cn/dpool/blog/s/blog_d35dbe280102v0eh．html？vt＝4）

1. 不依法设置会计账簿等会计违法行为

根据《会计法》第 42 条的规定，不依法设置会计账簿等会计违法行为主要包括：

（1）不依法设置会计账簿的。

（2）私设会计账簿的。

（3）未按照规定填制、取得原始凭证或者填制、取得的原始凭证不符合规定的。

（4）以未经审核的会计凭证为依据登记会计账簿或者登记会计账簿不符合规定的。

（5）随意变更会计处理方法的。

（6）向不同的会计资料使用者提供的财务会计报告编制依据不一致的。

（7）未按照规定使用会计记录文字或者记账本位币的。

（8）未按照规定保管会计资料，致使会计资料毁损、灭失的。

（9）未按照规定建立并实施单位内部会计监督制度或者拒绝依法实施的监督或者不如实提供有关会计资料及有关情况的。

（10）任用会计人员不符合会计法规定的。

2. 不依法设置会计账簿等会计违法行为应承担的法律责任

违反《会计法》的规定，有上述行为之一的，应承担以下法律责任：

（1）责令限期改正。

（2）罚款。在县级以上人民政府财政部门责令限期改正的同时，可以对单位并处3 000元以上5万元以下的罚款；对其直接负责的主管人员和其他直接责任人员，可以处2 000元以上2万元以下的罚款。

（3）行政处分。属于国家工作人员的，还应当由其所在单位或者有关单位依法给予警告、记过、记大过、降职、留用察看、开除等行政处分。

（4）吊销会计从业资格证书。会计人员有上述行为之一，情节严重的，由县级以上人民政府财政部门吊销其会计从业资格证书。

（5）追究刑事责任。有上述所列行为之一，构成犯罪的，依法追究刑事责任。

3. 其他会计违法行为的法律责任

（1）伪造、变造会计凭证、会计账簿，编制虚假财务会计报告的法律责任。

根据《会计法》的规定，伪造、变造会计凭证、会计账簿，编制虚假财务会计报告，应承担以下法律责任：

①予以通报。

②罚款。在县级以上人民政府财政部门予以通报的同时，可以对单位并处5 000元以上10万元以下的罚款；对其直接负责的主管人员和其他直接责任人员，可以处3 000元以上5万元以下的罚款。

③行政处分。属于国家工作人员的，还应当由其所在单位或者有关单位依法给予撤职直至开除的行政处分。

④吊销会计从业资格证书。对其中的会计人员，由县级以上人民政府财政部门吊销其会计从业资格证书。即会计人员伪造、变造会计凭证、会计账簿，编制虚假财务会计报告。不论情节是否严重，由县级以上人民政府财政部门吊销其会计从业资格证书。

⑤追究刑事责任。伪造、变造会计凭证、会计账簿，编制虚假财务会计报告构成犯罪的，依法追究刑事责任。

（2）隐匿或者故意销毁依法应当保存的会计凭证、会计账簿、财务会计报告的法律责任。

根据《会计法》的规定，隐匿或者故意销毁依法应当保存的会计凭证、会计账簿、财务会计报告的法律责任与伪造、变造会计凭证、会计账簿．编制虚假财务会计报告的法律责任相同，这里不再阐述。

（3）授意、指使、强令会计机构、会计人员及其他人员伪造、变造会计凭证、会计账簿，编制虚假财务会计报告或者隐匿、故意销毁依法应当保存的会计凭证、会计账薄、财务会计报告的法律责任。

根据《会计法》的规定，授意、指使、强令会计机构、会计人员及其他人员伪造、变造会计凭证、会计账簿，编制虚假财务会计报告或者隐匿、故意销毁依法应当保存的会计凭证、会计账簿、财务会计报告，应承担以下法律责任：

（1）罚款。县级以上人民政府财政部门对直接责任人员可以处5 000元以上5万元以下的罚款。

（2）行政处分。属于国家工作人员的，还应当由其所在单位或者有关单位依法给予降级、撤职、开除的行政处分。

（3）追究刑事责任。上述行为构成犯罪的，依法追究刑事责任。

（4）单位负责人对依法履行职责、抵制违反《会计法》规定行为的会计人员实行打击报复的法律责任。

①单位负责人对依法履行职责、抵制违反《会计法》规定行为的会计人员实行打击报复的方式：降级、撤职、调离工作岗位、解聘或者开除等。

②单位负责人对依法履行职责、抵制违反《会计法》规定行为的会计人员实行打击报复，应承担以下法律责任：①行政处分。单位负责人对依法履行职责、抵制违反《会计法》规定行为的会计人员实行打击报复，情节轻微，尚不构成犯罪的，由其所在单位或者有关单位依法给予行政处分。②追究刑事责任：上述行为构成犯罪的，依法追究刑事责任。例如。《刑法》规定，公司、企业、事业单位、机关、团体的领导人，对依法履行职责、抵制违反《会计法》规定行为的会计人员实行打击报复，情节恶劣的. 构成打击报复会计人员罪，处3年以下有期徒刑或者拘役。

任务小结

本任务通过对会计法律制度的了解，掌握如何取得会计从业资格证书的相关法律规定，熟悉会计工作违法行为的法律责任。能更好地在今后的会计工作中，知法守法，在法律的框架下形成良好的企业会计制度。

能力检测

1. 简述我国会计法律制度的构成。
2. 简述会计人员回避制度的内容。
3.《会计法》规定的行政处罚的种类有哪些？
4. 案例分析：2012年，湖南省审计工作组对A公司的账目进行审计的时候，发现A公司的管理费用及收支明细账存在一定的问题。具体情况如下：发现2010年8月15日现付凭证上存在问题，该号凭证上面列支了该公司的行政办公室办公用品费6 750元，所附发票只标明：名称：办公用品；金额：6 750元；以现金方式付给某大型商场。而且此类发票数量较多，累计金额达78 500元。经审计人员核查该企业办公用品的支出情况，数量较大的办公用品早已购买，而且都按照会计制度规定进行详细列示。而这些发票却没有详细列示，并都是以现金支付，数量较大。带着这个问题，审计人员到某商场进行调查核实，抽查原发票存根联，发现所购办公用品都跟生活用品有关，与发票根本不符。经审计人员进一步追问，商场说明了实际情况。原来该公司并没有从商场购买所谓的办公用品，而是购买了高档护肤品，用于个人消费，价值6 750元。其他类似发票经查也是这种情况。A公司的行为属于什么行为，违反了《会计法》的哪些规定，这些违规行为该接受哪些处理？

知识拓展

见图 7—1—3。

图 7—1—3

资料来源：见 http：//image. haosou. com/v？q=税收漫画图片&src=360pic。

《会计法》第 5 条第 1 款规定，“会计机构、会计人员依照本法规定进行会计核算，实行会计监督。”如果出现会计造假，除了追究单位负责人的法律责任外，负直接责任的会计人员同样也要受到相应的法律制裁。而且《会计法》将单位负责人作为会计责任的主体，并不意味着在一切情形下，主要的会计责任都应由单位负责人来承担。会计责任的承担或分担要视个案的具体情形而定。当造假行为是会计人员为了自己的私人利益而利用职务之便侵占或挪用了单位的财产，要单位负责人承担主要责任就显得不公平。犯错误的会计人员应对此承担主要责任，单位负责人视其是否尽到了“建立健全内部控制制度和保证会计人员依法履行职责”的应有义务，只承担失职或监管不严的责任。

任务二　做依法纳税的好公民

任务导入案例

[案情介绍]

福建的张某 2012 年 7 月 20 日因台风使经营受到影响向当地税务机关申请延期纳税，税务机关同意延期 2 个月，期满后又因买方合同款项未到位而欠缴 2 万元，2012 年 12 月 10 日，张某又因自己炒股被套申请延期纳税。

[问题]

上述案例中，张某和税务机关的行为是否符合相关法律规定？

[案例解析]

根据法律明文规定的延期缴纳税款制度，延期纳税原因只能是因不可抗力导致纳税人发生较大损失，正常生产经营活动受较大影响或者当期货币资金扣除应付工资、社保费用后不足缴税。经纳税人申请税务机关批准后，延期纳税的期限最长不得超过 3 个月。结合此法律规定，张某 7 月 20 日的延期缴纳税款的申请和税务机关的批准符合法律规定，张某 12 月 10 日的延期缴纳税款的申请不符合法律规定。

知识平台

一、税法的概念和分类

税收存在的必要性在于它能够有效地提供公共物品，从而能够满足公共欲望，缓解市场失灵，实现国家职能。可见，税收的存在与公共欲望的满足和公共物品的提供是密不可分的。它能够在一定程度上缓解在公共物品领域存在的市场失灵问题，对社会收入进行分配和再分配进而可以成为宏观调控和保障经济与社会稳定的政策工具。

税法作为保障税收制度正常运行的法律依据，与经济法的联系至为密切。作为经济法体系中的一个重要组成部分，税法在宗旨、本质、调整方式等许多方面与经济法在整体上都是一致的。但同时，税法作为经济法的一个具体部门法，在调整对象、特征、体系等许多方面又有其特殊性。因此，经济法与税法是共性与个性、整体与部分、普遍性与特殊性的关系。

税收属于经济学概念，而税法则属于法学概念。见图 7—2—1。

图 7—2—1

资料来源：见 http：//www. huanqiu. com/www/humor1/public/2012—06/3196941 _ 5. html。

税法，即税收法律制度，是税收制度的法律表现形式，是国家权力机关和行政机关制定的用以调整国家与纳税人之间在征纳税方面的权利与义务关系的法律规范的总称，是国家法律的重要组成部分。税法是以宪法为依据，调整国家与社会成员在征纳税方面的权利与义务关系，维护社会经济秩序和纳税秩序，保障国家利益和纳税人合法权益的一种法律规范，是国家税务机关及一切纳税单位和个人依法征税、依法纳税的行为规则。

税法与税收存在着密切的联系、税收活动必须严格依照税法的规定进行，税法是税收的法律依据和法律保障。税收以税法为其依据和保障，而税法又必须以保障税收活动的有序进行为其存在的理由和依据。此外，税收作为一种经济活动，属于经济基础范畴，而税法则是一种法律制度，属于上层建筑范畴。国家和社会对税收收入与税收活动的客观需要，决定了与税收相对应的税法的存在；而税法则对税收的有序进行和税收目的的有效实现起着重要的法律保障作用。两者涉及的范围不同，一般来说，所有的税收法律规范都称为税收制度，包括税收法律、法规和规章三种形式，而税法一般仅指税收法律这一种形式。

按税法的立法目的、征税对象、权限划分、适用范围、功能作用的不同，可对税法做出不同的分类。

按照税法的功能作用的不同，将税法分为税收实体法和税收程序法两类。

税收实体法是指确定的税种立法，具体规定了税种的征收对象、征收范围、税目、税率、纳税地点等内容。例如，《中华人民共和国个人所得税法》就属于税收实体法。

税收程序法是指税务管理方面的法律，具体规定了税收征收管理、纳税程序、发票管理、税务争议处理等内容。例如，《中华人民共和国税收征收管理法》就属于税收程序法。

二、税收法律关系

税收法律关系是指税收法律制度所确认和调整的国家与纳税人之间、国家与国家之间以及各级政府之间在税收分配过程中形成的权利和义务关系。税收法律关系体现为国家征税与纳税人纳税的利益分配关系。总体上，税收法律关系与其他法律关系一样，也是由主体、客体和内容三个要素构成的。这三个要素之间互相联系，形成统一的整体。

1. 税收法律关系主体

税收法律关系主体是指税收法律关系中享有权利和承担义务的当事人即税收法律关系的参加者。分为征税主体和纳税主体。

(1) 征税主体。征税主体是指税收法律关系中享有征税权利的一方当事人，即税务行政执法机关。包括各级税务机关、海关等。

(2) 纳税主体。纳税主体即税收法律关系中负有纳税义务的一方当事人，包括法人、自然人和其他组织。对这种权利主体的确定，我国采取属地兼属人原则，即在华的外国企业、组织、外籍人、无国籍人等，凡在中国境内有所得来源的，都是我国税收法律关系的纳税主体。

2. 税收法律关系客体

税收法律关系的客体是指税收法律关系主体双方的权利和义务所共同指向、影响和作用的客观对象。税收法律关系客体与征税对象较为接近，在许多情况下是重叠的，但有时两者又有所不同。税收法律关系的客体属于法学范畴，侧重于其所连接的征税主体与纳税主体之间权利义务的关系，不注重具体形态及数量关系，较为抽象；而征税对象属于经济学范畴，侧重于表明国家与纳税人之间物质利益转移的形式、数量关系及范围，较为具体。例如流转税的法律关系客体是纳税人生产、经营的商品、货物或从事的劳务，而征税对象是其商品流转额或非商品流转额：财产税的法律关系客体是纳税人所有的某些财产，征税对象是这些财产的价值额。

3. 税收法律关系内容

税收法律关系的内容是指税收法律关系主体所享受的权利和应承担的义务，这是税收法律关系中最实质的内容，也是税法的灵魂。它具体规定了税收法律关系主体可以有什么行为，不可以有什么行为，如果违反了税法的规定，应该如何处罚等。

（1）征税主体的权利与义务。根据我国税法规定，税务机关享有依法行政和征收国家税款的权力。主要有：征税权；税务管理权；税法解释权；估税权；委托代征权；税收保全权；行政强制执行权；行政处罚权；税收检查权；税收追征权；代位权与撤销权；阻止欠税纳税人离境的权力；定期对纳税人欠缴税款情况予以公告的权力等。

税务机关的义务包括：依法办理税务登记、开具完税凭证的义务；保密的义务；宣传税法、无偿提供纳税咨询服务的义务；提供高质量纳税服务的义务；依法进行回避的义务；多征税款立即退还的义务；实施税收保全过程中的义务；出示税务检查证的义务；受理行政复议及应诉的义务等。

（2）纳税主体的权利与义务。纳税主体的权利包括；知情权；保密权；陈述权与申辩权；控告检举权；延期申报请求权；延期纳税请求权；减税、免税、出口退税请求权；多缴税款申请退还权；取得凭证权；税务人员末出示税务检查证和税务通知书时拒绝检查权；个人及其所扶养家属维持生活必需的住房和用品不被扣押的权利；委托税务代理权；要求税务机关承担赔偿责任权；申请行政复议和提起行政诉讼权。

纳税主体的义务包括：按期办理税务登记的义务；依法设置账簿、正确使用凭证的义务；按期办理纳税申报的义务；按期缴纳或补缴税款的义务；滞纳税款须缴纳滞纳金的义务；接受税务检查的义务；向税务机关报告的义务；离境前结算税款的义务；申请行政复议前缴纳税款、滞纳金或提供担保的义务。

4. 税收法律关系的产生、变更与消灭

税法是引起税收法律关系的前提条件，但税法本身并不能产生具体的税收法律关系。税收法律关系的产生、变更和消灭必须有能够引起税收法律关系产生、变更或消灭的客观情况，也就是由税收法律事实来决定。税收法律事实可以分为税收法律事件和税收法律行为，税收法律事件是指不以税收法律关系权力主体的意志为转移的客观事件，例如，自然灾害可以导致税收减免，从而改变税收法律关系内容的变化。税收法律行为是指税收法律关系主体在正常意志支配下做出的活动，例如，纳税人开业经营即产生税收法律关系，纳税人转业或停业即造成税收法律关系的变更或消灭。

5. 税收法律关系的保护

税收法律关系是同国家利益及企业和个人的权益相联系的。保护税收法律关系，实质上就是保护国家正常的经济秩序，保障国家财政收入，维护纳税人的合法权益。税收法律关系的保护形式和方法是很多的，税法中关于限期纳税、征收滞纳金和罚款的规定，《刑法》对构成逃税、抗税罪给予刑罚的规定，以及税法中对纳税人不服税务机关征税处理决定，可以申请复议或提出诉讼的规定等都是对税收法律关系的直接保护。税收法律关系的保护对权利主体双方是平等的，不能只对一方保护，而对另一方不予保护。同时对其享有权利的保护，就是对其承担义务的制约。

三、我国现行税法体系下的主要税种

我国现行税法体系下的主要税种包括：增值税、消费税、营业税、关税、城市维护建设税、企业所得税、个人所得税、房产税、车船税、耕地占用税、城镇土地使用税、车辆购置税、土地增值税、印花税、契税、资源税、烟税等，在这里主要介绍增值税、消费税、营业税、企业所得税和个人所得税。

1. 增值税

(1) 增值税的概念。

增值税是指对从事销售货物或者提供加工、修理修配劳务以及进口货物的单位和个人取得的增值额为计税依据征收的一种流转税。所谓“增值额”，是指纳税人在生产、经营或劳务服务活动中所创造的新增价值，即纳税人在一定时期内销售产品或提供劳务服务所取得的收入大于其购进商品或取得劳务服务时所支付金额的差额。

(2) 增值税的分类。

一般来说，在计算增值额时，各国对纳税人外购的原料、燃料、动力等物质资料的价值都允许扣除，而对外购固定资产形成的物质成本的扣除则有所不同，根据确定法定增值额时扣除项目中对外购固定资产已纳税额的处理方法不同，可将增值税分为生产型增值税、收入型增值税和消费型增值税三种类型。

(3) 增值税一般纳税人。

根据《增值税暂行条例》的规定，增值税的纳税人为在中国境内销售货物或者提供加工、修理修配劳务以及进口货物的单位和个人。为了严格增值税征收管理和对某些经营规模小的纳税人简化计税办法，《增值税暂行条例》将纳税人按其经营规模及会计核算健全与否划分为一般纳税人和小规模纳税人。

一般纳税人是指年应税销售额超过《增值税暂行条例实施细则》规定的小规模纳税人标准的企业和企业性单位。下列纳税人不属于一般纳税人：

(1) 年应税销售额未超过小规模纳税人标准的企业。

(2) 个体经营者以外的其他个人。

(3) 非企业性单位。

(4) 不经常发生增值税应税行为的企业。

2. 消费税

(1) 消费税的概念。

消费税是指对我国境内从事生产、委托加工以及进口应税消费品的单位和个人，就其消费品的销售额或销售数量征收的一种流转税。

(2) 消费税纳税人。

消费税的纳税人是指在中华人民共和国境内生产、委托加工和进口《消费税暂行条例》规定的应税消费品的单位和个人。单位包括国有企业、集体企业、私有企业、股份制企业、外商投资企业和外国企业、其他企业和行政单位、事业单位、军事单位、社会团体及其他单位。个人是指个体经营者及其他个人。

(3) 消费税税目。

根据《消费税暂行条例》的规定，我国现行消费税共设置了 14 个税目，即烟、酒及酒精、化妆品、贵重首饰及珠宝玉石、鞭炮和焰火、成品油、汽车轮胎、摩托车、小汽车、高尔夫球及球具、高档手表、游艇、木制一次性筷子、实木地板。消费税的征税范围可以根据国家经济发展变化和消费结构的变化情况作适当调整。

3. 营业税

(1) 营业税的概念。

营业税是指对在我国境内提供应税劳务、转让无形资产或者销售不动产的单位和个人就其取得的营业收入额（销售额）征收的一种流转税。

（2）营业税纳税人。

营业税的纳税人是指在中华人民共和国境内提供应税劳务、转让无形资产或者销售不动产的单位和个人。上述所称单位，包括独立核算的单位和非独立核算的单位，具体指国有企业、集体企业、私有企业、股份制企业、外商投资企业、其他企业和行政单位、事业单位、军事单位、社会团体及其他单位；所称个人是指个体工商户和有经营行为的个人，但不包括单位或个体经营者聘用的员工为本单位或雇主提供应税劳务。

（3）营业税的税目。

营业税按行业、类别的不同设置了 9 个税目，分别为：①交通运输业；②建筑业；③金融保险业；④邮电通信业；⑤文化体育业；⑥娱乐业；⑦服务业；⑧转让无形资产；⑨销售不动产。

4. 企业所得税

（1）企业所得税的概念。

企业所得税是指对在中国境内实行独立核算的企业或者组织取得的生产经营所得和其他所得所征收的一种所得税。

（2）企业所得税的征税对象。

企业所得税的征税对象是指企业取得的生产经营所得、其他所得。

上述所称所得包括：①销售货物所得；②提供劳务所得；③转让财产所得；④股息、红利等权益性投资收益所得；⑤利息所得；⑥租金所得；⑦特许权使用费所得；⑧接受捐赠所得；⑨其他所得。

（3）企业所得税征收管理。

① 纳税地点。

除税收法律、行政法规另有规定外，居民企业以企业登记注册地为纳税地点．但登记注册地在境外的，以实际管理机构所在地为纳税地点。企业登记注册地是指企业依照国家有关规定登记注册的住所地。

② 纳税期限。

企业所得税按纳税年度计算。纳税年度自（公历 1 月 1 日起至 12 月 31 日止）计算。企业在一个纳税年度中间开业．或者终止经营活动，使该纳税年度的实际经营期不足 12 个月的，应当以其实际经营期为一个纳税年度。

③ 纳税申报。

分月或者分季预缴的，企业应当自月份或者季度终了之日起 15 日内，向税务机关报送预缴企业所得税纳税申报表；预缴税款。企业应当自年度终了之日起 5 个月内，向税务机关报送年度企业所得税纳税申报表，并汇算清缴，结清应缴应退税款。

5. 个人所得税的概念

（1）个人所得税的概念。

个人所得税是对个人（自然人）取得的各项应税所得征收的一种所得税。

（2）个人所得税的征税对象。

① 居民纳税人是指在中国境内有住所或者无住所而在境内居住满 1 年的个人。所谓在中国境内有住所的个人，是指因户籍、家庭、经济利益关系而在中国境内习惯性居住的

个人。所谓在境内居住满 1 年，是指在一个纳税年度内在中国境内居住满 365 日。在计算天数时，临时离境的；不扣减天数。所谓的临时离境，是指在一个纳税年度中一次不超过 30 日或者多次累计不超过 90 日的离境。对于居民纳税人，应就来源于中国境内和境外的全部所得征税。

② 非居民纳税人是指在中国境内无住所又不居住或者无住所而在中国境内居住不满 1 年的个人。对于非居民纳税人，则只就来源于中国境内所得部分征税，境外所得部分不属于我国《个人所得税法》规定的征税范围。

(3) 个人所得税应税项目。

现行个人所得税共有以下 11 个应税项目：

① 工资、薪金所得。

② 个体工商户的生产、经营所得。

③ 企事业单位的承包经营、承租经营所得。

④ 劳务报酬所得。

⑤ 稿酬所得。

⑥ 特许权使用费所得。

⑦ 利息、股息、红利所得。

⑧ 财产租赁所得。

⑨ 财产转让所得。

⑩ 偶然所得。

⑪经国务院财政部门确定征税的其他所得。

四、区别偷税、漏税和避税

见图 7—2—2。

图 7—2—2

资料来源：见 http：//www.dcetax.com/ntax/apps/case/index.php/Article/displayArticle/ArticleID/8529。

1. 偷税

偷税是指纳税人故意伪造、变造、隐瞒、擅自销毁账簿、凭证，在账簿上多列支出或者不列、少列收入，或者进行虚假的纳税申报，从而不缴或者少缴税款的行为；对偷税行为，税务机关一经发现，应当追缴其不缴或者少缴的税款和滞纳金，并依照法律的有关规定追究其相应的法律责任。构成逃税罪的，应当依法追究刑事责任。

2. 漏税

漏税是指纳税人并非故意不依照税法规定而发生未缴纳或少缴纳税款的行为；漏税是由于纳税人不熟悉税法规定和财务制度，或者由于工作粗心大意等原因造成的。如错用税率，漏报应税项目，少计应税数量，错算销售金额和经营利润等。对漏税者，税务机关应当令其限期照章补缴所漏税款，逾期未缴的，从漏税之日起，按日加收一定的滞纳金。

3. 合法避税

合法避税，也称为节税，是指纳税人根据政府的税收政策导向，通过经营结构和交易活动的安排，对纳税方案进行优化选择，以减轻纳税负担，取得正当的税收利益。

4. 非违法的避税

非违法的避税，这种避税行为往往是由于税法本身存在漏洞，使纳税人能够利用税法不完善之处作出有利于减轻税负的安排。这种避税行为，会使国家税收蒙受损失，但因为于法无据，税务局不能像对待偷税一样给予法律制裁。

5. 表面合法实属违法的避税

表面合法实属违法的避税，是在合法外衣掩盖下，采取欺诈手段逃税的违法行为。这种情况在国际税收中相当普遍。一般也是利用税法的差别规定和优惠政策，通过"挂靠"和"虚设机构"，以合法之名行逃税之实。对这类避税行为只有加强检查，一经查明真相，应按偷逃税论处。

五、法律责任

违反税法的法律责任，是指税务机关及其工作人员或者纳税主体对于故意或者过失侵害税收征管制度的行为所应承担的经济赔偿责任、行政责任和刑事责任。违反税法的法律责任主要有下列规定。见图 7—2—3。

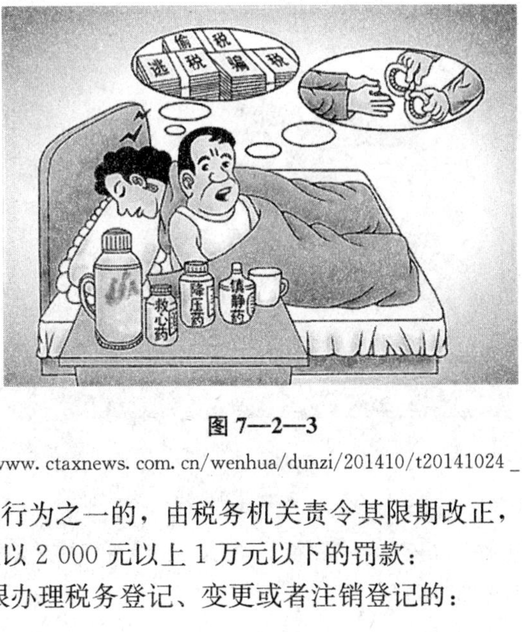

图 7—2—3

资料来源：见 http：//www.ctaxnews.com.cn/wenhua/dunzi/201410/t20141024_25980.htm。

（1）纳税人有下列行为之一的，由税务机关责令其限期改正，可处以 2 000 元以下的罚款，情节严重的，处以 2 000 元以上 1 万元以下的罚款：

① 未按规定的期限办理税务登记、变更或者注销登记的：

② 未按规定设置、保管账簿或者记账凭证和有关资料的；

③ 未按规定将财务、会计制度或者财务、会计处理方法报送税务机关备查的；

④ 未按规定将其全部银行账号向税务机关报告的；

⑤ 未按规定安装使用税控装置，或者毁损或者擅自改动税控装置的。

(2) 纳税人未按规定的期限办理纳税申报和报送纳税材料的，或者扣缴义务人未按照规定的期限向税务机关报送代扣代缴、代收代缴税款报告表和有关资料的，由税务机关责令限期改正，可以处以 2 000 元以下的罚款；情节严重的，可以处以 2 000 元以上 1 万元以下的罚款。

(3) 纳税人故意违反税法规定，使用欺骗、隐瞒等手段逃避纳税的，由税务机关追缴税款，并处以税款 50%以上 5 倍以下的罚款。

(4) 纳税人拒绝按照税法规定履行纳税义务的，除责令其限期补缴和处以所抗缴税款 50%以上 5 倍以下的罚款外，还可以根据纳税人的具体情况。

(5) 纳税人违反税法，构成犯罪的，由税务机关提请司法机关追究其刑事责任。

刑法第 201 条　【逃税罪】纳税人采取欺骗、隐瞒手段进行虚假纳税申报或者不申报，逃避缴纳税款数额较大并且占应纳税额百分之十以上的，处三年以下有期徒刑或者拘役，并处罚金；数额巨大并且占应纳税额百分之三十以上的，处三年以上七年以下有期徒刑，并处罚金。

扣缴义务人采取前款所列手段，不缴或者少缴已扣、已收税款，数额较大的，依照前款的规定处罚。

对多次实施前两款行为，未经处理的，按照累计数额计算。

有第一款行为，经税务机关依法下达追缴通知后，补缴应纳税款，缴纳滞纳金，已受行政处罚的，不予追究刑事责任；但是，五年内因逃避缴纳税款受过刑事处罚或者被税务机关给予二次以上行政处罚的除外。

见图 7—2—4。

图 7—2—4

资料来源：见 http：//image. haosou. com/v? q=税收漫画图片 &src=360pic。

(6) 税务机关及其工作人员利用职权徇私舞弊，违反税法有关规定的，应承担相应的经济赔偿责任、行政责任和刑事责任。

任务小结

通过此任务的学习，了解税收的重要性，以及与经济法和税法的关系，知道税法的原则及其重要作用，掌握我国税收体系下的主要税种，明白违反税法所承担的主要法律责任。

能力检测

1. 简述我国税法体系下的主要税种。

2. 税法的重要作用主要表现在哪些方面?

3. 2012 年 8 月，李某从部队退役，9 月 10 日从民政部门领取自谋职业安置费后，购置一辆 23 座中巴车从事客运。10 月 15 日，主管地税分局向李某下达《税务事项通知书》以及《责令限期改正通知书》，要求李某 10 日内办理税务登记和纳税申报手续。李某以退役士兵就业享受税收优惠政策为由，不予理睬。11 月 8 日. 税务人员找到李某，向其下达《应纳税款核定通知书》，限李某 11 月 10 日前到分局纳税。李某拒绝签字，并将通知书当场撕毁。11 月 11 日，税务人员在公路上将李某的车辆拦停。李某趁税务人员向分局报告的空隙驾车逃逸。税务人员以李某撕毁税务文书并逃逸，构成抗税，且情节严重为由，将李某的中巴车扣押。

请问：(1) 李某撕毁税务文书并逃逸的行为属于什么性质；(2) 税务机关对李某没有办理税务登记的行为依法如何处理；(3) 税务人员的行为是否合法，应当如何做?

项目八　掌握救济途径，切实保护劳动者合法权益

项目任务

1. 掌握调解在解决劳动争议中的作用。

2. 掌握劳动争议仲裁及劳动争议诉讼的基本制度、仲裁程序、诉讼程序，了解仲裁协议的效力，劳动争议仲裁与诉讼的关系。掌握劳动争议诉讼中管辖法院的确定、当事人的确定等。在此基础上学会拟写相关的法律文书。

能力描述

1. 能独立草拟一份劳动争议调解申请书。

2. 会独立拟定一份劳动争议仲裁申请书。

3. 能够独立拟定一份劳动争议民事答辩状。

项目导入案例

[案情介绍]

赵某入职某预算公司担任预算部经理，双方签订了三年期固定期限劳动合同，并约定了三个月试用期。试用期内，预算公司以赵某表现不合格、所做《土方量审核意见稿》中预算工程量存在严重误差，不符合录用条件为由与其解除劳动合同。赵某不同意解除合同，他不认可《土方量审核意见稿》为自己所做，认为单位与其解除劳动合同属于违法解除，单位应该继续履行和自己签订的劳动合同。双方因此发生争议。

[问题]

赵某可以通过哪些法律途径来解决这个争议，以维护自己的合法权益？

[案例解析]

首先，赵某可以与预算公司协商，也可以请工会或者第三方共同与用人单位协商，以期达成和解协议。如果无法和解，则可以申请调解解决。这些调解组织包括：预算公司的劳动争议调解委员会，或者当地司法机关下设的人民调解委员会，或者具有劳动争议调解

职能的街道办事处等。不愿调解、调解不成或者达成调解协议后不履行的，赵某还可以向预算公司所在地的劳动争议仲裁委员会申请仲裁。如果对仲裁裁决不服，赵某还可以选择向人民法院提起诉讼。本案中赵某既然希望预算公司可以继续履行劳动合同，则尽量不要采用诉讼方式，因为打官司总会难免伤了和气，双方无法继续合作。最好能够调解或者和解解决。

任务一　拟写一份劳动争议调解申请书

任务导入案例

[案情介绍]

李×是原国家女篮的主力队员，退役后从事教练工作。2013 年起，李×执教浙江××女篮俱乐部。2014 年 4 月 27 日，××女篮俱乐部决定解聘李×。5 月 26 日，李×向该俱乐部劳动争议调解委员会申请调解。李×认为她与俱乐部签下的是三年保障性合同，俱乐部的行为属于单方毁约。经过调解，双方在相互谅解的情况下达成了一致，俱乐部对李×进行了补偿，李×和俱乐部的劳动合同解除。

[问题]

李×能否口头申请调解？对于调解结果，是否只需双方达成口头协议即可，不必制作书面的调解协议书？

[案例解析]

可以口头申请。根据《劳动争议调解仲裁法》第十二条规定，当事人申请劳动争议调解可以书面申请，也可以口头申请。口头申请的，调解组织应当当场记录申请人基本情况、申请调解的争议事项、理由和时间。调解协议必须制作成书面的，根据《劳动争议调解仲裁法》第十四条的规定，经调解达成协议的，应当制作调解协议书。

知识平台

一、劳动争议调解概述

劳动争议调解是指劳动争议双方当事人以外的第三人，以国家劳动法律、法规和政策以及社会公德为依据，对纠纷双方进行疏导、劝说，促使他们相互谅解，进行协商，自愿达成协议，解决纠纷的活动。

《劳动争议调解仲裁法》第 5 条规定：发生劳动争议，当事人不愿协商、协商不成或者达成和解协议后不履行的，可以向调解组织申请调解。可受理劳动争议的调解组织包括三类：企业劳动争议调解委员会；依法设立的基层人民调解组织；在乡镇、街道设立的具有劳动争议调解职能的组织。

劳动争议调解遵循自愿原则。调解自愿原则包括以下三个方面的含义：（1）申请调解必须是双方当事人的自愿行为，任何一方或第三方包括调解委员会都不能强行调解。（2）达成调解协议的内容必须出自双方当事人的自愿，任何一方或第三方包括调解委员会都不能强迫。（3）履行调解协议必须是出于当事人的自愿。见图 8—1—1。

图 8—1—1

资料来源：见浙江在线新闻网。

二、调解申请

当事人申请劳动争议调解可以书面申请，也可以口头申请。口头申请的，调解组织应当当场记录申请人的基本情况，申请调解的争议事项、理由和时间。口头申请往往是仓促的、未经过深思熟虑的，相比于书面申请，显得不够严谨，因此有可能无法得到对自己有利的结果，学会制作书面调解申请书是很有必要的。

调解申请书应载明申请人和被申请人的基本情况、争议事项、调解请求等内容。重点写明双方劳动法律关系存在的事实以及发生争议的基本情况，并就双方发生争议的权益的性质，被申请人行为的性质、危害和后果以及被申请人应当承担的责任加以阐述和论证，以说明申请人请求提出的真实性、合理性和合法性。

调解申请书写作的基本要求如下：（1）遵循格式，写全事项；（2）主旨鲜明，阐述精当；（3）叙事清楚，材料真实；（4）依法说理，折服有力；（5）语言精确，朴实庄重。

写作调解申请书的内容时应该注意以下事项。

第一，调解申请人必须与劳动争议案件有直接利害关系。

第二，申请的范围须符合《劳动争议调解仲裁法》第 2 条的规定。该法第 2 条规定：中华人民共和国境内的用人单位与劳动者发生的因确认劳动关系发生的争议；因订立、履行行、变更、解除和终止劳动合同发生的争议；因除名、辞退和辞职、离职发生的争议；因工作时间、休息休假、社会保险、福利、培训以及劳动保护发生的争议；因劳动报酬、工伤医疗费、经济补偿或者赔偿金等发生的争议；法律、法规规定的其他劳动争议，适用本法。

第三，申请书中所书写的每一个事实、理由、请求都应当仔细斟酌，特别是一定要考虑到每一个陈述的负面影响，以防自掘陷阱。

（范文）

劳动争议调解申请书

申请人：________________，性别：________，地址：____________________，联系电话____________________。

委托代理人：________________，联系电话________________。

被申请人：________________，地址：______________________________

法定代表人：______________，职务：______________，联系电话______________。

委托代理人：________________，联系电话________________。

事由：____（事由）产生争议，申请调解。

调解请求：____

事实与理由：____

为此，向____________________劳动争议调解委员会申请调解，请依法调解。

申请人：________________

（签名或盖章）

____年________月________日

三、调解会议

调解委员会接到调解申请后，经审查决定受理后，应当充分听取双方当事人对事实和理由的陈述，比较复杂的案件，调解委员会将召开由争议双方当事人参加的调解会议。

无论是否召开调解会议，当事人都应当将有利于己方的事实和理由充分地向调解委员会陈述，并提交相应的证据材料，以说服调解委员会进行有利的调解。

四、调解协议

经调解达成协议的，应当制作调解协议书。劳动争议调解协议书的制作，法律没有统一的规定。根据调解类法律文书的一般特征，调解协议书应包括以下三部分的内容，即首部、正文和尾部。

调解协议书由双方当事人签名或者盖章，经调解员签名并加盖调解组织印章后生效，对双方当事人具有约束力，当事人应当履行。自劳动争议调解组织收到调解申请之日起 15 日内未达成调解协议的，当事人可以依法申请仲裁。达成调解协议后，一方当事人在协议约定期限内不履行调解协议的，另一方当事人可以依法申请仲裁。因支付拖欠劳动报酬、工伤医疗费、经济补偿或者赔偿金事项达成调解协议，用人单位在协议约定期限内不履行的，劳动者可以持调解协议书依法向人民法院申请支付令。人民法院应当依法发出支付令。见图 8—1—2。

图 8—1—2

图片来源：http：//baike. baidu. com/l。

任务小结

调解是解决劳动争议的方式之一，通过这部分的学习，学生能够明白调解协议的效力是软性的，它具有对当事人关系伤害小的优点。在申请调解时，书面申请比口头申请更为有利。在此基础上，学生能够掌握书写一份调解申请书的技能，这很有意义。

能力检测

1. 简述调解应当遵循的原则。
2. 简述写作调解申请书的内容时应该注意哪些事项？
3. 简单谈谈调解的程序包括哪些环节？
4. 案例分析：

小马在一个店里上班半年了，最近老板拖欠了他一个月的工资。小马与老板通过劳动争议人民调解委员会做了调解，老板当时答应给 5 000 元，但后来实际给了 4 600 元。小马问老板为什么只给这么多，老板给答案是“你的实际工资就是这么多”。小马不痛快，觉得老板出尔反尔，他该怎么办呢？

考核知识点：调解的效力、调解与仲裁的衔接。

任务二　拟写一份劳动争议仲裁申请书

任务导入案例

[案情介绍]

陈×于 2011 年 5 月 9 日受聘到广州×××运输有限公司工作，从事司机兼送货员的工作，工资加提成约 2200 元/月。2012 年 5 月 10 日 19 时左右，陈×驾驶货车（车牌号为粤 A55246）从广州至高州路段经阳春市，往电白县沙琅镇方向行驶时发生交通事故。第一个医疗期结束（从受伤至 2013 年 2 月 10 日）后，当年 4 月 6 日，广州市劳动和社会保障局认定陈×受伤属于工伤。此后陈×于2014年接受了第二次治疗（4月4日—5月4日）。2015年4月3日，广东省劳动能力鉴定委员会评定为九级伤残。陈×受伤后的所有医疗费，全部是由运输公司支付的。不过公司没有给陈×购买过工伤保险；从陈×受伤时起至今，公司再没有支付过他工资。

陈×去找公司，要求支付受伤至今的工资，人事部门答复说，因为没有实际参加工作，所以不能支付给他工资，不过可以借钱给他用于日常生活开支，陈×需要给公司写个借条。陈×觉得受伤以来一直不能工作，经济损失太大，要求公司支付其工资814 000元，一次性伤残补助金17 600元，一次性伤残就业补助金17 600元，一次性工伤医疗补助金4 400元，护理费10 000元，住院伙食费2 400元，另外返还入职时交给公司的押金5 000元，共计138 400元。公司认为陈×的要求依据不足，不同意支付以上款项。双方发生纠纷，陈×向劳动争议仲裁委员会申请仲裁。

[问题]

陈×可以向哪家劳动争议仲裁委员会提出仲裁申请？仲裁委员会收到申请后，将实施哪些程序进行仲裁？

[案例解析]

劳动争议由劳动合同履行地或者用人单位所在地的劳动争议仲裁委员会管辖。陈×可以向运输路段中实际发生交通事故的阳春市的劳动争议仲裁委员会，或者用人单位广州××运输有限公司所在地的劳动争议仲裁委员会申请仲裁。仲裁委员会收到申请后5日内，审查决定是否受理；决定受理的，应当通知当事人；不予受理的，通知当事人并说明理由。决定受理后，在法定期间内组织双方当事人交换申请书副本与答辩书副本，并做好开庭前的准备工作。然后正式开庭，通常情况下应在受理仲裁申请之日起45日内结案，作出仲裁裁决并送达双方当事人。当事人在收到仲裁裁决书之日起15日内未向人民法院提起诉讼的，裁决书发生法律效力。

知识平台

仲裁是劳动争议通过司法途径解决的必经程序。劳动争议仲裁是劳动争议仲裁委员会对用人单位与劳动者之间发生的争议，在查明事实、明确是非、分清责任的基础上，依法作出裁决的活动。发生劳动争议后，不愿调解或者调解不成或者达成协议后反悔的，任何一方当事人都可以向劳动争议仲裁委员会申请仲裁。劳动仲裁是提起劳动争议案件诉讼的前置程序，即劳动争议发生后，当事人不能直接向人民法院提起诉讼，想要诉讼解决，必须先提交仲裁，对仲裁裁决不服的，再提起诉讼。

一、劳动争议仲裁委员会

劳动争议仲裁委员会按照统筹规划、合理布局和适应实际需要的原则设立。省、自治区人民政府可以决定在市、县设立；直辖市人民政府可以决定在区、县设立。直辖市、设区的市也可以设立一个或者若干个劳动争议仲裁委员会。劳动争议仲裁委员会不按行政区划层层设立。根据《劳动法》第81条规定，劳动争议仲裁委员会由劳动行政部门代表、同级工会代表、用人单位方面的代表组成。劳动争议仲裁委员会主任由劳动行政部门代表担任。劳动争议仲裁委员会组成人员应当是单数。

劳动争议由劳动合同履行地或者用人单位所在地的劳动争议仲裁委员会管辖。双方当事人分别向劳动合同履行地和用人单位所在地的劳动争议仲裁委员会申请仲裁的，由劳动合同履行地的劳动争议仲裁委员会管辖。劳动争议仲裁实行以下四项基本制度。

见图 8—2—1。

图 8—2—1

资料来源：见 http：//blog. sina. com. cn/s/blog _ 59b67c7a0102w20m. html。

1. 合议制度

劳动争议仲裁委员会裁决劳动争议案件实行仲裁庭制。仲裁庭由 3 名仲裁员组成，设首席仲裁员。仲裁庭裁决劳动争议案件，实行少数服从多数的原则，不同意见应如实记录。简单劳动争议案件可以由 1 名仲裁员独任仲裁。

2. 回避制度

回避是指仲裁员具有可能影响案件公正裁决的情形时，依照法律规定，自行申请退出仲裁或者根据当事人申请退出仲裁。仲裁员有下列情形之一，应当回避，当事人也有权以口头或者书面方式提出回避申请：（1）是本案当事人或者当事人、代理人的近亲属的；（2）与本案有利害关系的；（3）与本案当事人、代理人有其他关系，可能影响公正裁决的；（4）私自会见当事人、代理人，或者接受当事人、代理人的请客送礼的。劳动争议仲裁委员会对回避申请应当及时作出决定，并以口头或者书面方式通知当事人。

3. 公开仲裁制度

劳动争议仲裁公开进行，但当事人协议不公开进行或者涉及国家秘密、商业秘密和个人隐私的除外。

4. 有限的一裁终局制度

对于追索劳动报酬、工伤医疗费等案件，在仲裁裁决作出后，只有劳动者可以因不服裁决而提起诉讼，而用人单位则不能，这就意味着就这些案件而言，对用人单位实行一裁终局制。

二、劳动争议仲裁中的当事人

发生劳动争议的劳动者和用人单位为劳动争议仲裁案件的双方当事人。与劳动争议案件的处理结果有利害关系的第三人，可以申请参加仲裁活动或者由劳动争议仲裁委员会通知其参加仲裁活动。

当事人可以委托代理人参加仲裁活动。委托他人参加仲裁活动，应当向劳动争议仲裁委员会提交有委托人签名或者盖章的委托书，委托书应当载明委托事项和权限。丧失或者部分丧失民事行为能力的劳动者，由其法定代理人代为参加仲裁活动；无法定代理人的，由劳动争议仲裁委员会为其指定代理人。劳动者死亡的，由其近亲属或者代理人参加仲裁活动。

三、仲裁程序

（一）申请

当事人向劳动争议仲裁委员会申请仲裁必须具备以下几个条件。

（1）申请人必须是劳动争议一方的当事人。当事人向劳动争议仲裁委员会申请仲裁要提交申请书，并按照被诉人数提交副本。仲裁申请书要写明的事项包括下面几项：①劳动者姓名、职业、住址和工作单位。②用人单位的名称、地址和法定代表人的姓名、职务。③仲裁请求和所根据的事实和理由。④证据、证人的姓名和住址。

（2）申请仲裁的劳动争议必须是属于劳动争议仲裁委员会依法受理的范围。

根据《劳动争议调解仲裁法》第 2 条规定，中华人民共和国境内的用人单位与劳动者发生的下列劳动争议，适用本法：

① 因确认劳动关系发生的争议；

② 因订立、履行、变更、解除和终止劳动合同发生的争议；

③ 因除名、辞退和辞职、离职发生的争议；

④ 因工作时间、休息休假、社会保险、福利、培训以及劳动保护发生的争议；

⑤ 因劳动报酬、工伤医疗费、经济补偿或者赔偿金等发生的争议；

⑥ 法律、法规规定的其他劳动争议。

（3）申请人必须向有管辖权的劳动争议仲裁委员会提出仲裁申请。

（4）有明确的被诉人。如没有明确的侵害主体，申请不能成立。

（5）仲裁申请必须在法定的仲裁时效内提出。劳动争议申请仲裁的时效期间为 1 年。仲裁时效期间从当事人知道或者应当知道其权利被侵害之日起计算。仲裁时效，因当事人一方向对方当事人主张权利，或者向有关部门请求权利救济，或者对方当事人同意履行义务而中断。从中断时起，仲裁时效期间重新计算。因不可抗力或者有其他正当理由，当事人不能在 1 年仲裁时效期间申请仲裁的，仲裁时效中止。从中止时效的原因消除之日起，仲裁时效期间继续计算。劳动关系存续期间因拖欠劳动报酬发生争议的，应当自劳动关系终止之日起 1 年内提出。

（二）受理

劳动争议仲裁委员会收到仲裁申请之日起 5 日内，认为符合受理条件的，应当受理，并通知申请人；认为不符合受理条件的，应当书面通知申请人不予受理，并说明理由。对劳动争议仲裁委员会不予受理或者逾期未作出决定的，申请人可以就该劳动争议事项向人民法院提起诉讼。

劳动争议仲裁委员会受理仲裁申请后，应当在 5 日内将仲裁申请书副本送达被申请人。被申请人收到仲裁申请书副本后，应当在 10 日内向劳动争议仲裁委员会提交答辩书。劳动争议仲裁委员会收到答辩书后，应当在 5 日内将答辩书副本送达申请人。被申请人未提交答辩书的，不影响仲裁程序的进行。

（三）开庭前的准备工作

劳动争议仲裁委员会应当在受理仲裁申请之日起5日内将仲裁庭的组成情况书面通知当事人。仲裁庭应当在开庭5日前，将开庭日期、地点书面通知双方当事人。当事人有正当理由的，可以在开庭3日前请求延期开庭。是否延期，由劳动争议仲裁委员会决定。

（四）开庭与裁决

1. 开庭

申请人经书面通知无正当理由不到庭，或者未经仲裁庭许可中途退庭的，视为撤回仲裁申请；被申请人经书面通知，无正当理由或者未经仲裁庭许可中途退庭的，可以缺席裁决。

仲裁庭对专门性问题认为需要鉴定的，可以交由当事人约定的鉴定机构鉴定；当事人没有约定或者无法达成约定的，由仲裁庭指定的鉴定机构鉴定。根据当事人的请求或者仲裁庭的要求，鉴定机构应当派鉴定人参加开庭。当事人经仲裁庭许可，可以向鉴定人提问。

当事人在仲裁过程中有权进行质证和辩论。质证和辩论终结时，首席仲裁员或独任仲裁员应当征询当事人的最后意见。仲裁庭应当将开庭情况记入笔录。当事人和其他仲裁参加人认为对自己陈述的记录有遗漏或者差错的，有权申请补正。如果不予补正，应当记录该申请。笔录由仲裁员、记录人员、当事人和其他仲裁参加人签名或者盖章。当事人申请仲裁后，可以自行和解，也可以撤回仲裁申请。当事人达成和解协议、撤回仲裁申请后反悔的，还可以申请仲裁。

仲裁庭在作出裁决前，应当先行调解。调解达成协议的，仲裁庭应当制作调解书。调解书应当写明仲裁请求和当事人协议的结果。调解书由仲裁员签名，加盖劳动争议仲裁委员会印章，送达双方当事人。调解书经双方当事人签收后，发生法律效力。调解不成或者调解书送达前，一方当事人反悔的，仲裁庭应当及时作出裁决。

2. 裁决

仲裁庭裁决劳动争议案件，应当自劳动争议仲裁委员会受理仲裁申请之日起45日内结束。案情复杂需要延期的，经劳动争议仲裁委员会主任批准，可以延期并书面通知当事人，但是延长期限不得超过15日。逾期未作出仲裁裁决的，当事人可以就该劳动争议事项向人民法院提起诉。

裁决应当按照多数仲裁员的意见作出，少数仲裁员的不同意见应当记入笔录。仲裁庭不能形成多数意见时，裁决应当按照首席仲裁员的意见做出。裁决书应当载明仲裁请求、争议事实、裁决理由、裁决结果和裁决日期。裁决书由仲裁员签名，加盖劳动争议仲裁委员会印章。对裁决持不同意见的仲裁员，可以签名，也可以不签名。

对于任何劳动争议，劳动者对仲裁裁决不服的，都可以自收到仲裁裁决书之日起15日内向人民法院提起诉讼。期满不起诉的，裁决书发生法律效力。

对于用人单位而言，法律对其起诉的权利予以一定的限制，某些特定争议案件的仲裁裁决属于终局裁决，一旦作出即发生法律效力，用人单位不能再向人民法院提起诉讼。这些争议包括两类：（1）追索劳动报酬、工伤医疗费、经济补偿或者赔偿金，不超过当地月最低工资标准12个月金额的争议。（2）因执行国家的劳动标准在工作时间、休息休假、社会保险等方面发生的争议。

四、执行和先予执行

根据《劳动争议调解仲裁法》第 51 条规定，当事人对发生法律效力的调解书、裁决书，应当依照规定的期限履行。一方当事人逾期不履行的，另一方当事人可以依照民事诉讼法的有关规定向人民法院申请执行。受理申请的人民法院应当依法执行。

由于劳动争议往往涉及劳动者的切身利益和基本生活问题，为保护其权益，仲裁过程中可以适用先予执行制度。根据《劳动争议调解仲裁法》第 44 条规定，仲裁庭对追索劳动报酬、工伤医疗费、经济补偿或者赔偿金的案件，根据当事人的申请，可以裁决先予执行，移送人民法院执行。仲裁庭裁决先予执行的，应当符合下列条件：当事人之间权利义务关系明确；不先予执行将严重影响申请人的生活。劳动者申请先予执行的，可以不提供担保。

五、劳动争议仲裁文书

劳动争议仲裁文书主要包括仲裁申请书、仲裁答辩书和仲裁裁决书等。

（一）劳动争议仲裁申请书

劳动争议仲裁申请书是引起劳动争议仲裁的法律文书，也是劳动争议仲裁委员会立案审理的重要依据。仲裁申请书应当载明下列事项：1. 劳动者的姓名、性别、年龄、职业、工作单位和住所，用人单位的名称、住所和法定代表人或者主要负责人的姓名、职务；2. 仲裁请求和所根据的事实、理由；3. 证据和证据来源、证人姓名和住所。当事人书写仲裁申请确有困难的，可以口头申请，由劳动争议仲裁委员会记入笔录，并告知对方当事人。

下面结合本任务的导入案例，学习一篇范文。

（范文）

劳动争议仲裁申请书

申请人：陈×，男，×年×月×日生，汉族，住址：×××；

联系电话：×××

被申请人：广州××有限公司　　　　地址：广州市白云区×路×号

法定代表人：×××；　联系电话：×××

请求事项：

1. 被申请人支付申请人工资 81 400 元；
2. 一次性伤残补助金 17 600 元；
3. 一次性伤残就业补助金 17 600 元；
4. 一次性工伤医疗补助金 4 400 元；
5. 护理费 10 000 元；
6. 住院伙食费 2 400 元；
7. 返还押金 5 000 元。

以上合计人民币 138 400 元。

事实和理由：

2011 年 5 月 9 日，被申请人聘请申请人到被申请人处工作，从事司机兼送货员的工作，工资加提成约 2 200 元/月。2012 年 5 月 10 日 19 时左右申请人驾驶粤 A55246 号货车从广州至高州路段经阳春市，往电白县沙琅镇方向行驶时发生交通事故。广州市劳动和社会保障局于 2013 年 4 月 6 日认定为工伤，2015 年 4 月 3 日广东省劳动能力鉴定委员会评定为九级伤残。

第一次医疗期于 2013 年 2 月 10 日结束，第二次医疗期从 2014 年 4 月 4 日起至 2014 年 5 月 4 日止，所有的医疗费都是由被申请人支付的。但是从 2012 年 5 月直至 2015 年 5 月 31 日没有给申请人支付工资，每次找被申请人要求支付工资时，被申请人却要求申请人写借条借钱用于平时的生活开支，现要求被申请人支付申请人工资 81 400 元（2012 年 5 月至 2015 年 5 月 30 日）。由于被申请人没有给申请人缴纳工伤保险费，所以被申请人还要支付申请人工伤保险待遇：（1）一次性伤残补助金 17 600 元（2 200 元/月×8 个月）；（2）一次性伤残就业补助金 17 600 元（2 200 元/月×8 个月）；（3）一次性工伤医疗补助金 4 400 元（2 200 元/月×2 个月）；（4）申请人住院、治疗 10 个月都是由申请人老婆进行护理，应该支付护理费 10 000 元（1 000 元/月×10 个月）；（5）申请人住院共计 80 天应该支付住院伙食费 2 400 元（80 天×30 元/天）；（6）被申请人还应该返还押金 5 000 元。合计人民币 138 400 元。

此致

广东省广州市白云区劳动争议仲裁委员会

申请人：陈×

2015 年 6 月 1 日

证据：1. ××

2. ××

（二）劳动争议仲裁答辩书

劳动争议仲裁答辩书是劳动争议仲裁的被申请人为维护自己的合法权益，针对申请人提出的请求和理由，依法进行申辩的书面文件，也是一种非常重要的仲裁文书。答辩书有助于仲裁庭了解案情，认定事实真相，作出公正、合理的裁决。答辩书的陈述可以针对实体方面的内容，也可以针对程序方面的内容。

（范文）

劳动争议仲裁应诉答辩书

____________________劳动争议仲裁委员会：

你会____________第_______号应诉通知书收悉，答辩人就______________________一案，提出答辩如下：（写明答辩的事实、理由、依据等内容）

答辩人：________

________年________月________日

附：有关证据________份；
　　本答辩书副本________份。

（三）劳动争议仲裁裁决书

劳动争议仲裁裁决书是由劳动争议仲裁委员会制作的，记载裁决结果的具有法律拘束力的文书。裁决书的内容主要是对仲裁案件的实体事项和程序事项所作决定的书面陈述。根据《劳动争议调解仲裁法》第46条规定，裁决书应当载明仲裁请求、争议事实、裁决理由、裁决结果和裁决日期。除此之外，裁决书还要列明仲裁机构的名称和地址、裁决书编号、双方当事人的基本情况、代理人的情况、仲裁庭组成情况、审理过程等内容。

任务小结

这部分内容主要告诉学生在实践中怎样选择劳动仲裁委员会，这些机构设在哪里，仲裁的基本制度如何，仲裁是解决劳动争议的必经程序。同时，掌握仲裁的具体程序，知道生效的仲裁裁决与调解书、和解协议不同，具有法律强制力，当事人必须执行。还明确了劳动者在仲裁过程中可以通过申请先予执行获得基本的生活经济保障。在此基础上，学会独立地拟写劳动仲裁申请书，这无疑是一项很有意义的实用技能。

能力检测

1. 简述劳动争议仲裁包括的基本制度。
2. 简单谈谈劳动争议仲裁包括哪些具体程序？
3. 简述申请劳动争议仲裁的条件。
4. 简述劳动争议仲裁与劳动争议诉讼是什么关系？
5. 案例分析：

刘某于2012年8月13日到某模型公司上班。双方签订三年期劳动合同，合同中未约定工作地点，实际履行地为北京市昌平区某村。2014年7月30日，模型公司厂房的租赁合同到期，未能继续签订租赁合同，也未在原址附近找到合适的办公场所，最终决定将厂址迁至河北。模型公司将上述情况提前告知刘某，并承诺提供班车住宿等条件，但刘某不同意到新地点继续履行劳动合同。于是模型公司解除了双方的劳动合同，并依法支付刘某解除劳动合同经济补偿金和未提前通知解除劳动合同的代通知金。

刘某对此仍然不满意，向仲裁委提出仲裁申请，要求模型公司支付违法解除劳动合同赔偿金。

问题：刘某应该向哪个仲裁委员会提出申请？仲裁的程序如何？

考核知识点：仲裁管辖、仲裁程序。

任务三　拟写一份有关劳动争议诉讼的答辩状

任务导入案例

[案情介绍]

杨×于2014年11月1日加入重庆×××清洗服务有限公司，从事各种品牌的洗衣机清洗工作。清洗公司开出的报酬为：基本工资1 800元/月，每清洗一台洗衣机给5元提成，向客户成功推销清洗剂的，每瓶给3元提成。杨×对工资不很满意，双方也一直没有签订劳动合同。2015年2月28日，杨×突然临时提出辞职并不再到公司上班，清洗公司人事经理给杨×打过三次电话，要他回来办理离职手续，杨×未予理睬。因杨×突然离开，公司缺了人手，有几单生意眼睁睁看着错过。3月21日，杨×给清洁公司人事经理打电话，要求支付2月份的工资，经理没有同意。4月15日，杨×向渝中区劳动仲裁委员会申请仲裁，要求清洁公司支付其2月份工资，同时依法双倍补偿其工作期间的工资；还提出曾先后加班10次20个小时，不过没提供相关证据。渝中区劳动仲裁委员会于5月10日作出裁决，支持其要求2月份工资的请求，其他请求均未支持。杨×不服，于5月14日向渝中区人民法院提起诉讼，诉讼请求同前仲裁请求。

[问题]

本案杨×选择的管辖法院是否正确？本案审理需要经过哪几个阶段？如果对一审判决不服，杨×还有其他法律救济途径吗？

[案例解析]

劳动争议案件由用人单位所在地或者劳动合同履行地的基层人民法院管辖。本案中杨×向用人单位所在地的基层人民法院提起诉讼，是正确的。本案审理需要经过受理、开庭前的准备、正式开庭审理、作出民事裁判四个阶段。如果对一审判决不服，杨×还可以向上一级人民法院，即重庆市第五中级人民法院提出上诉，如果对二审裁判结果仍然不服，则不能再上诉。

知识平台

劳动争议案件经过仲裁后，当事人对裁决不服，在法定期间向人民法院提起诉讼的，人民法院应当受理，人民法院审理劳动争议案件的程序适用《民事诉讼法》的规定。人民法院审理的案件可以分为三大类，即民事案件、刑事案件、行政案件，劳动争议案件属于第一大类，是民事案件。

一、劳动争议诉讼的基本制度

根据《民事诉讼法》第10条的规定，劳动争议诉讼适用以下四项基本制度：合议制度、回避制度、公开审判制度、两审终审制度。

合议制度，是指人民法院审理案件实行集体审理和评议的制度。具体讲，就是由3名以上的审判员或人民陪审员组成合议庭，对具体案件进行审理并作出裁判的制度。合议庭的人数必须是单数，其中 1 人担任审判长主持审判活动，合议实行少数服从多数原则。

回避制度，是指审判人员或其他有关人员，遇有法律规定的情形时，不参与或退出对某一具体案件审理的制度。回避的方式主要是申请回避和自行回避。回避的法定事由有三种：1. 审判人员是本案当事人或者当事人、诉讼代理人的近亲属；2. 审判人员与本案有利害关系；3. 审判人员与本案当事人有其他关系，可能影响对案件的公正审理的。回避制度适用于审判人（包括审判员、人民陪审员）、书记员、翻译人员、鉴定人、勘验人。

公开审判制度，是指人民法院的审判活动除合议庭评议案件外，向群众和社会公开的制度。这里的“公开”，包括：开庭前公告当事人姓名、案由和开庭的时间、地点；开庭时允许其他公民旁听，允许新闻媒介报道；公开宣告判决。公开审判不是绝对的，也有不公开审理的案件，这主要指：涉及国家秘密的案件；涉及个人隐私的案件；离婚案件和涉及商业秘密的案件，当事人申请不公开审理的。

两审终审制度，是指一个民事案件经过两级人民法院的审判就宣告终结的制度。劳动争议案件的当事人如果对一审判决和部分裁定不服的，可以上诉到上一级法院，请求二审。二审法院的裁判为终审裁判，不得再上诉。

二、劳动争议诉讼的管辖

见图 8—3—1。

图 8—3—1

图片来源：http：//image. baidu. com/。

劳动争议诉讼的管辖，是指人民法院内部确定上下级法院之间以及同级法院之间受理第一审民事案件的分工和权限。民事案件的审判管辖分为级别管辖、地域管辖、移送管辖等。

级别管辖，是指各级人民法院审判第一审民事案件的职权范围。我国法院的设置参照行政区划，在各个县级地区设立基层人民法院，在各个地市级地区设立中级人民法院，每个省设立一个高级人民法院，中央一级设立最高人民法院。劳动争议案件由基层人民法院管辖。

地域管辖，是指确定同级人民法院之间对第一审民事案件的分工和权限。移送管辖指法院受理案件后，发现对自己已经受理的案件并没有管辖权，于是移送给有管辖权的法院去审理。《最高人民法院关于审理劳动争议案件适用法律若干问题的解释（一）》第 8 条规定：劳动争议案件由用人单位所在地或者劳动合同履行地的人民法院管辖。劳动合同履行地不明确的，由用人单位所在地的基层人民法院管辖。当事人双方就同一仲裁裁决分别向有管辖权的人民法院起诉的，后受理的人民法院应该把案件移送给先受理的人民法院。

三、劳动争议诉讼的当事人

当发生劳动争议，以自己的名义参加诉讼的人及其相对人为当事人。狭义的当事人指原告、被告；广义的当事人除了原告、被告以外，还包括共同诉讼人、诉讼代表人及第三人。

在劳动争议诉讼中，劳动者为原告，用人单位是被告。不过存在特殊情况。发生争议的一方劳动者死亡的，可能引发死者的保险待遇类争议，在这类争议案件中，死亡职工不具备原告资格，其直系亲属等利害关系人成为原告。再说用人单位。用人单位与其他单位合并的，合并前发生的劳动争议，由合并后的单位做被告，用人单位分立为若干单位的，其分立前发生的劳动争议，由分立后的实际用人单位为被告。

劳动者与起有字号的个体工商户产生的劳动争议诉讼，人民法院应当以营业执照上登记的字号为当事人，但应同时注明该字号业主的自然情况。劳动者因履行劳动力派遣合同产生劳动争议而起诉，以派遣单位为被告；争议内容涉及接受单位的，以派遣单位和接受单位为共同被告。

用人单位分立为若干单位后，对承受劳动权利义务的单位不明确的，分立后的单位均为当事人。用人单位招用尚未解除劳动合同的劳动者，原用人单位以新的用人单位和劳动者共同侵权为由向人民法院起诉的，新的用人单位和劳动者列为共同被告。劳动者在用人单位与其他平等主体之间的承包经营期间，与发包方和承包方双方或者一方发生劳动争议，依法向人民法院起诉的，应当将承包方和发包方作为共同被告。

在共同诉讼中，如果劳动者一方人数众多，不能都参加诉讼的，应推选出 2～5 人作为代表进行诉讼。

劳动争议诉讼的第三人是指对他人争议的诉讼标的有独立请求权，或者虽然没有独立的请求权，但案件的处理结果与其有法律上的利害关系，而参加到原告、被告已经开始的诉讼中进行诉讼的人。劳动争议诉讼，在下列情况下会出现第三人：用人单位招用尚未解除劳动合同的劳动者，原用人单位与劳动者发生的劳动争议，可以列新的用人单位为第三人。原用人单位以新的用人单位侵权为由向人民法院起诉的，可以列劳动者为第三人。建筑施工承包单位给对方施工时，因发包人原因致使正在履行职务的劳动者造成伤、残、亡的，可以列发包人为第三人。因履行职务受到他人伤害的，可以列加害人为第三人。因交通肇事造成劳动者工伤的，可以列交通肇事方为第三人，等等。

四、劳动争议诉讼程序

（一）第一审程序

第一审程序包括普通程序和简易程序。普通程序实行合议制，由审判员或者由审判员和陪审员共同组成合议庭进行审理。合议庭的成员人数，必须是单数。简易程序是基层人民法院及其派出法庭审理简单民事案件和简单经济纠纷案件所使用的程序，由审判员一人独任审理。

1. 起诉和受理

起诉是公民、法人和其他组织在其民事权益受到侵害或与他人发生争议时，向人民法院提起诉讼，请求人民法院通过审判予以司法保护的行为。起诉时当事人获得司法保护的手段，也是人民法院对民事案件行使审判权的前提。起诉必须符合以下条件，人民法院才会受理。(1) 原告是与本案有直接利害关系的法人、其他组织和公民；(2) 有明确的被告；(3) 有具体的诉讼请求和事实、理由；(4) 属于人民法院受理民事诉讼范围和受诉人民法院管辖。起诉的方式以书面起诉为原则，以口头起诉为例外。

受理是人民法院通过对当事人的起诉进行审查，对符合法律规定条件的，决定立案审理的行为。法院受理案件就意味着民事诉讼程序的开始。

原告起诉应向人民法院递交起诉书，并按照被告人数提出副本。人民法院经过审查，认为符合条件的，应当在 7 日内立案，并通知当事人；认为不符合条件的，应当在 7 日内裁定不予受理；原告对裁定不服的，可以提起上诉。见图 8—3—2。

图 8—3—2

资料来源：见 http：//roll. sohu. com/20131230/n392616607. shtml。

2. 审理前的准备

审理前的准备工作主要有：

(1) 送达起诉状副本和提出答辩状。人民法院应当在立案之日起 5 日内将起诉状副本送达被告，被告应当在收到起诉状副本之日起 15 日内提出答辩状，法院在收到答辩状之日起 5 日内将答辩状副本送达原告。被告不提出答辩状的，不影响人民法院审理。

(2) 告知当事人诉讼权利义务及合议庭组成人员。为了保障当事人申请回避的权利，合议庭组成后，法院应当在 3 日内把合议庭的组成人员告知当事人。

(3) 审阅诉讼材料，调查收集必要的证据。

(4) 更换和追加当事人。法院发现原告或被告不是案件的利害关系人时，应当将不合格的当事人换成合格的当事人。在共同诉讼中，如果法院发现应当参加诉讼的当事人没有参加诉讼，应当通知其参加诉讼，或者由当事人向人民法院申请追加。

3. 开庭审理

开庭审理是人民法院在当事人和其他诉讼参与人的参加下，依照法定形式和程序，查清案件事实、分清是非责任，对案件作出处理决定的诉讼活动。其方式有公开审理和不公开审理两种。根据《民事诉讼法》的规定，涉及国家秘密、个人隐私或者法律另有规定的案件，实行不公开审理。离婚案件、涉及商业秘密的案件，当事人申请不公开审理的，可以不公开审理。

人民法院开庭审理，按照以下六个阶段依次进行：

（1）开庭准备阶段。主要完成三项任务：确定开庭审理的日期；通知当事人和诉讼参与人出庭参加审理；发布开庭审理的公告。

（2）宣布开庭阶段。

（3）法庭调查阶段。法庭调查是开庭审理的核心，也是案件进入实体审理的重要环节。法庭调查按下列顺序进行：①当事人陈述；②出示证据，相互质证；③认证，合议庭对经过庭审质证的证据的效力予以确认；④归纳总结，审判长在法庭调查结束之前，对调查结果进行概括和说明。

（4）法庭辩论阶段。法庭辩论是双方当事人及其诉讼代理人，在审判人员主持下，就案件事实和适用法律阐述自己的观点，并互相进行辩驳，以达到查明事实、分清是非责任之目的的活动。法庭辩论按照下列顺序进行：①原告及其诉讼代理人发言；②被告及其诉讼代理人发言；③第三人及其诉讼代理人发言；④互相辩论。

（5）合议庭评议阶段。合议庭评议采用秘密方式，评议情况不得对当事人和社会公开。合议庭成员内部意见不一致时，实行少数服从多数的原则，但不同意见应如实记入笔录。

（6）宣告判决阶段。宣告判决应一律公开进行。宣判方式有当庭宣判和定期宣判两种。宣判时，必须告知当事人上诉权利、上诉期限和上诉的法院。宣告离婚判决的，必须告知当事人，在判决未发生法律效力之前不得另行结婚。

4. 延期审理、诉讼中止和诉讼终结

延期审理是人民法院开庭审理后，由于发生某种特殊情况，使开庭审理无法按期或继续进行从而推迟审理的制度。延期审理的法定情形有：（1）必须到庭的当事人和其他诉讼参与人有正当理由没有到庭的；（2）当事人临时提出回避申请的；（3）需要通知新的证人到庭，调取新的证据，重新鉴定、勘验或者需要补充调查的；（4）其他应当延期的情形。

诉讼中止是在诉讼进行过程中，因发生某种法定中止诉讼的原因，诉讼无法继续进行或不宜进行，因而法院裁定暂时停止诉讼程序的制度。发生诉讼中止的原因有：（1）一方当事人死亡，需要等待继承人表明是否参加诉讼的；（2）一方当事人丧失诉讼行为能力，尚未确定法定代理人的；（3）作为一方当事人的法人或者其他组织终止，尚未确定权利义务承受人的；（4）一方当事人因不可抗拒的事由，不能参加诉讼的；（5）本案必须以另一案的审理结果为依据，而另一案尚未审结的；（6）其他应当中止诉讼的情形。

诉讼终结是在诉讼进行中，由于一方当事人死亡而出现的特定情况，使诉讼程序的继续进行成为不可能或失去意义，从而结束诉讼程序。

5. 民事判决和裁定

民事判决是法院通过对劳动争议案件的审理，在查明事实的基础上，依照法律、法规的规定，对当事人之间的实体问题所作的结论性断定。民事裁定是法院在审理劳动争议案件的过程中，为了保证审判工作的顺利进行，就诉讼程序方面的有关事项所作的断定。判决书、裁定书由审判人员、书记员署名，加盖人民法院印章。口头裁定的，记入笔录。

（二）第二审程序

第二审程序是由于当事人不服地方各级人民法院生效的第一审裁决而在法定期间内向上一级人民法院提起上诉而引起的诉讼程序。第二审程序也称为上诉审程序、终审程序。

与第一审程序不同，第二审程序由审判员组成合议庭，合议庭的成员人数，必须是单数。发回重审的案件，由原审法院按照第一审程序另行组成合议庭。二审程序有利于上级人民法院检查和监督下级法院的审判程序；有利于保护当事人的合法权益；有利于加强上下级法院的联系；有利于克服重实体轻程序的错误倾向，提高审判人员执法水平。

第二审程序通常包括下列阶段：

1. 上诉的提起

当事人行使上诉权，必须具备以下条件：

（1）提起上诉必须是享有上诉权或可以依法行使上诉权的人。

（2）提起上诉的对象必须是依法允许上诉的判决或裁定。

（3）须在法定期限内提起，对判决提起上诉的期限为15日，对裁定提起上诉的期限为10日，从判决书、裁定书送达当事人之日起算。

（4）上诉必须递交上诉状。原审法院在收到上诉人提出的上诉状或者第二审法院移交的上诉状后，应当在5日内将上诉状副本送达对方当事人，并告知其在15日内提出答辩状。人民法院应当在收到答辩状之日起5日内将副本送达上诉人。未提出答辩状的，不影响审理。原审法院收到上诉状、答辩状，应当在5日内连同全部案卷和证据报送第二审法院。上诉法院审查上诉人的上诉后，认为符合法定条件的，应予立案受理。

2. 上诉案件的审理和裁判

上诉案件的审理范围是第二审法院只对上诉人的上诉请求的有关事实和适用法律进行审理。审理方式既可以开庭审理，也可以依法进行裁判。二审中可以调解，调解无效的，应当及时判决。

对上诉案件分别不同情况可以作出以下裁判：

（1）原判决、裁定认定事实清楚，适用法律正确的，以判决、裁定方式驳回上诉，维持原判决、裁定。

（2）原判决、裁定认定事实错误或者适用法律错误的，以判决、裁定方式依法改判、撤销或者变更。

（3）原判决认定基本事实不清的，裁定撤销原判决，发回原审人民法院重审，或者查清事实后改判。

（4）原判决遗漏当事人或者违法缺席判决等严重违反法定程序的，裁定撤销原判决，发回原审人民法院重审。原审人民法院对发回重审的案件作出判决后，当事人提起上诉的，第二审人民法院不得再次发回重审。

（三）审判监督程序

审判监督程序即再审程序，是对已经发生法律效力的判决、裁定、调解书，人民法院发现确有错误，当事人基于法定的事实和理由认为有错误，人民检察院发现存在应当再审的法定事实和理由，而由人民法院对案件再行审理的程序。审判监督程序是纠正错误的生效裁判的法定程序，它不是案件审理的必经程序，也不是案件的必经审级。

各级人民法院院长认为需要再审的，应当提交审判委员会讨论决定。最高人民法院对地方各级人民法院已经发生法律效力的判决和裁定，上级人民法院对下级人民法院已经发生法律效力的判决和裁定，发现确有错误，有权提审或指令下级人民法院再审。当事人对已经发生法律效力的判决、裁定，认为有错误的，应当在判决、裁定发生法律效力后两年内提出。

人民检察院在具备法定情形（详见《民事诉讼法》第208条规定）时可以提出抗诉。

（四）执行程序

执行是人民法院根据民事诉讼法的规定，运用国家强制力，强制义务人履行生效的法律文书所确定的义务的行为。执行程序与审判程序之间有着密切的联系。审判程序是确认当事人的民事权利义务，制裁民事违法行为的程序。执行程序是实现当事人的民事权利，强制义务人承担义务的程序。执行程序不是案件的必经程序。

执行必须具备四个条件：1. 必须有执行根据；2. 执行根据必须具有给付内容；3. 执行根据必须已经发生法律效力；4. 负有义务的一方当事人拒不履行法律文书确定的义务。执行权力由人民法院统一行使，当事人可以向被执行人住所地或财产所在地的人民法院申请执行。人民法院收到执行申请后，对有偿还能力而又拒绝履行的，予以强制执行；对于已提供了担保并经申请执行人同意的，人民法院可以决定暂缓执行以及暂缓执行的期限。

五、劳动争议诉讼文书

（一）劳动争议诉讼文书的写作要求

1. 叙述事实要求清楚、具体

要把事情发生的时间、地点、经过、原因等全面扼要地叙述清楚，避免支离破碎、缺少要件。叙述中要把握关键，抓住案件的中心展开，重点突出。

2. 说理充分正确，避免空谈

说理时需准确引用法律条文，围绕主要理由充分运用多种论述手段，分析入理，善于使用证据，避免从概念到概念地空谈理论。

3. 结构严谨，层次须清晰，用语应准确

书写各类诉讼文书应当遵照最高人民法院统一规定的格式和要求，写全事项。用语规范、准确，解释单一。行文力求简练、朴实、清楚、通顺。

（二）起诉状

起诉状是劳动争议案件的原告为维护自己的合法经济权益，就劳动纠纷向人民法院提起诉讼的书状。起诉状主要由首部、正文、尾部三部分构成。

1. 首部

主要写明劳动争议双方当事人的基本情况，包括当事人的姓名、性别、年龄、民族、职业、工作单位、住所；法人或其他组织的名称、住所，法定代表人或者主要负责人的姓名、职务。如果有两个以上的被告，则应按其承担责任的大小、主次顺序排列。如果原告委托了诉讼代理人，还应当写明诉讼代理人的有关情况。

2. 正文

（1）诉讼请求。具体写清原告请求人民法院依法解决的相关劳动争议的具体问题，即诉讼标的。诉讼请求应该具体明确、切实可行。对于给付之诉要具体写明给付的标的（如金钱、有价证券、物品等）、给付的数额，特别是赔偿的数额，要准确估算，适度合理。对于确认之诉，要具体写明标的之所有权归属以及行为有效还是无效，例如确定劳动合同无效等。

（2）事实与理由。重点写明原告、被告之间劳动法律关系存在的事实，以及权益发生争议的基本情况，并就双方发生争议的权益的性质，被告侵权行为的性质、危害和后果，以及被告应当承担的民事责任加以阐述和论证，以说明原告提出的诉讼请求完全成立。

3. 尾部

依次写明受诉人民法院全称、起诉人名称、起诉时间以及附项等内容。

（范文）

民事起诉状

原告：××，男，×族，××年×月×日生，住××市××区××路××号，联系电话：×××

被告：××××有限公司

住址：××市××区××路×号××大厦××层

法定代表人：××，职务：×××，联系电话：×××

原告因不服××市劳动人事争议仲裁委员会×劳人仲案字〔20××〕×号仲裁裁决书，向贵院提起诉讼。

诉讼请求：

1. ……

2. ……

…………

事实与理由：

…………

原告认为××市劳动人事争议仲裁委员会认定事实错误，裁决结果显失公正，理由如下：

…………

综上所述，原告认为××市劳动人事争议仲裁委员会对本案的认定的事实有错误，裁判结果不符合法律规定。为依法维护原告的合法权益，特向贵院依法提起诉讼，恳请贵院依法判决。

此致

××市××区人民法院

具状人：××

年　月　日

（三）答辩状

答辩状是劳动争议诉讼的被告或者被上诉人，针对原告提出的诉讼请求或者被上诉人提出的上诉请求作出答复和辩解，并依据事实和理由进行辩驳的法律文书。答辩状根据提交的审级不同，分为一审答辩状和二审答辩状两种。

答辩状由三部分组成，即首部、正文和尾部。

1. 首部

首先写明答辩人的基本情况，事项与起诉状相同；其次应写明答辩事由。

2. 正文

主要阐明答辩的意见和理由，揭示对方提出的请求及所依据的事实与理由的不当之处，提出相反的事实和证据，说明自己行为的合法性，并列举出相关法律条文的规定，以求得法院支持。

3. 尾部

应依序写明致送的人民法院，答辩人签章，答辩日期，并在附项中写清答辩状副本和有关证据材料的分数。

（范文）

答辩状

答辩人：重庆×××清洗服务有限公司，住所地：重庆市渝中区××支路××号

法定代表人：××，职务：经理，联系电话：×××

因杨×诉答辩人劳动争议纠纷一案，现答辩如下：

1. 原告所称双倍工资补偿的主张不能成立。答辩人从用工之日起就一直主动要求与原告签订劳动合同，但原告总是借口工资低，要求涨价，所以一拖再拖，但是这个过程中原告又不提出辞职申请书，答辩人就认为她还是正在考虑的过程中，因此，就一直等待她的答复，由此可知是原告自身的原因导致了劳动合同无法签订，根据劳动合同法的有关规定，答辩人无须给其双倍工资的补偿。

2. 原告没有履行解除劳动关系时应尽的义务，无权要求给予 2015 年月 2 月份的工资。原告 2015 年月 2 月 28 日不辞而别，在公司主管通知其应按法律法规和规章制度行事后，仍然不来上班或来办理离职手续，由此给答辩人的经营活动造成了恶劣影响。公司在其旷工多日后，决定将其开除。其工资折抵因其不辞而别行为给公司造成的财产损失。

3. 原告主张加班费没有任何凭据。

4. 原告本可以主动来答辩人处办理离职手续或者双方协商处理所产生的矛盾，很多问题是可以理清的，可是其却无视答辩人的利益，对答辩人的劝告置之不理。

综上所述，原告的诉求无凭无据，刻意而为，当属恶意诉讼，请求法官驳回其诉讼请求。

此致

重庆市渝中区人民法院

重庆×××清洗服务有限公司

2015 年 6 月 3 日

（四）民事判决书

民事判决书指人民法院在处理劳动争议案件中，就案件的实体问题和程序问题作出处理而依法制作的具有法律效力的文书。判决书应当力求叙事清楚，说理透彻，结论明确，格式规范，文字通俗易懂。

任务小结

从实务出发，对于劳动争议诉讼制度，高职学生应该学会管辖法院的选择，明晰法院

的基本审判制度，如合议、公开审判、两审终审，参加诉讼时可以依法申请审判人员回避。学生还应掌握法庭审判合议庭的组成情况，知晓审判的具体程序，同时也应熟悉诉讼过程。在技能的培训上，学生可以学会独立拟写起诉状、答辩状等法律文书，这是很实用的知识。

能力检测

1. 简述劳动争议诉讼的四项基本制度的含义。
2. 简述第一审民事诉讼程序中具体包括哪几个阶段？
3. 简述对上诉案件根据不同情况会作出哪些裁判？
4. 简单谈谈执行需要具备什么条件？
5. 简述诉讼中止的发生原因有哪些？
6. 案例分析：

孙×在某紧固件公司任职生产部经理期间，与其妻子共同成立 A 公司。某紧固件公司认为孙×的行为严重违反了公司有关竞业禁止的规定，根据《劳动法》第 25 条的规定通知孙×终止双方之间的劳动关系，并要求孙×赔偿由此给公司造成的经济损失。由此双方发生劳动争议，孙×对仲裁裁决不服，又起诉到了人民法院。

问题：结合案情说明本案中一审法院开庭审理的具体过程。

考核知识点：第一审程序的开庭审理阶段。

参考文献及资料

1. 刘建生. 经济法原理与实务. 重庆：重庆出版社，2009.

2. 李玲，吴坤埔. 新编法律基础. 北京：北京理工大学出版社，2015.

3. 冯强，聂文俊. 新编经济法（第2版）. 北京：中国铁道出版社，2015.

4. 黎江虹. 经济法通论. 北京：北京大学出版社，2012.

5. 李运华，许英. 经济法原理与实务. 北京：中国人民大学出版社，2015.

6. 郭声龙，江晓波. 经济法基础. 武汉：武汉大学出版社，2012.

7. 隋彭生. 公司法（第四版）. 北京：中国人民大学出版社，2012.

8. 张士元，王瑞，李丹宁. 公司与企业法. 上海：立信会计出版社，2015.

9. 王桦宇. 劳动合同法实务操作与案例精解. 北京：中国法制出版社，2013.

10. 岳宗福. 劳动法与社会保障法实用教程. 北京：中国法制出版社，2014.

11. 沈德咏，奚晓明. 最高人民法院关于合同法司法解释（二）理解与适用. 北京：人民法院出版社，2009.

12. 奚晓明. 最高人民法院关于买卖合同司法解释理解与适用. 北京：人民法院出版社. 北京. 2012.

13. 张华，沈忱. 要约邀请、要约和承诺的效力认定. 载法律适用，2013 (9).

14. 江必新，何东林. 最高人民法院指导性案例裁判规则理解与适用（担保卷）. 北京：中国法制出版社，2011.

15. [美] 杰弗里・费里尔，迈克尔・纳文. 美国合同法精解. 陈彦明译. 北京：北京大学出版社，2009.

16. 郭禾. 知识产权法. 北京：中国人民大学出版社，2014.

17. 麻昌华. 消费者保护法. 北京：中国政法大学出版社，2006.

18. 张建华. 财经法规与会计职业道德. 北京：立信会计出版社，2010.

19. 张守文. 税法原理. 北京：北京大学出版社，2012.

20. 郝福锦，王礼红. 财经法规与会计职业道德. 北京：人民邮电出版社，2011.

21. 黎建飞. 劳动法与社会保障法：原理、材料与案例. 北京：北京大学出版社，2015.

22. 林嘉. 劳动法和社会保障法. 北京：中国人民大学出版社，2014.

23. 万志前，廖震峡. 劳动法与社会保障法 [M]. 北京：清华大学出版社，2014.

24. 王远东，赵雪昌. 劳动争议处理实务. 北京：中国人民大学出版社，2009.

25. 国家司法考试辅导用书编辑委员会. 2015年国家司法考试辅导用书. 北京：法律出版社，2015.

图书在版编目（CIP）数据

新编经济法原理与实务/吴坤埔，李玲主编. —北京：中国人民大学出版社，2016.6
普通高等教育“十二五”应用型本科规划教材
ISBN 978-7-300-22993-5

Ⅰ.①新… Ⅱ.①吴… ②李… Ⅲ.①经济法-中国-高等学校-教材 Ⅳ.①D922.29

中国版本图书馆 CIP 数据核字（2016）第 145709 号

普通高等教育“十二五”应用型本科规划教材
新编经济法原理与实务
主　编　吴坤埔　李　玲
副主编　凌泽涵　谭　薇
Xinbian Jingjifa Yuanli yu Shiwu

出版发行	中国人民大学出版社		
社　　址	北京中关村大街 31 号	**邮政编码**	100080
电　　话	010－62511242（总编室）		010－62511770（质管部）
	010－82501766（邮购部）		010－62514148（门市部）
	010－62515195（发行公司）		010－62515275（盗版举报）
网　　址	http://www.crup.com.cn		
	http://www.ttrnet.com（人大教研网）		
经　　销	新华书店		
印　　刷	北京宏伟双华印刷有限公司		
规　　格	185 mm×260 mm　16 开本	**版　　次**	2016 年 7 月第 1 版
印　　张	16.75	**印　　次**	2019 年 7 月第 3 次印刷
字　　数	398 000	**定　　价**	35.00 元
